Einführung

Mit Kindern reden, Kindern zuhören, Kinder ernst nehmen, die Weltsicht von Kindern erschließen – dies ist der Leitgedanke des vorliegenden Buches. Seit Rousseau, spätestens aber seit Beginn dieses Jahrhunderts, das von Ellen Key emphatisch als «Jahrhundert des Kindes» bezeichnet wurde, gilt in der Pädagogik das Kind nicht mehr nur als «Objekt» der Erziehung, sondern als sich entwickelndes «Subjekt» mit eigenständigen Ansichten und Rechten. Die psychologische Forschung hat eine Fülle von Erkenntnissen zur geistigen und sozialen Entwicklung des Kindes geliefert. In den letzten Jahren mehren sich Untersuchungen, die an die Theorie des Schweizer Entwicklungspsychologen Jean Piaget anknüpfen und die Entwicklung der Strukturen und Inhalte kindlichen Denkens erforschen. Die von Piaget beeinflußten Psychologen Kohlberg und Selman haben mit ihren Studien zur Entwicklung des moralischen Bewußtseins bzw. zur sozialen Perspektivenübernahme wichtige Anstöße zur Erforschung der moralischen und sozial-kognitiven Entwicklung geliefert. Trotzdem gibt es noch viele «weiße Flecken» auf der Landkarte der sozial-kognitiven und moralischen Entwicklung des Kindes.

Die in diesem Buch geschilderten Untersuchungen erhellen einige dieser Bereiche, die für die Lebenswelt des Kindes bedeutsam sind, und bringen sie zur Sprache.

In der Entwicklung des Kindes zu einem autonom handelnden Erwachsenen spielen zwei «Sozialisationsagenten» eine Rolle: zunächst die Eltern und später die Gleichaltrigen- bzw. die Freundesgruppe. Über die jeweiligen Einflüsse dieser beiden gibt es zahlreiche Theorien. Wenig wissen wir aber darüber, wie sich die Ablösung und Distanzierung von den Eltern aus der Sicht der Kinder vollzieht und wie es zur Solidargemeinschaft der Freunde kommt. Wir werden zeigen, daß bei den ersten tastenden Autonomieversuchen der Kinder und ihrem Bestreben, sich von den Erwachsenen abzulösen und der Allgegenwart der Eltern ein Stück Eigenleben abzugewinnen, das **Geheimnis** eine große Rolle spielt. Das Geheimnis gehört nach den Worten des

Soziologen Simmel zu den schönsten Errungenschaften der Menschheit, weil es eine ungeheuere Erweiterung der Lebensmöglichkeiten bietet. Um die Bedeutung des Geheimnisses für die kindliche Selbständigkeitsentwicklung und für beginnende Freundschaftsbeziehungen geht es im Kapitel: «*Kannst du schweigen wie ein Grab?*»

Während man sich seine eigene Familie nicht aussuchen kann und sie als «biologisches Schicksal» hinnehmen muß, sind Freunde wählbar. Allerdings erfordert die Aufrechterhaltung von **Freundschaft** auch Pflege und gewisse soziale Tugenden. «Man muß sich immer von seiner besten Seite zeigen», argumentiert ein Junge und findet es dementsprechend schwierig, Freunde zu gewinnen. Spätestens vom Schulalter an beginnt das Kind, neben seiner Beziehung zu den Erwachsenen und – falls vorhanden – zu den Geschwistern enge emotionale Beziehungen zu gleichaltrigen Kindern aufzubauen. Pädagogen und Psychologen sind sich darin einig, daß Freundschaften einen wichtigen Ort sozialen Lernens bilden, wo das Kind spezifische Erfahrungen gewinnt und besonderen Herausforderungen ausgesetzt ist, die in der durch Autorität und Gehorsam gekennzeichneten Eltern-Kind-Beziehung fehlen. Freundschaftsbeziehungen sind eher durch Gleichheit, Aushandeln und Solidarität charakterisiert und machen es erforderlich, daß die Wünsche, Meinungen und Interessen des anderen berücksichtigt und mit dem eigenen Verhalten koordiniert werden. In diesem Prozeß lernt das Kind auch seine eigenen Ansichten, seine eigene Perspektive und sein eigenes Ich erkennen. Es spricht viel dafür, daß das Kind in einer engen Freundschaft familiär bedingte Fehlentwicklungen im Sozialbereich kompensieren kann. Kinder, die sich zu Hause wie kleine Tyrannen oder verwöhnte Prinzessinnen aufführen, müssen und können in Freundschaftsbeziehungen lernen, sich ein- und gelegentlich auch unterzuordnen. Stabile Freundschaftsbeziehungen haben Auswirkungen nicht nur auf das Wohlbefinden des Kindes, sondern auch auf die Förderung wichtiger kommunikativer Fähigkeiten und die Ausbildung des Selbstwertgefühls und der Identität. Wie entwickeln sich die Vorstellungen, die Kinder von Freunden und Freundschaftsbeziehungen haben? Wie ändern sich die Motive für Freundschaft und die Mechanismen der Freundschaftsbildung? Mit welchen Kindern wollen Kinder gern befreundet sein? Wie stellen sie sich den «idealen» Freund vor? Mit diesen Fragen befaßt sich das zweite Kapitel: «*Und plötzlich waren wir Freunde*».

Zu den wesentlichen Aufgaben der frühkindlichen Erziehung gehört die Entwicklung von Fähigkeiten zur Bewältigung von Streitsituationen und zur Lösung von konflikthaften Auseinandersetzungen. Sich streiten, sich selbst behaupten, nein sagen können sind wichtig für die Autonomieentwicklung des Kindes. Aber streiten können will auch gelernt sein. Wiederum sind Freundschaftsbeziehungen besonders günstige Lernorte. Nicht nur gehören **Streit**, körperliche und verbale Auseinandersetzungen, zum Alltag von Freundschaften, sondern die emotionale Verbundenheit der Freunde macht es auch leichter, Spannungen zu ertragen, kontroverse Standpunkte auszutragen, Kompromisse einzugehen und Einigungen in beiderseitigem Interesse herbeizuführen. Welche Auffassungen haben Kinder von Streit? Wie sehen sie Ursachen und Formen von Streit? Was sind für sie ideale **Konfliktlösungsmöglichkeiten**? Mit diesem Problembereich befaßt sich das dritte Kapitel: *«Dann sage ich Entschuldigung, und dann ist der Streit weg»*.

Während sich die ersten drei Kapitel mit Themen zur sozial-kognitiven Entwicklung befassen, geht es in den folgenden Kapiteln um Fragen zur Entwicklung des moralischen Urteils. **Strafe** gilt neben Mißbilligung und Liebesentzug nach wie vor als wichtiges Erziehungsmittel bei Eltern, wenngleich immer mehr Eltern – wenn auch gelegentlich nicht erfolgreich – versuchen, ohne körperliche Strafen auszukommen. Das Nachdenken über die Angemessenheit und Wirksamkeit von Strafe ist so alt wie die Erziehung selbst und hängt eng mit Auffassungen über die Natur des Kindes zusammen. Während vor allem in älteren Traditionen Strafe als Allheilmittel gesehen wurde – die Befolgung moralischer Regeln sollte den Zöglingen eingebleut werden –, gibt es seit Rousseau auch eine aufklärerische Version des Sprafkonzepts: Das Kind soll die natürlichen Folgen seiner Missetaten zu spüren bekommen, nicht aber die Hand des Erziehers. Was denken Kinder selber über Strafe? Soll ein Freund, in dessen Missetat sie eingeweiht wurden, sein Delikt den Eltern bekennen oder es lieber geheimhalten? Welche Rolle spielt die zu erwartende Strafe durch die Eltern? Wie reagieren Kinder auf Strafandrohungen? Soll der Freund mit seiner Missetat ungeschoren davonkommen? Welche moralischen Reaktionen befürworten Kinder? Dies ist Thema des Beitrages: *«Klären Sie es – Schlagen ist sinnlos!»*

Zur **Lüge** des Kindes gab es schon zu Beginn dieses Jahrhunderts mehrere umfangreiche empirische Erhebungen, die allerdings fast in Vergessenheit geraten sind. Tenor dieser Arbeiten war, daß die damals festgestellte «Verlogenheit» des Kindes nicht angeboren, sondern durch die Androhung und die Verabreichung harter Strafen in der Erziehung bedingt sei. «Gibt es Fälle, in denen man manchmal lügen muß?» war eine Frage, die in den 20er Jahren von über 2000 Wiener Kindern beantwortet wurde, und die untersuchenden Psychologen waren über die Ergebnisse sehr erschrocken: «Ein niedriges sittliches Niveau» dokumentiere sich in den Kinderäußerungen. Wie denken Kinder heute, fast 70 Jahre später, über Lügen und Notlügen? Was sind für sie Gründe, die gegen Lügen sprechen, und welche Rechtfertigungen sehen sie für Notlügen? Dies ist das Thema des fünften Kapitels: *«Lügen darf man nur, wenn's notfällig ist»*.

Die Norm, ehrlich zu sein, führt häufig – wie wir aus unserem Alltag wissen – zu einem Konflikt mit dem Gebot der Rücksichtnahme auf die Gefühle eines anderen. **Lügen aus Höflichkeit** sind – zumindest bei Erwachsenen – eine bewährte Strategie, die Klippen unangenehmer Wahrheiten zu umschiffen. Was denken Kinder über diese Art von Höflichkeitslügen? Von welchem Alter an nehmen sie eine entsprechende Relativierung der Ehrlichkeitsnorm vor, und in welchen Zusammenhängen, z. B. gegenüber Familienmitgliedern oder gegenüber Fremden, finden sie Rücksichtnahme eher angebracht? Haben sie denselben Begriff von Höflichkeit wie Erwachsene? Dies ist das Thema des letzten Kapitels: *«Zu Besuch soll man sich anständiger verhalten als zu Hause»*.

Zu den verschiedenen Fragestellungen haben wir ausführliche Einzelinterviews mit Kindern durchgeführt, auf Tonband aufgenommen, transkribiert und ausgewertet. Die einzelnen Untersuchungen beziehen sich auf Stichproben von je etwa 75 bis 100 Kindern im Alter von fünf bis zwölf Jahren bzw. in einer Untersuchung bis zu 18 Jahren. Das Altersspektrum wurde gewählt, um zwei wichtige Einschnitte in der geistigen Entwicklung zu erfassen: den Übergang von der anschauungsgebundenen zur konkret-operatorischen Intelligenz bei den Fünf- bis Sechsjährigen und den Übergang von der konkret-operatorischen zur formalen Intelligenz bei den Zehn- bis Zwölfjährigen. Insgesamt wurden über 300 Schüler und Schülerinnen befragt. Es handelt sich um Kinder aus Berliner Schulen, wobei das soziale Spektrum von der oberen Unterschicht bis zur oberen Mittelschicht reicht. Da die Berliner Grundschule eine Dauer von 6 Jahren aufweist und an manchen Schulen Vorklassen oder Eingangsstufen mit fünfjährigen Kindern bestehen, konnte in den meisten Fällen die Untersuchung an einer Schule stattfinden.

Die Autorinnen dieses Buches orientieren sich an der Entwicklungstheorie von Piaget, und die Antworten der Kinder wären sicherlich geeignet, eine gute Illustration für die Stadientheorie Piagets zu liefern. Wir wollen aber nicht eine Theorie in den Mittelpunkt stellen, sondern vor allem die Kinder selbst zu Wort kommen lassen und ihre Argumentations- und Denkmuster herausstellen. Aus diesem Grund wird eher sparsam mit psychologischen Deutungen und Kategorisierungen umgegangen. Die ausführlichen Zitate der Kinder sollen dem Leser und der Leserin den Charme der Kinderäußerungen zugänglich machen und auch Raum für eigene Interpretationsmöglichkeiten lassen.

Diese umfangreichen Projekte hätten nicht zustande kommen können ohne die Mitwirkung vieler Personen. Für die finanzielle Unterstützung sind wir der Freien Universität Berlin und der Deutschen Forschungsgemeinschaft zu Dank verpflichtet. Die Interviews wurden im Rahmen von Werkaufträgen von Studentinnen und Studenten der Erziehungswissenschaft und Psychologie durchgeführt, transkribiert und in Teilen ausgewertet. Wir danken Sabine Blank, Ute Renken, Gabi Nehring, Richard Klopffleisch und Michael Wilhelmus für ihre Mitarbeit. Am meisten aber danken wir allen Kindern, daß sie uns diese erhellenden Einblicke in ihr Denken ermöglicht haben.

Mit Kindern reden macht Spaß, aber es ist auch erfreulich, mit Kolleginnen und Kollegen Gespräche zu führen. Für hilfreiche und kritische Hinweise bei der Manuskriptüberarbeitung danke ich Gertrud Pfister, Barbara Kochan, Lothar Krappmann, Hans Oswald, Reinhard Fatke und Rainer Döbert.

Möge dieses Buch einen Beitrag dazu leisten, daß Kindern nicht nur ein offenes Ohr, sondern auch mehr Verständnis, Einfühlungsvermögen und Zuneigung entgegengebracht wird.

Renate Valtin

Elisabeth Flitner und Renate Valtin

«Kannst du schweigen wie ein Grab?»

Über die Bedeutung von Geheimnissen für Kinder[1]

Das Geheimnis, schreibt der Soziologe Simmel, sei einer der schönsten Fortschritte der menschlichen Entwicklung, weil es die Möglichkeit einer «zweiten Welt» neben der offenbaren schaffe: Das Geheimnis «ist eine der größten Errungenschaften der Menschheit» und bedeutet eine «ungeheuere Erweiterung des Lebens» (Simmel 1958, S. 272).

Auch Kinder haben Geheimnisse: Geheimnisse ganz für sich allein und Geheimnisse untereinander, Geheimsprachen, Geheimschriften und geheime Erkennungszeichen, geheime Orte, versteckte Schätze, Überraschungen und Geschenke, die sie geheimnisvoll vorbereiten, geheime Liebesgeschichten. Wir erinnern uns an eine Phase unserer Schulzeit, in der die meisten Mitteilungen unter Freunden als Geheimnis behandelt wurden, das an Außenstehende nicht weitergegeben werden durfte. Der Inhalt eines jeweiligen «Geheimnisses» war unerheblich, zuweilen wohl kaum einer da: Wir steckten nur die Köpfe zusammen und taten so, als hätten wir etwas Verschwörerisches zu bereden, zur Bekräftigung unserer Zusammengehörigkeit und zur Abgrenzung gegen andere, die dann neugierig und damit erst abweisbar wurden.

(1) Überarbeitete Fassung des Beitrags: «Das sage ich nicht weiter»: Zur Entwicklung des Geheimnisbegriffs bei Schulkindern. In: Zeitschrift für Pädagogik, Heft 6, 1985, S. 701–718 (englische Übersetzung in: Education, Vol. 35, 1987, spanische Übersetzung in: Education, Vol. 36, 1987).

Wie entwickelt sich die Bedeutung des Geheimnisses im Laufe der Kindheit?

Die Untersuchung

Im Rahmen einer größeren Studie wurden kurze Filmszenen entwickelt und den Kindern einzeln vorgeführt. Das sich anschließende Gespräch, das von Studentinnen geführt wurde, wurde auf Tonband aufgezeichnet und dann abgeschrieben.

Insgesamt wurden 76 Berliner Kinder im Alter von 5 bis 12 Jahren befragt (es handelt sich bei ihnen um einen Teil der Stichprobe von Kindern, die auch am Freundschaftsinterview teilnahmen, über das in dem nachfolgenden Kapitel berichtet wird). Eigentlich wollten wir das Verständnis von Kommunikationsregeln untersuchen, aber bei der Auswertung eines der Filme ließen wir uns in eine andere Richtung lenken. Die Antworten der Kinder gaben nämlich interessante Aufschlüsse darüber, wie sich die Begriffe des «Geheimnisses» und des «Petzens» im Laufe der ersten Schuljahre entwickeln und verändern. Das wollen wir im folgenden beschreiben.

Hier zunächst die Filmszene, die nach unserem Verständnis den Konflikt von zwei Regeln darstellen sollte, nämlich: 1. Du sollst deiner Mutter die Wahrheit sagen, und 2. Du sollst deine Freunde nicht verpetzen:

(Zwei etwa zehnjährige, befreundete Mädchen sitzen zusammen beim Spielen in einem Raum.)

Rosa: *Soll ich dir mal was verraten?*

Katja: *Ja, was denn?*

Rosa: *Gestern habe ich heimlich geraucht; aber es hat furchtbar geschmeckt. Mir ist ganz schlecht geworden.*

Katja: *Ich darf nicht rauchen, meine Eltern haben es mir verboten.*

Rosa: *Ich darf doch auch nicht rauchen. Deshalb ist es ja ein Geheimnis.*

(Die Mutter von Katja kommt ins Zimmer)

Mutter: *Na, Kinder, ihr seht ja so merkwürdig aus. Habt ihr irgendwas ausgefressen?*

Katja: *Ich ja nicht, aber Rosa hat mir erzählt, daß sie gestern heimlich geraucht hat.*

Mutter: *Aber Katja!*

In dem Film wird «Geheimnis» mit einer verbotenen Handlung in Verbindung gesetzt (wir werden an den kleineren Kindern sehen, daß dies nicht selbstverständlich ist). Rosa erklärt ihren Bericht zum «Geheimnis», weil sie verbotenerweise geraucht hat. Eine Mutter taucht auf, die dieses Verbot verkörpert. Sie spricht freundlich, fragt aber gleich danach, ob die Kinder «was ausgefressen» haben. Sie unterstreicht ihr Auskunftsverlangen durch eine Anspielung auf mütterliche Allwissenheit, indem sie den Kindern auf den Kopf zusagt: *«Ihr seht merkwürdig aus»,* und legt damit schon nahe, sie wisse oder ahne «etwas». (Ein Sechsjähriger vermutet entsprechend, daß man einem Menschen ansehe, ob er gerade über ein Geheimnis gesprochen hat. Tobias fragt sich: *«Wie sieht man eigentlich aus, wenn man gerade ein Geheimnis gesagt hat? Vielleicht ganz hell!»*) Katja gibt daraufhin sofort weiter, was sie gerade als «Geheimnis» gehört hat. Die Mutter vertritt aber gleichzeitig die Norm, daß Geheimnisse unter Freunden gewahrt werden sollen, und tadelt deshalb ihre Tochter für die Auskunft: *«Aber Katja!»* Auf den Inhalt der Information, die sie erhalten hat, geht sie nicht ein.

Die Struktur dieser Szene war den befragten Kindern offenbar hinreichend vertraut: Kinder spielen miteinander, ein wohlwollender, aber mit anderen Dingen beschäftigter Erwachsener kommt nachschauen, ob alles in Ordnung ist, gibt dabei kurz zu verstehen, welches Verhalten er von den Kindern erwartet, und verschwindet dann wieder. Wahrscheinlich erleben die meisten Kinder ähnliche Szenen mehrmals am Tag; alle konnten dazu etwas sagen. Wie wenig sich dennoch «von selbst versteht», wird an den Kommentaren der Kinder deutlich: Jede Altersstufe interpretiert sie anders.

Nachdem die Kinder einzeln diese Filmszene zweimal gesehen hatten, wurden sie dazu befragt. Je nach Gesprächsverlauf wurden unterschiedliche Fragen gestellt, regelmäßig aber folgende:
- Was ist dir an der Geschichte aufgefallen?
- Was hat Katja gemacht?
- Findest du es richtig oder falsch, daß Katja ihrer Mutter das Geheimnis von Rosa erzählt?
- Was erwartet Rosa, wenn sie Katja ein Geheimnis erzählt?
- Wie fühlt sich Rosa, nachdem Katja es weitererzählt hat?
- Warum sagt die Mutter: «Aber Katja?»

Ergebnisse

1. Die Mutter und die verbotene Tat

Mit zwei Ausnahmen haben alle Fünf- und Sechsjährigen in unserer Befragung eine Vorstellung davon, was ein «Geheimnis» ist. Mehr als ein Drittel der Kinder erwähnen spontan, daß in diesem Film ein Geheimnis vorkam; und auch die anderen sind nie um eine Antwort verlegen, wenn sie direkt gefragt werden: «Was ist ein Geheimnis?»

Anne (5 Jahre): *Ein Geheimnis ist, daß man das nicht sagen will.*

Max (6 Jahre): *Daß man's nicht verraten darf.*

Obwohl alle Kinder eine Vorstellung von «Geheimnissen» haben, ist aber für diese Altersstufe die Tatsache, daß Katja das Geheimnis ihrer Freundin verrät, keineswegs die Hauptsache an diesem Film. Für mehr als die Hälfte der Kinder steht statt dessen das Rauchen im Mittelpunkt.

I.: *Ist dir hier was aufgefallen*? – Stefan (5): *Hätte die Rosa nicht geraucht!*

I.: *Was fandest du nicht richtig*? – Henrik (5): *Daß Rosa geraucht hat!*

I.: *Erzähl mal, was ist passiert?* – Sabine (5): *Die hat geraucht!*

Benjamin traut der Erzählung von Rosa nicht:

Benjamin (5): *Ich glaube, die Rosa hat gelügt.* – I.: *Wieso*? – B.: *Weil Kinder gar nicht Zigaretten in die Hand nehmen dürfen.*

Tobias macht sich ebenfalls Gedanken ums Rauchen:

Tobias (6): *Falsch war wirklich das mit dem Rauchen!* – I.: *Warum*? – T.: *Na, man kann wirklich Grippe von kriegen und dann auch noch sterben davon.*

Auch Beate sieht den größten Fehler in dieser Szene bei der Übertretung des Rauchverbots:

Beate (6): *Ich wüßt, glaub ich, schon einen Fehler. Wir dürfen nämlich nicht rauchen.* – I.: *Und wer hat hier was falsch gemacht?* – B.: *Die Rosa.* – I.: *Warum*? – B.: *Weil sie geraucht hat. Und heimlich dürfen wir das auch nicht machen, und ein Feuerzeug dürfen wir auch nicht, bevor wir sie fragen!*

Die fünf- und sechsjährigen Kinder sind viel stärker beeindruckt von Rosas Missetat, daß sie geraucht hat, als von Katjas Mitteilung an die

Mutter. Entsprechend deuten sie auch die Reaktion der Mutter. Daß die Mutter mit ihrem kritischen «Aber Katja!» meint, die Tochter solle das Geheimnis einer Freundin nicht weitersagen, kommt bei dieser Gruppe der Kleinen nur 5 von 32 Kindern in den Sinn. Sie verstehen zwar die Kritik der Mutter an Katjas Mitteilung , wären ihrerseits aber bereit, der Mutter das Vorgefallene zu berichten.

I.: *Warum sagt die Mutter ‹Aber Katja!›?* – Anja (6): *Die sagt, ‹Aber Katja!›, weil man nicht petzen soll.* – I.: *Was hättest du denn an Katjas Stelle gemacht?* – A.: *Ich hätte gesagt, auch, daß sie geraucht hat. Da kann einem ja übel werden; man muß brechen!*

Die Konzentration der Kinder auf das Rauchen als verbotene Handlung ist für diese Altersstufe typisch. Dementsprechend denken die meisten Kinder, daß auch für die Mutter die Übertretung des Rauchverbots im Zentrum stehen muß. Auf die Frage: *«Warum sagt die Mutter: ‹Aber Katja!›?»* finden sich drei typische Antworten, denen allen gemeinsam ist, daß sie sich auf das Rauchverbot beziehen.

(a) Mißverständnis: Die Kinder sagen, die Mutter empöre sich, weil Kinder nicht rauchen dürfen. Sie mißverstehen, welchem Umstand der Tadel der Mutter gilt.

I.: *Warum sagt die Mutter ‹Aber Katja!›?* – Michael (5): *Kinder dürfen gar nicht in Wirklichkeit rauchen!*

(b) Verwechslung: Sie sind überzeugt, daß die Mutter sich geirrt, sich verhört, die beiden Mädchen verwechselt habe. Irrtümlich rufe sie «Aber Katja!», während sie eigentlich Rosa hätte tadeln müssen, weil ja Rosa verbotenerweise geraucht hat.

Alex (6): *(Eigentlich hat Rosa geraucht), aber dann hat die Mutter noch gesagt: «Aber Katja!» – Die Mutter hat gedacht, Katja hätte geraucht.*

Auch Christian geht von Verwechslung und Mißverständnis der Mutter aus:

Christian (6) lacht: *Da hat eigentlich nur die Mutter was falsch gemacht!* – I.: *Warum?* – Ch.: *Weil sie gesagt hat ‹Aber Katja!›.* – I.: *Und was hätte sie sagen müssen?* – Ch.: *Aber Rosa!* – I.: *Warum hätte sie ‹Aber Rosa!› sagen müssen?* – Ch.: *Sonst würde ja die Katja sagen müssen, die Katja hat auch was falsch gemacht – die müßte ja sagen: Ich hab doch nicht geraucht, die Rosa hat geraucht!* – I.: *Warum hätte sie das sagen müssen?* – Ch.: *Sonst wüßte ja keiner, wen sie gemeint hat.*

Diese Kinder hören den Tadel im mütterlichen Kommentar, denken aber, daß er sich nur auf die Übertretung des Rauchverbots beziehen kann. Deshalb wundern sich auch noch viele der Kleinen darüber, daß die Mutter nicht mit Rosa über ihren Versuch spricht.

I.: *Du meinst, die Mutter hat was falsch gemacht?* – Benjamin (6): *Die hat gesagt: «Aber Katja!»* – I.: *Und was hätte sie sagen müssen?* – B.: *Die müßte zu Rosa sagen, daß sie das nicht darf.*

Einige Kinder dieser Altersstufe stimmen Benjamin darin zu, daß die Mutter auf die Information, die sie erhalten hat, hätte eingehen sollen, gleichgültig, von wem sie nun ins Bild gesetzt worden ist. Typisch dafür sind folgende Antworten:

I.: *Fandest du es richtig oder falsch, daß die Katja der Mutter Rosas Geheimnis erzählt hat?* – Christoph (5): *Das fand ich richtig.* – I.: *Warum?* – Ch.: *Weil die Mutter mit der Rosa dann in Ruhe darüber sprechen kann.*

I.: *Was hättest du anstelle der Mutter gesagt?* – Beate (6): *Hätt ich lieber mit der Rosa was geredet.* – I.: *Warum?* – B.: *Weil sie's nicht dürfen. Weil im Rauch ein bißchen Gift drinnen ist. Und für Kinder ist das ungesund.*

I.: *Was hättest du denn anstelle der Mutter gesagt?* – Anja (6): *Ich hätte erst mal gesagt: «So was tut man doch nicht, wenn man klein ist!»*

(c) Unglaube: Auch die dritte typische Antwort ist noch auf die Verständigung zwischen Mutter und Kindern über das Rauchen gerichtet; sie erklärt, warum die Botschaft bei der Mutter gewissermaßen nicht «ankommt». Ein Drittel der Kinder deuten sich nämlich den mütterlichen Tadel daraus, daß die Mutter der Mitteilung nicht glaubt bzw. sie für eine Lüge hält. Es mag eine häufige Erfahrung der Kinder in diesem Phantasie-Alter von 5 und 6 Jahren spiegeln, daß die Erwachsenen zur Unterscheidung von wahren und erfundenen Erzählungen auffordern. «Aber Katja!» verstehen sie dann, analog, als Ausdruck des Zweifels am Realitätsgehalt von Katjas (oder Rosas) Bericht und als Aufforderung, bei der Wahrheit zu bleiben.

I.: *Warum hat die Mutter «Aber Katja!» gesagt?* – Stefan (5): *Weil sie's ihr nicht glaubt.*

I.: *Was hat die Mutter gesagt?* – Henrik (5): *«Aber Katja!», und dann ist sie weggegangen.* – I: *Warum hat sie das gesagt?* – H.: *Weil sie ihr das nicht glaubt.*

Marco (6): *Da hat die gesagt: «Ach Katja!» Die Mutter denkt, die lügt, weißt du. Die will sie nur anlügen, denkt sie.*

In der Frage «Warum sagt die Mutter: ‹Aber Katja!›?» finden also die Kinder dieser Altersstufe keinen Hinweis auf Geheimnisnormen, auf die Verpflichtung, unter Freunden vertrauliche Mitteilungen auch geheimzuhalten, oder auf die Verpflichtung, Geheimnisse von Freunden gegenüber den Erwachsenen zu wahren – ganz im Gegensatz zu den Zehn- und Zwölfjährigen, unter denen die Bedeutung des mütterlichen Ausrufs zweifelsfrei und eindeutig festgelegt ist. Der Grund ist darin zu sehen, daß die jüngeren Kinder einen ganz eigenartigen Begriff vom Geheimnis haben.

2. Das Geheimnis ganz für mich alleine

Auf die Frage: «Was ist ein Geheimnis?» antworten die Fünf- und Sechsjährigen fast gleichlautend: *«Was man nicht sagen darf»* oder *«Was man nicht sagen will»*. Für sie ist das Geheimnis der alleinige und private Besitz eines einzelnen. Konsequenterweise sind sie großenteils der Ansicht, daß nicht Katja ein Geheimnis verraten habe, sondern Rosa: Sie hat <u>ihr eigenes Geheimnis</u> an Katja verraten, und die hat es dann weitererzählt!

I.: *Wer hat hier was falsch gemacht?* – Christoph (5): *Nur die Rosa.* – I.: *Warum?* – Ch.: *Weil sie das Geheimnis erzählt hat und außerdem geraucht hat, was sie nicht darf.*

Annegret (5): *Ein Geheimnis ist, das man nicht sagen will.* – I.: *Wer soll das nicht sagen?* – A.: *Der das Geheimnis hat.* – I.: *Wer war das?* – A.: *Die Rosa.* – I.: *Was war denn das Geheimnis?* – A.: *Daß sie gestern abend geraucht hat.*

I.: *Wer hat das Geheimnis verraten?* – Sabine (5): *Die Rosa.* – I.: *Was hat sie verraten?* – S.: *Mit der Zigarette.*

Auch Beate und Michael finden, daß Rosa ihr eigenes Geheimnis verraten hat. Damit verliert es seinen Geheimnischarakter und ist weiterer Veröffentlichung preisgegeben:

I.: *Was hättest du denn an Rosas Stelle gemacht?* – Beate (6): *Ich hätte es gar nicht erst verraten.* – I.: *Warum nicht?* – B.: *Weil eben die Katja es sonst verrät.*

I.: *Und was hättest du gemacht an Katjas Stelle?* – Michael (5): *Hätte das nicht verraten.* – I.: *Und an Rosas Stelle?* – M.: *Da hätte ich das nicht gesagt.* – I.: *Hättest du der Katja nicht gesagt, daß du geraucht hast? Und warum nicht?* – M.: *Weil die das weitergesagt hätte.*

Daß ein Geheimnis unter mehreren gewahrt werden könnte, ziehen die Kleinen noch nicht in Betracht. Die Grenzen der Geheimhaltung fallen noch mit den Grenzen des Ichs zusammen. Aber auch im einzelnen Kind ist das Geheimnis noch keineswegs sicher aufbewahrt. Julia vertritt mit Bestimmtheit die Auffassung, Geheimnisse dürfe man nicht weitersagen, erklärt aber ebenso überzeugt, sie selbst hätte es ebenfalls der Mutter mitgeteilt:
I.: *Was ist ein Geheimnis?* – Julia (6): *Daß man es nicht sagen darf.* – I.: *Wer darf es nicht sagen?* – J.: *Na der, der das Geheimnis erfunden hat.* – I.: *Wer war das hier?* – J.: *Die Rosa.* – I.: *Warum darf man es denn nicht sagen?* – J.: *Ein Geheimnis, das heißt, daß niemand es wissen soll, was man gemacht hat.* – I.: *Und wenn man es jetzt einem erzählt, darf der es weitererzählen?* – J.: *Nein.* – I.: *Warum nicht?* – J.: *Weil es dann kein Geheimnis mehr ist.* – I.: *Was hättest du denn an Rosas Stelle gemacht?* – J.: *Hätt' ich's nicht verraten.* – I.: *Warum nicht?* – J.: *Sonst sagt die Katja ja das weiter.* – I.: *Darf die Katja das weitersagen?* – J.: *Nein.* – I.: *Warum nicht?* – J.: *Sonst ist es ja kein Geheimnis mehr.* – I.: *Was hättest du an Katjas Stelle gemacht?* – J.: *Das auch gesagt.* – I.: *Warum?* – J.: *Sonst weiß die Mutter ja nicht, ob sie Unsinn gemacht hat oder nicht!*

Das Wesen eines Geheimnisses liegt für die Kleinen darin, daß es überhaupt nicht mitgeteilt wird. Rosa hätte ihr Geheimnis nicht verraten dürfen.

I.: *Und wer hat hier was falsch gemacht?* – Anja (6): *Rosa und Katja.* – I.: *Warum?* – A.: *Weil Rosa es verraten hat, und die andere hat es weitererzählt.* – I.: *Wer hat jetzt den größeren Fehler gemacht?* – A.: *Die Rosa.* – I.: *Warum?* – A.: *Weil sie es verraten hat und ganz genau weiß, daß man es nicht verraten soll!* – I.: *Weil sie ihr eigenes Geheimnis verraten hat?* – A.: *Ja.*

Alle Kinder wissen, daß man Geheimnisse nicht weitererzählen soll, aber auf die Frage der Interviewerin geben sie sofort ihr Geheimnis preis, vor allem das «schöne Geheimnis».

3. Der Wunsch nach Selbständigkeit: Das «schöne Geheimnis»

Wie wir sahen, betrachten die kleineren Kinder ein «Geheimnis» als ihr inneres Eigentum, das sie ganz für sich behalten wollen. Einmal mitgeteilt, ist es schon kein Geheimnis mehr. Die individuelle Selbständigkeit, die sich mit der Fähigkeit zur Geheimhaltung ankündigt, bedeutet zunächst Vereinzelung – das Geheimnis dient nicht, wie bei den älteren, der Verbindung unter Freunden, sondern verlangt zuerst einmal die Grenzziehung zwischen dem Kind und allen anderen. Und offenbar fällt es den Kindern leichter, eine Grenze zunächst dort zu ziehen, wo sie mit einem Informationsanspruch von Erwachsenen nicht in Konflikt geraten: im «schönen Geheimnis».

Obwohl wir im gezeigten Film das Geheimnis mit der «verbotenen Handlung» verbunden hatten, berichteten die Kleinen spontan solche Geheimnisse, die gewissermaßen im Windschatten der elterlichen Kontrolle stehen, keine Gefahren enthalten und keinem Verbot unterliegen: Sie haben ein geheimes Weglein entdeckt oder eine Falle gebuddelt, eine Höhle gefunden oder ein Loch in der Tapete, oder sie spielen etwas, von dem niemand weiß.

Anja (6): *Ein Geheimnis soll man ganz für sich behalten.* – I.: *Warum soll man das für sich behalten?* – A.: *Weil man sich irgendwie schlecht fühlt, wenn man das verratet und alles. Ich hab auch ein Geheimnis. Wir waren mal bei Guido in Spanien, da haben wir in so einem Haus gewohnt, da hab ich so eine kleine Lücke gefunden, wo 'ne Maus drin war, da hab ich dann so weißes Papier, genauso wie die Tapete war, zugeklebt. Aber da hab ich, als ich hinkam, immer wieder das Papier abgemacht.*

I.: *Hast du schon einmal ein Geheimnis gehabt?* – Annegret (5): *Also, am Spielplatz, da waren solche Büsche, und da war so ein Gang durch, und da bin ich immer durchgegangen. Das hab ich niemandem gesagt.*

I.: *Was ist ein Geheimnis?* – Alexandra (6): *Ich hab zum Beispiel ein Geheimnis, daß ich abends immer wieder von meinem Bücherregal aufs Bett springe, das ist auch ein Geheimnis, verrate ich Mami und Papi nicht, und die hören das nicht!*

Das «schöne Geheimnis» ist leichter herzustellen, weil es im Gegensatz zur verbotenen Sache keine Angst vor Gefahr, kein Schutzbedürfnis, keine Schuldgefühle oder Straferwartungen weckt. So unterscheidet jedenfalls Beate zwischen einem «schlimmen Geheimnis», von dem sie ihrer Mutter auf jeden Fall berichten würde, und einem «richtigen» Geheimnis, das sie für sich behalten würde.

I.: *Wenn ihr nun eine Höhle entdeckt habt, würdest du das der Mutter weitererzählen?* – Beate (6): *Nein.* – I.: *Warum nicht?* – B.: *Weil es nun dann ein richtiges Geheimnis ist.* – I.: *Warum ist das ein richtiges Geheimnis?* – B.: *Weil für uns nämlich 'ne Höhle ganz gut ist, da kann man sich ganz schön gut verstecken!*

Obwohl die Beispiele, die wir gehört haben, überwiegend nicht verbotene Handlungen zum Inhalt hatten, können hier die Übergänge zum Verbotenen fließend sein. Einen Streich spielen, etwas anstellen ist wahrscheinlich auf der Kippe; es sind Handlungen, die zwar verboten sind, aber auch relativ harmlos, so daß die Kinder keinen großen Druck zur Beichte empfinden und den Reiz des Verbotenen auskosten können.

I.: *Weißt du, was ein Geheimnis ist*? – Björn (5): *Ja, ich hab viele Geheimnisse!* – I.: *Was ist denn das*? – B.: *Was mein Freund und ich so angestellt haben. In die Zimmer, wo wir nicht reindürfen, sind wir heimlich reingegangen. Und immer, wenn jemand hochkam, sind wir schnell wieder in unser Zimmer.*

Unabhängig davon, ob es sich um ein «schönes» oder ein halbverbotenes Geheimnis handelt – es fällt den Kindern dieser Altersstufe nicht ein, die Geheimhaltung, die sie alle als zum Geheimnis gehörig erkennen, tatsächlich selbst zu praktizieren. Sie können zwar die Regel nennen (ein Geheimnis ist etwas, was man nicht weitersagen will bzw. darf), nicht aber ihr eigenes Verhalten daran binden. Bei den Fünf- und Sechsjährigen läßt sich aber auch sehen, wie das Bewußtsein einer Diskrepanz zwischen Regel und eigenem Verhalten langsam auftaucht. Die Kinder bringen zum Ausdruck, daß es ihnen schwerfällt, ein Geheimnis zu wahren. Zwei Sechsjährige, die beide betonen, daß man Geheimnisse nicht verraten dürfe, werden durch Erkundigungen der Mutter wieder aus dem Konzept gebracht. Sie sind sicher, daß sie die Geheimnisse eigentlich wahren sollen, erfahren aber auch, daß sie der Nachfrage des Erwachsenen gegenüber nicht standhalten können.

Paul-Jonas findet eine erste Scheinlösung. Er schlägt vor, ein Geheimnis nur dann zu erzählen, wenn die Mutter physisch fern und deshalb die Versuchung zum Verrat geringer ist. Oder noch besser: die Mutter solle gar nicht ins Zimmer kommen!

Paul-Jonas (6): *Sie müßte ihr das nicht erzählen. Sie könnte ihr das ja im Bett erzählen.* – I.: *Warum im Bett?* – P.-J.: *Nämlich, da würde sie nicht reinkommen, die Mutter.* – I.: *Hat die Mutter was falsch gemacht?* – P.-J.: *Daß sie nicht reinkommen müßte!* – I.: *Warum sollte sie nicht reinkommen?* – P.-J.: *Nämlich die Katja würde es ja verraten!*

Mit dem Wunsch, das innere Eigentum gegenüber dem Erwachsenen über das «schöne Geheimnis» hinaus auszuweiten, wollen die Kinder in der Lage sein, mehr für sich zu behalten. Sie beginnen, sich gegen ihre eigene Geständnisbereitschaft zu wehren; ausplaudern oder «petzen» bedeutet dann, nicht genügend Kontrolle über sich selbst zu haben. Das zeigt der Spottvers, den zwei Kinder zitieren:
Petze, Petze ging in' Laden, / wollte schwarzen Käse haben, / schwarzen Käse gab es nicht, / Petze, Petze ärgert sich. / Ärgert sich die ganze Nacht, / hat vor Schreck ins Bett gemacht.

Petzen «passiert» wie Ins-Bett-Machen kleinen Kindern, die sich nicht selbst kontrollieren können und darum von außen bestimmt werden. Die Verhaltenserwartungen an ein Schulkind machen aber Petzen – wie Bettnässen – zum Grund von Beschämung.

Dennoch haben die meisten fünf- und sechsjährigen Kinder den herkömmlichen Sinn des Petzens noch nicht verstanden – und sie verbinden Petzen auch nicht mit dem Ausplaudern von Geheimnissen. Sie wissen, daß man Geheimnisse nicht weitersagen darf, ebenso wie man nicht frech sein darf und nicht in der Nase bohren soll. Das sind Normen, die außerhalb der Kinder schon bestehen. Damit steht im Einklang, daß einige Kinder, die schon den Schüler-Begriff des «Petzens» kennen, «Petzen» mit «Lügen» assoziieren oder verwechseln; das sind einfach beides «verbotene» oder «tadelnswerte» Handlungen, deren Unzulässigkeit schon klar ist, bevor ihre Begründung verstanden wird. (Auch Piaget hat in seiner Untersuchung zur kindlichen Auffassung von Lüge festgestellt, daß Kinder «Lügen» zunächst als «häßliche Worte» verstehen.)

I.: *Was ist dir an diesem Film aufgefallen?* – Konstanze (5): *Hier hat die Katja gepetzt.* – I.: *Was hat die gepetzt?* – K.: *Man soll ja wieder nicht lügen, daß man das Geheimnis verratet.*

I.: *Warum hat die Mutter: ‹Aber Katja!› gesagt?* – Kerstin (6): *Weil die gelogen hatte.* – I.: *Gelogen sagt man dazu*? – K.: *Ja.* – I.: *Wieso hat die gelogen?* – K.: *Weil sie ja doch ihr Geheimnis verraten hat.*

Max stellt in dem Film, den er gerade gesehen hat, eine ganze Serie von falschen Verhaltensweisen fest, die alle gemeinsam haben, daß sie «*keine schöne Sache*n» sind: Petzen, Lügen und Rauchen:

I.: *Was hat die Katja falsch gemacht*? – Max (6): *Daß sie gepetzt hat.* – I.: *Warum war das falsch*? – M.: *Ich hätte nich gepetzt, weil Petzen keine schöne Sache ist, wie Lügen, aber Rauchen ist auch nicht schön.* Petzen ist also unschön oder tadelnswert; das lernen die Kinder, bevor sie eine wirkliche Begründung dafür geben können. Die jüngeren Kinder wissen nur, daß Petzen in der Bedeutung «Verbotenes» und «Schlimmes» angesiedelt ist. In diesem Sinne meint ein Sechsjähriger: «*Petzen ist ein giftiger Pilz.*»

4. Selbständigkeit und Offenheit: Die «differenzierte Geheimhaltung»

Im «schönen» Geheimnis beginnen die Kinder, einen persönlichen Raum abzustecken und der Allgegenwart der Erwachsenen ein Stück Eigenleben abzugewinnen. Den Belastungen von schlimmen Geheimnissen sind sie jedoch noch nicht gewachsen. Zahlreiche Kinder in unserer Untersuchung schlagen zunächst einen kommunikativen Weg ein. Sie versuchen, der Geheimhaltungspflicht nachzukommen und gleichzeitig Ausnahmen abzuwägen und zu begründen. Sie vertreten damit eine differenzierte Geheimhaltungspflicht und stellen Bedingungen von Geheimhaltung und möglicher Mitteilung gegeneinander. Indem sie zwischen «schönen» und «schlimmen» Geheimnissen unterscheiden, entwickeln sie Überlegungen zur «differenzierten Geheimhaltung». Über die Hälfte der Sechsjährigen wägen ab, wann ein Geheimnis mitgeteilt werden kann und wann nicht.

Andreas (6): *Wenn man was zerbricht, dann muß man das sagen. Man muß ja ehrlich sein.* (Aber wenn er erführe, daß ein Freund geraucht hat?) *Dann würde ich es nicht erzählen. Sonst machen es die anderen nach.*

Er will dem schlechten Vorbild keine Öffentlichkeit verschaffen und deshalb schweigen.

Alexandra würde Mißgeschicke nicht zum Geheimnis machen; beim Rauchen sähe es allerdings ein bißchen anders aus.

Alexandra (6): *Wenn mir eine Tasse heruntergefallen ist, dann würde ich erst mal sagen, daß sie mir aus Versehen heruntergefallen ist.* – I.: *Hättest du es selbst der Mutter erzählt?* – A.: *Hm.* – I.: *Und wenn du geraucht hättest?* – A.: *Ich hätte das auch nicht gesagt. Nämlich, das kann man so schlecht erklären, daß man das aus Versehen macht!*

Tobias erläutert seine Unterscheidung an Beispielen:
Tobias (6): *Also, wenn ich jetzt auf 'nem Spielplatz wär und ein Junge den Frederik, meinen kleinen Bruder, so ans Geländer, ‹bong, bong›, dann könnte ich das ruhig sagen. Aber wenn du jetzt mal bei mir wärst und 'nen Filzstift eindrückst, dann muß ich das ja nicht unbedingt sagen, das ist ja nicht lebensgefährlich.*

Beate findet, daß man gefährliche Geheimnisse erzählen und sich auch bei Mißgeschicken an die Mutter wenden sollte.

Beate (6): *…weil da auch mal was passieren kann, vor allem mit dem Feuerzeug, dann kann man sich ja verbrennen.* (Ich würde es auch erzählen), *wenn ich meinen Schal verloren hab. Vielleicht hilft die Mutter mit suchen.*

Diese Beispiele ließen sich fortsetzen. Gemeinsam ist ihnen die Überlegung, daß Schlimmes oder Gefährliches nach Mitteilung verlangt, daß man Mißgeschicke und Verluste veröffentlichen und über verbotene Handlungen sprechen sollte. Geheimhaltung dagegen schützt das «schöne Geheimnis», den Bereich des Spiels, in dem die Kinder anfangen, der Fremdbestimmung ein inneres Eigentum abzugewinnen. Dieser Geheimnisbegriff bleibt irreal, denn die Kinder verwirklichen ihre erklärten Geheimhaltungsabsichten nur zufällig oder gar nicht; aber er enthält noch die Möglichkeit einer Selbständigkeit, die die Kommunikation über Gefährliches und Verbotenes nicht ausschließt.

Die Verschwiegenheit ist unter den jüngeren Kindern noch keine Freundschaftsnorm, deshalb wägen sie auch ab, ob sie ihren Freunden Geheimnisse mitteilen würden:

Alexander (6): *Ich würde ihm sagen: «Du darfst es nie, nie in deinem Leben verraten, und du mußt mir die Ehrenhand (!) geben.»*

Er verwechselt das konkrete Objekt «Hand» mit dem abstrakten Konzept «Wort».
Ein anderer Junge würde sich vor Preisgabe des Geheimnisses vergewissern: *«Kannst du schweigen wie ein Grab?»*

In geheimen Gesellschaften sind Strafandrohung und Eid Mittel, um die nicht direkt erzwingbare Verschwiegenheit psychologisch zu fördern. Schon einige Kinder der jüngeren Altersgruppe verweisen auf diese Techniken.

Anja (6): *Aber ich hätte gesagt: «Verrat's nicht meinen Eltern, sonst werde ich meinen großen Freund holen, der wird dich dann verkloppen.»*

I.: *Wenn du jetzt ein Geheimnis hättest, würdest du das deinem Freund erzählen?* – Christoph (5): *Wenn er schwört, würde ich's ihm erzählen.* – I.: *Wenn er was schwört?* – C.: *Das Geheimnis.*

Christoph hat den Mechanismus des Schwurs (Verschwiegenheit schwören) noch nicht ganz erfaßt: Er schwört das Geheimnis.

5. Selbständigkeit in der Defensive: Die «rigorose Geheimhaltung»

Zweifel darüber, wann man Geheimnisse offenlegen kann, und Überlegungen, wie man die Verschwiegenheit des anderen fördern kann, finden sich jedoch nur in den Interviews der Sechs- und Achtjährigen. Unter den älteren Kindern ist die Geheimhaltungspflicht absolut geworden und jede Weitergabe von Geheimnissen verpönt: Freunde verraten einander nicht. Während die Fünf- und Sechsjährigen kaum verstehen, warum die Mutter die «Verräterin» und nicht die «Raucherin» tadelt, sind sich die Älteren dieser Norm, nicht zu petzen, voll bewußt und erklären alle, ihr folgen zu wollen. Eine wichtige Rolle dabei spielt allerdings die Erfahrung eines Zwangs, der von Erwachsenen ausgeübt wird und sich in kindlicher Straferwartung spiegelt. Die Erwartung von Tadel und Strafe ist, über alle Altersgruppen hinweg, der am häufigsten genannte Grund für die Geheimhaltungspflicht unter Freunden. Zuerst ist die Straferwartung da, dann der Bezug auf Freundschaftsnormen. Der Hinweis auf Straferwartung ist über alle Altersgruppen etwa gleich verteilt, während der Hinweis auf Freundschaftsnormen sich überwiegend erst bei den Zehn- und Zwölfjährigen findet.

Als Strafen für den im Film konstruierten Fall (Rauchen, von dem die Erwachsenen erfahren) werden meist «Schimpfe», «Wut» oder «Ausmeckern» genannt; unter den Älteren erwartet einer ein Verbot seiner Freundschaft, einer, daß die Eltern die Polizei rufen könnten, und vier Kinder Prügel. Die erwarteten Strafen werden mit zunehmendem Alter härter. Entsprechend dazu nimmt bei den Kindern die Bereitschaft ab, zwischen Mitteilung und Verschweigen eines Geheimnisses abzuwägen. Heimlichkeit umfaßt jetzt den Bereich des Verbotenen. Was den Kleinen gefährlich schien und deshalb lieber mitgeteilt werden sollte, erscheint den Großen als verboten und muß gerade darum verschwiegen werden. Die Geheimhaltungspflicht wird jetzt mit der Straferwartung begründet.

I.: *Warum findest du das gemein* (daß Rosa das Geheimnis verraten hat)*?* – Cornelia (10): *Na, das war ja ein Geheimnis. Jetzt sagt die Mutter das wahrscheinlich der anderen Mutter, und die erfährt das – und dann kriegt Rosa den Po voll.*

Tanja (12): *Na, erst mal fand ich das unheimlich gemein von der, daß die das da verrät. Das würde sich bestimmt schnell rumsprechen, und dann würde sie bestimmt zu Hause ganz schön Ausmecker bekommen.*

Parallel dazu entwickelt sich die Freundespflicht zur Geheimhaltung. Dreiviertel der Zehn- und Zwölfjährigen nehmen in ihren Begründungen auf Freundschaftsnormen Bezug.

I.: *Findest du das richtig oder falsch, daß sie das verraten hat?* – Stefan (10): *Es ist ja ihre Freundin, und da soll man das nicht verraten, wenn sie ihr ein Geheimnis anvertraut.*

Carsten (12): *Also, die Katja, die hätte unter Freunden das Geheimnis behalten müssen.*

Auch Tanja gibt dem Vertrauen unter Freunden, dem Schutz der Freundschaft selbst, in ihrer Begründung ausdrücklich den Vorrang vor dem Schutz gegen Strafe:

Tanja (12): *Ich finde, man sollte schon stolz darauf sein, daß jemand das einem so anvertraut, weil dann weiß man genau, der denkt, daß man eben 'ne richtige Freundin ist, nicht? Und da würde ich das nicht so einfach hingeben … Das ist doch irgendwie was Schönes, wenn man jetzt von jemand anderem ein Geheimnis hat. Da weiß man genau, man hat 'ne feste Freundin, die traut sich, das einem zu sagen, und verläßt sich auf einen.*

Mitteilsamkeit, vor allem den Erwachsenen gegenüber, wird jetzt geächtet. Zwei Drittel der Älteren sagen spontan, daß Katja «petzte» oder «eine Petze» sei und «Petzen» «fies», «gemein» oder «hinterlistig» sei. Das Petzen wird nun einhellig verurteilt, und zwar aus zwei

Gründen: Die achtjährigen und einige der zehn- und zwölfjährigen Kinder lehnen es ab, weil der Missetäter dann bestraft würde. Die übrigen sind dagegen, weil es einen Vertrauensbruch bedeutet. Das Petzen des Freundes hat Konsequenzen für die Freundschaft: Nicht nur Mißbilligung, auch Strafen drohen dem «Petzer».

André (10): *Ich wäre sauer auf* (meinen Freund). *Ich würde erst mal eine Woche nicht mit ihm spielen.*

Konstanze (10): *Katja wäre nicht mehr so ganz* (meine Freundin). *Vielleicht ein paar Tage nicht, oder so.*

Ergün (12): *Rosa ist so richtig wütend. Am liebsten würde sie die Katja verprügeln.*

Andere Kinder reagieren noch ablehnender und empfinden mangelnde Verschwiegenheit, und sei es auch nur in einem Fall, als Zeichen geringer Vertrauenswürdigkeit der gesamten Person. Viele erklären, Geheimnisverrat würde das Ende ihrer Freundschaft bedeuten.

Juliane (12): *Wenn das Vertrauen erst mal gebrochen ist, dann nützt auch die ganze Freundschaft nichts mehr.*

Das Geheimnis verbindet jetzt zwei oder mehr Freunde miteinander. Freundschaft, Sanktionen der Gleichaltrigen und Vertrauen schaffen einen sozialen Raum, der sich vor erwachsener Kontrolle abschirmen kann. Diese Kinder sind mehr als die Sechsjährigen bereit, Geheimnisse auch tatsächlich zu wahren. Die Verbindung mit Gleichaltrigen und die Selbständigkeit, die damit gewonnen ist, schließt Verständigung mit den kontrollierenden Erwachsenen allerdings aus; im Geheimnis wird ausgegrenzt, was (noch) nicht verhandelbar erscheint.

Schlußbemerkungen

Der defensive Charakter des Geheimnisses, wie er in unserer Untersuchung hervortritt, ist selbstverständlich durch unser Beispiel bedingt. Weil wir eine verbotene Handlung ins Zentrum gestellt haben, taucht in der Begründung der Kinder zur Geheimhaltungspflicht die Strafangst vor der Freundschaftsnorm und häufiger als diese auf. Deshalb verschwindet auch das «schöne Geheimnis» aus den Interviews – die Großen beziehen sich direkt auf den gezeigten Film und liefern keine spontanen Kommentare. Wir nehmen nicht an, daß das «schöne Geheimnis» bei den Zwölfjährigen damit überhaupt verschwunden ist: Auch freundliche Überraschungen, Mutproben, geheime Orte, gesammelte und versteckte «Schätze», die ersten Liebesgeschichten bilden Inhalte des Geheimnisses in der Zeit der beginnenden Pubertät.

Wir haben gesehen, daß das Geheimnis für die Kinder zunächst eine isolierende Sache («das Geheimnis ganz für mich allein») ist und dann zu einer Verbindung zwischen Freunden wird. Neben der verbindenden Bedeutung unter Freunden behält das Geheimnis seine abgrenzende Funktion gegenüber der Kontrolle der Erwachsenen. Unter Geheimhaltung können sich viele Aktivitäten entfalten und erprobt werden, die bei völliger Öffentlichkeit des Lebens nicht möglich wären. Das Geheimnis hat aber unter Schulkindern zwei Gesichter: Es bedeutet einerseits Unabhängigkeit, bewußte Abgrenzung und bewußten Zusammenschluß mit einigen «Auserwählten». Es verweist andererseits auf äußeren Zwang und Druck und beweist eine Schwäche. Haben die Kinder Vergnügen am Geheimnis oder müssen sie ihr Tun verheimlichen? Wahrscheinlich steht auch viel Unsicherheit hinter der typischen Geheimnistuerei von Kindern in der (Vor-)Pubertät. Deshalb muß streng über die Einhaltung der Verschwiegenheit gewacht werden. *«Wir schwören alle, daß wir zueinanderhalten und kein Geheimnis der Bande ausplaudern, und wenn wir in Stücke gehackt werden!»* heißt es in Mark Twains Roman «Tom Sawyer und Huckleberry Finn». Mit diesem Schwur wird spürbar, daß die verschworene Bande sich als Schutzgemeinschaft gegen äußere Bedrohung sieht. Das mag eine phantasierte Bedrohung sein – aber sie drückt auch aus, wie schwer es vielen Kindern fallen mag, der Aufsicht und den Ansprüchen der Erwachsenen gegenüber einen eigenen, freien Bereich zu erobern. Gilt nicht in vielen Familien der ordnende Zugriff der Erwachsenen auf Zimmer, Schränke, Schulmappen, Manteltaschen, Zeiteinteilung, Freundeswahl etc. der Kinder als selbstverständlich? Auch die Schulklasse hat Merkmale eines öffentlichen Raums, in dem jeder leicht beobachtet werden kann. Aber nicht diese Öffentlichkeit des kindlichen Lebensgeländes, sondern die eingreifenden Verbote und Drohungen werden die Kinder ängstlich machen. Wir haben in unserer Untersuchung verfolgen können, daß die Kinder zunächst Unabhängigkeit mit Offenheit den Eltern gegenüber zu verbinden suchen. Wir haben eine Durchgangsphase festgestellt, in der nicht Ausschließung, sondern Selbständigkeit ihr Thema zu sein scheint. Diese

Ansätze zur «differenzierten Geheimhaltung» halten aber offenbar ihren Erfahrungen nicht stand und sind bei den Zwölfjährigen einer «rigorosen Geheimhaltung» gewichen, die mit Abschließung gegen die Erwachsenen und Sanktionen innerhalb der Gruppe einhergeht.

Die Phase der defensiven Geheimnisse und Heimlichkeiten geht vermutlich zu Ende, wenn es Eltern und Kindern gelingt, ihre ursprünglich umfassende Nähe in eine Beziehung zu verwandeln, in der persönliche Freiräume (Privatsphären) sich entwickeln und Verschiedenheiten offen zum Thema gemacht werden können. Auch mit wachsender Selbstbestimmung des Individuums verliert das Geheimnis die Schutzfunktion der noch unentwickelten Selbständigkeit. Viele der von uns in einer weiteren Studie befragten Jugendlichen geben an, eigentlich keine Geheimnisse mehr zu haben. Stellvertretend dafür eine Siebzehnjährige:

Friederike: *Geheimnis war früher für mich immer irgendwas Absolutes, was so streng vertraulich war. Irgendwie ist Geheimnis auch so ein bißchen aufgebauscht, so tuscheln, was du absolut keinem weitersagen darfst. So in dem Sinne hab ich eigentlich keine Geheimnisse mehr… Also, ich glaube, daß ich Geheimnisse für mich abgeschafft habe!*

Renate Valtin

«Und plötzlich waren wir Freunde»

Was Kinder über Freunde und Freundschaft denken

«Der kleine Freund» (ein Auto), *«Freunde fürs Kleben»* (ein Klebstoff), *«der beste Freund der Geschäftsfrau»* (der Anrufbeantworter), *«eine Busenfreundschaft besonderer Art»* (ein Büstenpflege-Gel), *«aus Technik wird Freundschaft»* (der Rasenmäher): Das ist nur eine kleine Auswahl von Slogans, wie wir sie seit kurzem in der Werbung antreffen. Waren ersetzen nicht nur Freunde, sie helfen auch, Freunde zu gewinnen und Freundschaften zu pflegen: *«Fitness ist… laufend Freunde gewinnen»*, *«Kleine Bücher erhalten die Freundschaft»*. Die Werbefachleute, die schon immer die geheimen Sehnsüchte der Menschen zu nutzen wußten, haben offenbar ein neues Bedürfnis entdeckt: zu der Lust auf Freiheit und Abenteuer, dem Streben nach Attraktivität und Schönheit gesellt sich der Wunsch nach Sicherheit, Zuverlässigkeit und Wärme, der – so wird uns suggeriert – von Konsumgütern befriedigt werden kann.

Daß Freundschaft in den letzten Jahren geradezu ein Modethema geworden ist, läßt sich auch an der steigenden Zahl (populär-) wissenschaftlicher Bücher und Zeitschriftenartikel ablesen. Eine soziologische Erklärung für dieses Interesse liegt nahe. Gesellschaftstheoretiker verweisen darauf, daß die Menschen durch den Modernisierungsprozeß aus traditionalen Lebensformen und den damit vorgegebenen Sinnorientierungen freigesetzt und auf sich selbst und ihre individuelle Lebensplanung gestellt wurden. Dieser Individualisierungsschub zusammen mit den Unsicherheiten der «Risikogesellschaft» (Beck 1986), wie sie durch atomare Bedrohung, ökologische Gefährdungen und Katastrophen gegeben sind, bestärkt offensichtlich den Wunsch des einzelnen nach vertrauten Nahräumen und Stabilität in Partnerschaftsbeziehungen. Doch auch der Familienzusammenhalt ist lockerer oder sogar brüchig geworden (Auflösung der Großfamilie, hohe Scheidungsraten, steigende Anzahl von alleinlebenden bzw. alleinerziehenden Personen), und Liebesbeziehungen sind ebenfalls selten von Dauer (Flitner/Valtin 1987). Bedenkt man zusätzlich, daß die Identitätssicherung über den Beruf angesichts hoher Arbeitslosenzahlen schwieriger geworden ist, wird verständlich, daß das Bedürfnis nach verläßlichen Freundschaftsbeziehungen bei Erwachsenen tatsächlich gestiegen ist.

Freundschaft als «Sozialisationsinstanz»

Im Leben von Kindern spielen Freunde noch eine andere, ebenso wichtige Rolle. Bei der notwendigen Ablösung der Kinder von den Eltern sind die Gleichaltrigen, speziell die Freunde, von großer Bedeutung, weil die besondere Struktur dieser Beziehung auch besondere Herausforderungen an das Kind stellt. Während die Beziehung des Kindes zu seinen Eltern durch Über- und Unterordnung, durch Autorität und Gehorsam charakterisiert ist, sind Freundschaftsbeziehungen – in denen sich in der Regel Gleichaltrige des gleichen Geschlechts zusammenfinden – eher durch Gleichheit, Gleichrangigkeit und Gegenseitigkeit gekennzeichnet.

Psychologen, Soziologen und Pädagogen sind sich darin einig, daß Freundschaft für die geistige, soziale und moralische Entwicklung des Kindes eine wichtige Rolle spielt und eine wesentliche «Sozialisationsinstanz» darstellt (u. a. Rubin 1981, Youniss 1982, Krappmann 1987). Freundschaftsbeziehungen

- geben Anstöße zur geistigen Entwicklung, indem sie mithelfen, die Ich-Befangenheit (den Egozentrismus) des Kindes zu überwinden,
- sind ein Ort der Herausforderung und ein Übungsfeld für sich entwickelnde soziale Verhaltensweisen,
- liefern aufgrund der Ähnlichkeit und Gleichrangigkeit der Kinder Verhaltens- und Bewertungsmaßstäbe und bieten damit eine Orientierungssicherheit,
- sind eine Quelle der Anerkennung, aber auch der Kritik und Zu-

rückweisung und ermöglichen dem Kind, ein realistisches Selbstbild zu entwickeln,
- helfen dem Kind, moralische Maßstäbe zu entwickeln, die an dem Grundsatz von Gleichheit, Wechselseitigkeit und Fairness orientiert sind.

Ziele und Fragestellung der Untersuchung

Vor allem in der angloamerikanischen Literatur sind die Veröffentlichungen zum Thema Kinderfreundschaft in den letzten 20 Jahren fast unüberschaubar geworden. Auch in deutschen Arbeiten spielen Freundschaften unter Kindern eine zunehmend größere Rolle (Oswald/Krappmann 1988, Hofer u. a. 1990).

Untersucht wurden einerseits die Verhaltensweisen befreundeter Kinder (Wie werden sie Freunde? Wie gehen sie miteinander um?) und andererseits die Vorstellungen, die Kinder von Freundschaft haben. Dieses letzte Thema ist Gegenstand der vorliegenden Arbeit.

Sicherlich wäre es reizvoll gewesen, diese Vorstellungen von Kindern mit ihrem tatsächlichen Verhalten zu vergleichen, doch sind die dazu notwendigen Verhaltensbeobachtungen zeitlich und finanziell derartig aufwendig, daß sie nicht geleistet werden konnten. Immerhin kann man davon ausgehen, daß das Denken der Kinder über ihre Freundschaftsbeziehungen und ihr Verhalten Freunden gegenüber zusammenhängt. In den Vorstellungen der Kinder spiegeln sich ihre Erfahrungen mit Freundschaftsbeziehungen wider, die ihre Ideale beeinflussen und auch Auswirkungen auf ihre «Freundschaftsfähigkeit» und ihr Verhalten haben. Kinder, die darüber Bescheid wissen, wie man Freundschaften anbahnt (z. B. wie und auf welche Weise spreche ich ein anderes Kind an?), und die Merkmale und Verhaltensweisen kennen, welche der Freundschaft förderlich sind, werden leichter in der Gruppe der Gleichaltrigen akzeptiert, sind beliebter, und es gelingt ihnen besser, Freunde zu gewinnen und zu behalten (Rubin 1981).

In dieser Untersuchung wurden mit Kindern verschiedener Altersstufen ausführliche Gespräche über ihre Vorstellungen von Freundschaft und über ihre Freundschaftsbeziehungen geführt. Der amerikanische Entwicklungspsychologe Selman (1984) hat einen Leitfaden für ein Freundschaftsinterview entwickelt, an dem sich diese Untersuchung orientiert. Folgende Fragen wurden in dieser oder ähnlicher Form gestellt.

Anzahl und Geschlecht der Freunde
Hast du einen Freund/Freundin?
Wie heißt die/der?
Hast du auch einen besten Freund?

Motive der Freundschaft
Aus welchen Gründen seid ihr Freunde?
Warum brauchst du einen Freund?
Findest du es wichtig, einen Freund zu haben?
Warum?

Bildung von Freundschaft
Wie seid ihr Freunde geworden?
Was muß man tun, um einen Freund zu bekommen?
Ist es leicht oder schwer, einen Freund zu finden?
Warum ist es manchmal leicht, einen Freund zu finden?
Warum ist es manchmal schwer, einen Freund zu finden?

Vorstellungen zum idealen Freund
Wie stellst du dir den idealen Freund vor?
Wie soll ein Kind sein, mit dem du gerne befreundet wärst?
Woran kannst du erkennen, ob jemand dir ein guter Freund sein wird?

Vertrauen
Was tun gute Freunde füreinander?
Vertraust du deinem Freund?
Was bedeutet Vertrauen für dich?
Ist es wichtig, daß du Vertrauen zu einem Freund hast?
Wenn du etwas angestellt hast, erzählst du es deinem Freund?
Darf er es weitererzählen? Was wäre, wenn er es weitererzählte?

Streit und Konfliktbewältigung
Streitet ihr euch? Wie sieht das aus, wenn ihr euch streitet?
Warum streitet ihr euch?

Was hältst du für eine gute Art, einen Streit zu beenden?
Kann einer allein den Streit beenden?
Kann man Freunde sein und sich trotzdem streiten?

Beendigung der Freundschaft
Hattest du schon einmal einen Freund, mit dem du jetzt nicht mehr befreundet bist?
Warum ist die Freundschaft auseinandergegangen?
Welche Gründe kennst du für das Aufhören einer Freundschaft?

Stichprobe und Durchführung der Befragung
Im Anschluß an die Befragung zum Geheimnis (s. Kapitel 1) wurden die Kinder zu ihren Freundschaftsvorstellungen interviewt. Die Versuchsleiterinnen, Studentinnen der Erziehungswissenschaft, waren mit den Kindern also schon vertraut, und die Interviews fanden in einer gelösten und entspannten Atmosphäre statt. Die mit den Kindern geführten Gespräche wurden auf Tonband aufgenommen und abgeschrieben.
Befragt wurden 89 Kinder, 42 Mädchen und 47 Jungen der Altersstufen 5, 6, 8, 10 und 12 Jahre, wobei jede Altersstufe mindestens 15 Kinder umfaßte. Die Kinder stammen aus einer (sechsjährigen) Berliner Grundschule mit einer sozialen Zusammensetzung, die von oberer Unterschicht bis zu oberer Mittelschicht reicht. Zum «Auslese-Effekt» ist noch zu bemerken, daß nur die Kinder befragt wurden, die sich freiwillig dazu gemeldet hatten, sich Filme anzusehen und darüber zu reden. Daß es um das Thema Freundschaft ging, wußten sie vorher nicht.

Ergebnisse

In diesem Kapitel werden die Ergebnisse ausführlicher beschrieben als in den anderen Teilen des Buches. Das hat mehrere Gründe: Die abgedruckten Interviews mit Kindern unterschiedlichen Alters sollen einerseits die methodische Vorgehensweise sichtbar machen, andererseits Anregungen dafür bieten, wie Gespräche über soziale Sachverhalte mit Kindern geführt werden können, darüber hinaus aber auch verdeutlichen, wie sich in den verschiedenen Altersstufen die Weltsichten der Kinder verändern. Um diese Veränderungen noch anschaulicher zu machen, wird im Anschluß an die Ergebnisse der Kinder ein Interview mit einer Jugendlichen abgedruckt und kommentiert.

Hier zunächst einige Ergebnisse zu den aktuellen Freundschaftsbeziehungen der Kinder, deren Namen geändert wurde.

Anzahl und Geschlecht der Freunde

Die Frage «Hast du einen Freund?» wird von allen Kindern bejaht, und sie nennen im allgemeinen etwa Gleichaltrige. Zwei Kinder nennen zusätzlich noch Erwachsene (Günther, 8 Jahre: *«mein Vater und meine Mutter»).* Und Kerstin, 6, nennt als ihre Freunde: *«Thorsten, Katharina, noch mal Katharina, zwei Katharinas. Dann, wir haben 'ne Erzieherin, die heißt Hanna, die ist ganz nett. Und Mutti und Papi und unsere Katze.»*

Einige Kinder, es sind dies vor allem die jüngeren, scheinen sich auf Anhieb der Anzahl ihrer Freunde allerdings nicht so sicher zu sein, so Max.

Interviewerin (im folgenden mit I. abgekürzt): *Du hast vorhin gesagt, daß du einen Freund hast. Wie heißt denn der?* – Max, 6 Jahre: *Ich hab drei. Tillmann, Alexander und Timo.* – Zwei Minuten später erwähnt er: *Neben mir sitzt jetzt der Tobias.* – I.: *Tobias ist auch dein Freund?* – Max: *Ja, und Lukas ist mein bester.*

Auch bei Paul-Jonas tauchen im Verlauf des Interviews noch weitere Freunde auf:

I.: *Hast du einen Freund?* – Paul-Jonas, 6: *Ich hab drei.* – Später im Gespräch ergänzt er: *Ja, aber im Hort habe ich auch noch ein paar* (er zählt 6 Namen auf), *sind sechs Kinder.*

Von den 40 Kindern der jüngeren Altersstufe (5 und 6 Jahre) geben mehr als die Hälfte der Kinder an, sie hätten drei und mehr Freunde. Die Mehrheit (n = 24) nennt ausschließlich gleichgeschlechtliche Freunde; die übrigen, 10 Mädchen und 6 Jungen, nennen sowohl männliche als auch weibliche Kinder. Dies ist bei den Achtjährigen unserer Stichprobe anders: Mit Ausnahme von Günther, der ein Mädchen als einzige Freundin – außer seinen Eltern – nennt, und einem Mädchen haben alle Kinder Freunde desselben Geschlechts. Zwei Jungen betonen ausdrücklich, ihr idealer Freund solle ebenfalls ein Junge sein.

Auch die Anzahl der genannten Freunde wird im Vergleich mit den jüngeren Kindern geringer: Über zwei Drittel der Kinder nennen nur noch einen Freund, nur drei Kinder meinen, sie hätten «viele» Freunde. Bei den Zehnjährigen nennt die Hälfte einen besten Freund, die übrigen geben an, mehrere Freunde oder Freundinnen zu haben, wobei es sich bei vier Kindern auch um gemischtgeschlechtliche Freundschaften handelt. Der beste Freund bzw. die beste Freundin hat jedoch immer dasselbe Geschlecht wie das Kind.

Von den Zwölfjährigen nennen drei Viertel einen besten Freund, der wiederum das gleiche Geschlecht hat, keiner erwähnt eine gemischtgeschlechtliche Freundschaft. Zu Beginn der Pubertät – so läßt sich folgern – sind die Freundschaften geschlechtshomogen: Jungen und Mädchen bleiben unter sich.

Nachfolgend werden die weiteren Ergebnisse nach Altersgruppen getrennt dargestellt und diskutiert, um auf diese Weise auch die im Laufe der Altersentwicklung auftretenden Veränderungen deutlich zu machen. Ausgewertet werden vier Themen des Freundschaftsinterviews: Motive der Freundschaft, Mechanismen der Freundschaftsbildung, Vorstellungen in bezug auf den idealen Freund sowie Gründe für die Beendigung einer Freundschaft. Die Kinderantworten zum Thema Vertrauen werden nur am Rande einbezogen und in einer gesonderten Arbeit veröffentlicht. Eine Auswertung zum Bereich Streit und Konfliktlösung findet sich im nachfolgenden Kapitel.

Da die Art der Fragestellung durch die Interviewerin vermutlich einen Einfluß auf die Kinderantworten hat, werden im folgenden Text die Fragen jeweils mitgeliefert, auch wenn sich dadurch Wiederholungen ergeben. Dies wird in Kauf genommen, damit sich die Leserin oder der Leser selbst einen Eindruck von der Fragetechnik und möglichen Auswirkung auf das Antwortverhalten der Kinder bilden kann.

Die Fünfjährigen

Zunächst wollen wir das vollständige Interview mit dem fünfjährigen Henrik wiedergeben, um einerseits einen Eindruck von der Gesprächsführung zu vermitteln und andererseits – da die Antworten der Fünfjährigen sich sehr ähneln – typische Reaktionsmuster zu verdeutlichen.

Interview mit Henrik (Alter 5 Jahre, 10 Monate)

Anzahl und Geschlecht der Freunde

I.: Hast du einen Freund?

H.: Ja, Carmen und Achim und Matthias unten im Kindergarten, und Thorsten, den kennst du ja nicht und… weiter keinen.

I.: Hast aber ganz schön viele Freunde! Hast du einen besten Freund?

H.: Ja, die Carmen. Auch der Matthias. Beide sind meine besten Freunde.

Motive der Freundschaft

I.: Warum?

H.: Achim ist auch mein bester Freund!

I.: Warum sind die deine besten Freunde?

H.: Carmen ist oben (in der Schule) ganz nett geworden, also hier, aber unten (Kindergarten) war sie ganz grob.

I.: Warum ist jetzt Carmen deine Freundin?

H.: Weil wir zusammen in einer Klasse sind.

I.: Und warum ist der Matthias dein Freund?

H.: Weil er bei mir in der gleichen Gruppe ist und Achim auch.

I.: Warum brauchst du einen Freund?

H.: Wenn man verkloppt wird, dann… Ich hab noch eine beste Freundin! Die heißt Melanie.

I.: Und warum ist die deine beste Freundin?

H.: Weil die in Renates (Erzieherin) Klasse war.

I.: Warum ist es wichtig, daß du einen Freund hast?

H.: Wenn einer mich verkloppt, dann können sie mir helfen.

Bildung der Freundschaft

I.: Wie seid ihr Freunde geworden, Carmen und du?

H.: Einfach oben (in der Schule).

I.: Wie hast du das gemacht?

H.: Einfach sind wir hochgekommen und waren da zusammen. Das war ja nicht lange her, als wir eingeschult waren, und dann waren wir plötzlich Freunde.

I.: Und wie hast du das gemacht? Hast du Carmen einfach gefragt: «Du, wollen wir Freunde sein?» oder wie?

H.: Einfach so!

I.: Na, hast du sie angeguckt, oder hast du sie an die Hand genommen, oder hast du was mit ihr gespielt?
H.: Nein, wir sind einfach Freunde geworden.
I.: Stell dir mal vor, du kommst jetzt in eine neue Klasse. Was würdest du denn machen, um einen Freund zu bekommen?
H.: Fragen: «Du, willst du mein Freund werden?» Wenn er ja sagt, dann ist es gut.
I.: Und wenn er nein sagt?
H.: Muß ich mir einen anderen suchen, bei dem das gleiche.
I.: Und warum ist es manchmal schwer, einen Freund zu kriegen?
H.: Weil er manchmal nein sagt.

Vorstellungen zum idealen Freund

I.: Wie muß denn ein Kind sein, das du gern zum Freund haben möchtest?
H.: Nett.
I.: Was meinst du mit «nett»?
H.: Den ich zum Freund hab, der muß ganz besonders nett sein.
I.: Zu wem jetzt?
H.: Zu mir!
I.: Was meinst du jetzt damit? Wenn er jetzt Schokolade hat, muß er dir jetzt die ganze Schokolade geben?
H.: Nein, nur ein Stückchen.
I.: Und wenn er jetzt ein neues Spielzeug hat?
H.: Laß ich ihm das.

Vertrauen

I.: Du hast gesagt, daß z. B. die Carmen deine beste Freundin ist. Vertraust du ihr?
H.: Ja. Manchmal nicht! Matthias und Achim manchmal, Melanie kann ich immer.
I.: Warum denn Melanie besonders?
H.: Weil wir uns immer in der Pause treffen.
I.: Was ist denn «Vertrauen»?
H.: Weiß ich nicht.
I.: Würdest du der ein Geheimnis anvertrauen?
H.: Allen, die meine Freunde sind.
I.: Was würdest du machen, wenn die jetzt das Geheimnis weitererzählen?

H.: Wenn sie das verraten haben, das Geheimnis, würde ich denen nie wieder eins erzählen.
I.: Die würden aber deine Freunde bleiben?
H.: Ja.

Streit und Konfliktlösung

I.: Hast du dich schon mal mit deinem Freund gestritten? Mit dem Matthias?
H.: Manchmal, ja. Wenn ich nicht mit ihm spielen wollte! Hat er aufgetrampelt und geweint! Also nein!
I.: Das ist aber nicht richtig streiten, nicht? Hast du dich denn schon mal richtig gestritten jetzt?
H.: Ja, aber ich weiß nicht mehr mit wem. Mein Vater hat schon mal so gespielt, als hätten wir uns gestritten.
I.: Und mit einem Freund, hast du dich da schon mal echt gestritten? Wie kann man sich denn streiten?
H.: Wenn einer was haben will und der andere will das auch haben.
I.: Und? Was macht man dann? Was würdest du z. B. machen, wenn ich jetzt ein Auto hätte und du willst es auch haben?
H.: Dann verkloppe ich dich! …nein, nein…
I.: Oder aber?
H.: (sinngemäß, weil unverständlich) Wenn ich mal ein Auto hätte und einer hätte das einfach so gestohlen.
I.: Was hättest du gemacht, damit der Streit aufhört?
H.: Den verkloppt.
I.: Wenn er jetzt stärker gewesen wäre?
H.: Hätte ich die Lehrerin geholt.

Beendigung der Freundschaft

I.: Hast du schon mal einen Freund gehabt, der jetzt nicht mehr dein Freund ist?
H.: Ja, der Rolf war früher mein Freund, aber jetzt ist er es nicht mehr.
I.: Warum nicht?
H.: Weil er so frech ist.
I.: Ist der auch hier in deiner Klasse?
H.: Nein, in der ersten.
I.: Siehst du den manchmal noch?
H.: Auf der Pause verkloppe ich den.

I.: Ich denke, der ist so frech. Du bist auch manchmal frech. War der denn frech zu dir?
H.: Ja.
I.: Was hat der denn gemacht?
H.: Hat mich auch verkloppt. Das kriegt er jetzt alles zurück.

Henrik äußert Vorstellungen, die typisch für viele Kinder dieser Altersstufe sind:
- Die Anzahl der Freunde – es werden sowohl Jungen als auch Mädchen genannt – ist sehr schwankend.
- Die räumliche Nähe ist der Grund für die Freundschaft.
- Einen Freund braucht man, damit er einem hilft, wenn man in Bedrängnis gerät (zum Beispiel, wenn man von anderen Kindern tätlich angegriffen wird).
- Man wird ganz plötzlich Freunde – «einfach so».
- Einen Begriff von Vertrauen haben die Kinder noch nicht. Wenn der Freund ein Geheimnis weitererzählt, bleibt er trotzdem ein Freund.
- Streitigkeiten werden durch körperliche Auseinandersetzungen ausgetragen.
- Ein Grund für das Ende der Freundschaft ist, wenn der andere aggressiv («frech») wird.
- Es herrscht eine Moral der strikten Vergeltung: «Der hat mich verkloppt. Das kriegt er alles zurück!»

Schauen wir uns nun die Ergebnisse der Fünfjährigen im einzelnen an.

Motive der Freundschaft: der Freund als Spielgefährte

Auf die Fragen «Warum sind Freunde wichtig?» oder «Wozu brauchst du einen Freund?» wird von den 17 befragten Fünfjährigen in erstaunlicher Gleichförmigkeit vor allem eine Antwortkategorie gegeben: Sie brauchen einen Freund zum Spielen.

Stephan: *Da kann man ja nicht spielen, wenn man keinen hat, dann kann man ja nicht spielen.*

Katharina: *Weil man dann einen zum Spielen hat.*

Von zwei Kindern werden zusätzlich noch andere spezifische Funktionen des Freundes genannt:

Vivian: *Sonst kann man zum Geburtstag auf einmal keinen einladen.*

Benjamin: *Ja, nämlich, wenn man keine Freunde auf der gesamten Welt hätte, dann könnte man ja nicht heiraten...* – I.: *Aha, warum braucht man sonst noch einen Freund?* – B.: *Damit man heiraten kann und spielen kann.*

Nur drei Fünfjährige beziehen sich nicht auf das Spielmotiv. Henrik braucht einen Freund als Helfer in Notlagen: «*Wenn einer mich verkloppt, dann können sie mir helfen.*» Wir werden später sehen, daß dieses Motiv auch bei anderen, älteren Jungen auftaucht.

Für Christoph hilft der Freund gegen das Alleinsein. Zusätzlich nimmt er noch wie Silke (*«weil ich mich gut mit ihm verstehe»)* auf die gegenseitige Sympathie Bezug.

I.: *Warum ist der Thomas dein Freund?* – Christoph: *Weil wir uns mögen.* – I.: *Ist es denn wichtig, einen Freund zu haben?* – Ch.: *Ja, sonst ist man immer alleine, oder 'ne Freundin, ist ja egal.*

(Christoph ist übrigens der einzige unserer Stichprobe, der auf den Unterschied zwischen Freund als Bezeichnung für Freund <u>und</u> Freundin und Freund als Bezeichnung für die männliche Person Bezug nimmt. Die anderen Kinder gehen auf diesen Unterschied nicht ein, denn sie verstehen und verwenden den Ausdruck ‹Freund› im Sinne eines Archilexems, das sowohl die männliche als auch die weibliche Form umfaßt. So sagt Günther, 8 Jahre: «*Ich hab 'nen Freund, der so alt ist wie ich. Kati heißt die.*»)

Der gute Freund muß «lieb» sein

Ein weiterer Fragenkomplex des Freundschaftsinterviews bezieht sich auf die Eigenschaften und Merkmale von guten Freunden. Bei unserer Befragung war festzustellen, daß viele Fünfjährige erhebliche Schwierigkeiten haben, dies in allgemeiner Form zu beantworten. Deshalb mußten wir diese Fragen vereinfachen: «*Wie muß denn ein Kind sein, mit dem du gern spielen würdest?*» Wenn auch diese Frage ohne Antwort blieb, wurde das Kind nach den Merkmalen des von ihm genannten Freundes bzw. der Freundin gefragt. Zwei der Fünfjährigen konnten auch hier keine Antwort geben, bei den übrigen findet sich nur ein Antworttyp. Die Kinder sind sich darin einig, daß der Freund *nett* oder *lieb* sein muß.

I.: *Wie muß ein Kind sein, das du gern zum Freund hättest?* – Michael: *Lieb.* – I.: *Was heißt das?* – M.: *Daß man sich nicht haut.*

Vivian: *Nett spielen, daß es nett spielt.* – I.: *Warum?* – V.: *Weil, wenn es böse ist, dann spielt es manchmal Krieg, und das gefällt mir nicht.*

Björn hat schreckliche Vorstellungen von jungen Männern, mit denen er nicht befreundet sein möchte:

I.: *Warum ist es manchmal schwer, einen Freund zu finden?* – Björn: *Es ist nie schwer. Nur für Große, für Erwachsene ist es schwer.* – I.: *Wieso?* – B.: *Junge Männer, die können sich dann vielleicht schlagen, die stellen ja so was an.* – I.: *Warum ist es denn für die Großen schwieriger, einen Freund zu finden?* –

B.: *Weil die jungen Männer immer so frech sind, und dann sagen sie so Ausdrücke und stecken wohl noch Häuser an oder so! Was wir dann nicht haben wollen in K.* (vornehmer Berliner Stadtteil). – I.: *Wie muß denn ein Kind sein, das du gern zum Freund hättest?* – B.: *Weiß ich nicht.* – I.: *Wie ist denn der Ralf?* – B.: *Na, ich finde ihn nett.* I.: *Und ein Kind, mit dem du gern spielen möchtest, wie muß das so sein?* – B.: *Auch nett.* – I.: *Warum?* – B.: *Weiß ich auch nicht.*

«Nettsein» bedeutet für die Fünfjährigen vor allem, daß man mit dem anderen «nett spielen» kann und daß er einen nicht haut. In ihren Formulierungen beziehen sich die Kinder zwar auf äußere Verhaltensweisen, doch lassen diese sich als Hinweis auf den Wunsch nach Harmonie, Sicherheit und Konfliktfreiheit deuten.

Mechanismen der Freundschaftsbildung: Die räumliche Nähe begründet die Freundschaft

Auf Fragen nach der Bildung von Freundschaften (Wie seid ihr Freunde geworden? Was muß man tun, um Freunde zu finden?) beziehen sich die Hälfte der Fünfjährigen auf eine Antwortkategorie: die räumliche Nähe – das häufige Beisammensein oder das Nahe-zusammen-Wohnen – ist der Grund für Freundschaft:

I.: *Wie seid ihr Freunde geworden, der Ralph und du?* – Björn: *Schon seit dem Mini-Club.* – I.: *Und wie seid ihr das geworden?* – B.: *Na, ist doch ganz einfach.* – I.: *Wie denn?* – B.: *Na, wenn man gerne spielt und einer ganz in der Nähe wohnt, kann man doch zu ihm hingehen.*

Aus dieser Logik – räumliche Nähe oder Anwesenheit begründet Freundschaft – folgt dann auch, daß das Vorhandensein vieler bzw. weniger Kinder die Bildung von Freundschaft erleichtert oder erschwert.

I.: *Warum ist es manchmal leicht, eine Freundin zu finden?* – Andreas: *Wenn man gerade hereingekommen ist und die anderen auch, dann ist es manchmal leicht, finde ich. Dann sind so viele Kinder da.*

Natürlich können auch Erwachsene so argumentieren. Aber für sie würde das bloße Vorhandensein vieler Personen noch nicht die Freundschaft begründen, sondern höchstens die Auswahl passender Freunde erleichtern.

Von vier Kindern wird das erste Treffen, das zufällig, aber auch durch eine Einladung oder eine Verabredung zustande kommen kann, als Ursache der Freundschaft genannt, z. B. von Constanze.

I.: *Wie seid ihr Freunde geworden?* – Constanze: *Wir haben einmal gespielt, und dann haben wir uns kennengelernt.*

Benjamin hat sich mit Björn einmal verabredet, und «*so ist das dann geworden*». Er betont auch noch die gemeinsamen Aktivitäten: das Verfolgen von Mädchen.

I.: *Sag mal, hast du denn einen Freund oder eine Freundin?* – Benjamin: *Nur Freunde, weil ich nämlich Mädchen verfolge selber, mit meinem Freund.* – I.: *Und wie ist der Björn dein Freund geworden?* – B.: *Einmal, da hat der noch mit den Mädchen gespielt, dann haben wir uns verabredet, um mal nach dem Frühstück nach draußen zu kommen und dann die verfolgen. Und so ist das dann geworden. Dann haben wir immer unsere Gewehre getauscht.*

Ganz ernst zu nehmen ist aber Benjamins Mädchenhaß glücklicherweise nicht. Im Verlauf des Interviews wird er gefragt:

I.: *Könntest du auch mit einem Mädchen spielen?* – Benjamin (nickt): *Ich habe eine Freundin als Mädchen. Sogar eine ist meine allerallerbeste Freundin.*

Die Fünfjährigen vermögen über die genauen Mechanismen der Freundschaftsbildung kaum Auskunft zu geben. Wie bei Viviane («*Dann waren wir ein Freund»*) erscheint auch bei Henrik (siehe das obige Interview) Freundschaft als ein **plötzlich eintretendes Ereignis**. Für Stefanie genügt der einfache Wunsch, Freunde zu werden, um eine Freundschaft zu begründen:

I.: *Warum ist Lisa deine Freundin?* – Stefanie: *Weil ich sie mal beim Geburtstag kennengelernt habe und weil wir beide uns so kennengelernt haben, dann haben wir uns gedacht: «Ach, wir wollen mal Freunde werden», und dann sind wir Freunde geworden.*

Bei Stefanie sind beide an der Freundschaftsbildung beteiligt («*Wir wollen mal Freunde werden»*). Auch für Christoph spielt es eine Rolle, daß der andere zustimmen muß. Zusätzlich äußert er einen weiteren Faktor der Freundschaftsbildung: Eltern können Freundschaften stiften, der auch von fünf anderen Kindern genannt wird.

I.: *Ist es denn leicht oder schwer, einen Freund zu finden?* – Christoph: *Wenn die Mütter sich treffen, dann ist es sehr leicht. Und wenn man sich so selber, so, wie ich mir meine Freunde in der Spielgruppe und auch hier (*Vorklasse*) gesucht hab, so ist es sehr schwer.* – I.: *Warum denn?* – Ch.: *Weil die anderen nicht mögen, und vielleicht sehen sie nur so hübsch aus und nett und sind gar nicht nett und hübsch.* – I.: *Wie würdest du es anstellen, um einen Freund zu bekommen?* – Ch.: *Ich würde mal zu einem Kind hingehen und würde fragen, ob wir uns befreunden würden.* – I.: *Und dann?* – Ch.: *Wenn das andere Kind möchte, dann würde ich mit ihm ein Freund werden.*

Bei den Fünfjährigen, so läßt sich zusammenfassen, wird die Freundschaftsbildung eher wie ein **mechanisches Ereignis** geschildert. Nur die beiden zuletzt zitierten Kinder thematisieren den Wunsch, Freunde zu werden, wobei das Aussprechen dieses Wunsches dann aber schon die Freundschaft begründet. Bei diesen Kindern deutet sich ein wichtiges Entwicklungsmoment an: Sie beginnen, den Blickwinkel des anderen zu berücksichtigen.

Gründe für das Ende einer Freundschaft

Befragt, ob es Kinder gebe, die nicht mehr ihre Freunde seien, antworten zehn Fünfjährige verneinend. Von den übrigen werden zwei Gründe für das Aufhören ihrer Freundschaft gesehen, die den oben geschilderten Argumentationen und Sichtweisen entsprechen. Da vom Freund «Nettsein» und «nicht hauen» erwartet wird, sind **körperliche Auseinandersetzungen** ein Grund für das Ende der Freundschaft: «*weil der so frech ist und mich verkloppt hat*» (Henrik), und «*weil der mich ärgert*» (Christoph). Vier Fünfjährige nennen Streit oder aggressives Verhalten des andern als Ursache der Beendigung von Freundschaft.

I.: *Kennst du auch ein Kind, das jetzt nicht mehr dein Freund ist?* – Sebastian: *Ja.* – I.: *Wer denn?* – S.: *Die Kinder, die mich hauen, wie die Myriam, die haut mich aber nich, die sagt aber so 'ne doofen Wörter, die möcht ich nicht mehr hören.*

Da in den Augen der Kinder räumliche Nähe die Freundschaft begründet, wird folgerichtig die **räumliche Trennung** als Grund für das Ende der Freundschaft gesehen. So nennen vier Fünfjährige das Wegziehen des Freundes.

Zusammenfassung

Die Antworten der Fünfjährigen zu den einzelnen Dimensionen des Freundschaftskonzepts zeigen eine erstaunliche Gleichförmigkeit:

Motiv der Freundschaft ist, jemanden zum Spielen zu haben – ein verständlicher Wunsch, da Spielen die spezifische kindliche Ausdrucks- und Kommunikationsform darstellt. Als Grund für die Freundschaft wird die räumliche Nähe, die das Zusammenspielen erleichtert, angesehen. Die Freundschaftsbildung wird als plötzlich eintretendes Ereignis, nicht als länger dauernder Prozeß gedeutet. Vom Freund wird erwartet, daß er lieb und nett mit dem Kind spielt und nicht streitet. Auf kindgemäße Art ausgedrückt, läßt sich aus ihren Vorstellungen zur Freundschaft der Wunsch nach Geselligkeit, Sicherheit und Harmonie ablesen.

Die Sechsjährigen

Wiederum sei zunächst ein Gesamtinterview abgedruckt, Alexander hat für sein Alter schon recht entwickelte Vorstellungen, aber auch Vorurteile (siehe die Äußerungen zu den Amerikanern). An diesem Beispiel wird auch die Interviewführung deutlich: Da Alexander von sich aus auf Streiten zu sprechen kam, ist die Interviewerin von ihrem Leitfaden abgewichen.

Interview mit Alexander (6 Jahre, 11 Monate)

Anzahl und Geschlecht der Freunde

I.: Du hast doch bestimmt einen Freund oder mehrere?

A.: Einen Freund hab ich, das ist der Olaf, das ist eigentlich mein Lieblingsfreund. Heute gehe ich zu ihm – und dann hab ich noch 'nen Freund, wie heißt'n der, ach so, Oliver. Mit dem bin ich auch meistens zusammen.

Motive der Freundschaft

I.: Und warum sind sie deine Freunde?

A.: Weil sie nett sind. Weil sie mir gefallen als Freunde.

I.: Ja. Was ist denn gut an denen, oder was findest du nicht gut?

A.: An dem Oliver find ich eins nicht gut, der malt in der Stunde immer.

I.: Stört dich das?

A.: Na, ich find es nicht gut. Das stört mich an ihm. An Olaf, was stört mich denn an Olaf, hm, also, eigentlich bei meinem Freund Olaf also nichts. Hab ich jedenfalls nichts beobachtet, was mich stört.

I.: Hm. Also du sagst, es sind deine Freunde, weil sie nett sind.

A.: Ja.

I.: Gibt's noch einen Grund, warum sie deine Freunde sind?

A.: Hm, weil... also der Olaf, der hat mich mal, der hat nämlich mal zwei Orden in Rennen gesiegt, und deswegen mag ich ihn so.

I.: Ach so, findest du das toll?

A.: Ja, und sporthaft.

I.: Sportlich, ja? Warum ist es denn wichtig, daß man Freunde hat?

A.: Daß man mit ihnen spielt, und wenn man jetzt keinen Freund hat, dann ist man ja dauernd alleine. Ich hab zwar 'n Bruder...

I.: Und warum brauchst du einen Freund, also zum Spielen, oder?

A.: Ja, 'n Freund brauch ich, daß ich nicht immer in der Schule allein bin; wenn ich keine Freunde hab, das ist ja alles nicht gut – weil, das ist ja traurig.

Bildung der Freundschaft

I.: Weißt du noch, wie ihr Freunde geworden seid, du und Olaf, oder du und Oliver?

A.: Ich bin mit Oliver Freund geworden, als ich in der Vorschule noch war, als ich eingeschult wurde. Da hat er mich angesprochen, da hat er seinen Namen gesagt, und ich hab dann meinen Namen gesagt, und dann sind wir Freunde geworden.

I.: Hm.

A.: Und mit dem Olaf bin ich Freund geworden, als ich ihn mal angesprochen habe. Ich hab gefragt, wie er heißt, und dann hat er gesagt: «Ich heiße Olaf», und dann hab ich meinen Namen gesagt, und dann sind wir Freunde geworden.

I.: Also muß man denn nur seinen Namen sagen, und schon ist man befreundet?

A.: Nee, wir ham, mit Oliver hab ich mich einmal gezankt, ganz doll in der Wolle gehabt – zwei Tage ham wir nich mehr zusammen geredet.

Streit und Konfliktlösung

I.: Na, das muß aber schlimm gewesen sein. Warum habt ihr euch denn da gestritten?

A.: Weil … das weiß ich jetzt nicht mehr. Das ist schon lange her.

I.: Ja, und wie habt ihr euch gestritten?

A.: Ja, wir ham uns beschimpft und Ausdrücke auf'nander gesagt.

I.: Und noch was?

A.: Weiter nichts.

I.: Gehauen habt ihr euch nicht?

A.: Doch, 'n bißchen.

I.: Was habt ihr denn gemacht, daß der Streit aufhört? Weißt du das noch?

A.: Ich hab einfach gesagt: «Wolln wir uns wieder vertragen?» Hat Oliver gesagt: «Nein». Aber nächsten Tag hab ich wieder gefragt, noch mal: «Wollen wir uns wieder vertragen?», und dann ham wir uns wieder vertragen.

I.: Das find ich ja toll. Du hast ihn zweimal gefragt, obwohl er einmal nein gesagt hat?

A.: Ja.

Bildung der Freundschaft

I.: Sag mal, ist es eigentlich leicht oder schwer, einen Freund zu finden, Alexander?

A.: …

I.: War's für dich leicht oder schwer?

A.: Für mich war's nicht so schwer. Man kann zum Beispiel sagen, zum Beispiel, jetzt nehmen wir mal ein Beispiel, äm, äm … sagt man einfach: «Hej, du», und dann sagt derjenige, mit dem man Freund werden will, wenn ich mit ihm Freund sein will, dann sprech ich ihn an. Erst mal guck ich ihn mir ja an von weitem, ob er mir auch gut ist. Hm – und dann ham wir uns befreundet.

Vorstellung vom idealen Freund

I.: Wie muß denn ein Kind sein, mit dem du gerne spielen willst und Freund sein willst?

A.: Freundlich, nett.

I.: Du hast doch gesagt, du guckst ihn dir erst mal von weitem an, nicht? Worauf achtest du denn da noch – freundlich, nett?

A.: Auf sein Gesicht, auf sein Gesicht muß man nämlich gucken, ob sein Gesicht nett ist oder ob es nicht nett ist – wenn es nett ist, wenn es nett aussieht, dann werd ich mit ihm freund. Wenn es böse ist oder wenn es 'n Amerikaner ist, dann möcht ich nicht mit ihm spielen.

I.: Aber warum? Kennst du denn Amerikaner?

A.: Nö.

I.: Denkst du dir, daß die nicht nett sind, oder wie?

A.: Na ja, manche können sehr böse werden.

I.: Du sagst, für dich ist es nicht so schwer, einen Freund zu finden. Du guckst ihn dir von weitem an – und worauf achtest du denn noch? Er soll nett sein, freundlich, und wie soll er denn noch sein? Oder wie darf er denn nicht sein?

A.: Er darf nicht, äm, so, so alle angreifen und sich überall einmischen und so böse sein.

Vertrauen

I.: Wer war dein Lieblingsfreund? Olaf?

A.: Ja.

I.: Vertraust du dem Olaf?

A.: Joa.

I.: Hm. Was bedeutet denn Vertrauen?

A.: Wenn man – z. B. wenn jemand was sagt, was stimmt, und ich glaube ihm das nicht, also dann fragt man ja erst, ob du mir vertraust, aber das sagt man davor.

I.: Stell dir jetzt mal vor, du hättest was ausgefressen, irgendwas Schlimmes gemacht, aber deinem Freund, dem vertraust du, würdest du's dem Olaf erzählen?

A.: Ich würde ihm vertrauen, ja.

I.: Hm. Dürfte dein Freund es deinen Eltern erzählen?

A.: Nein. Ich würde ihm sagen: «Du darfst das nie, nie, nie in deinem Leben verraten, und du mußt mir die Ehrenhand geben.»

I.: Aha, und was wäre, wenn er das trotzdem verraten würde?

A.: Dann wär ich mit ihm nicht mehr freund, dann wär ich mit ihm sehr sauer, sehr böse.

I.: Könntest du ihm nicht verzeihen?

A.: Nee.

Beendigung der Freundschaft

I.: Könntest du dir vorstellen, daß es so was gibt, daß 'ne Freundschaft zu Ende geht?

A.: Ja, einmal mit meinem großen Freund, der heißt Oliver, im Sommer hab ich mit ihm sehr gut gespielt, aber jetzt hier im Winter klappt das wohl nicht mehr so mit uns beiden.

I.: Also er ist nicht mehr dein Freund, weil ihr nicht mehr zusammen spielt?

A.: Ja.

I.: Woran liegt denn das, daß ihr nicht mehr zusammen spielt?

A.: Er ist mir zu weit überlegen, er ist mir zu groß.

I.: Ach so. Was heißt denn «er ist mir überlegen»?

A.: Daß er stärker ist und größer.

I.: Na, ärgert er dich denn mit seiner Kraft?

A.: Nö. Das heißt, ich hab nicht mehr erlebt, ich hab im Sommer und im Winter nicht mehr erlebt, daß er mich geärgert hat.

I.: Gibt er denn damit an, oder was stört dich?

A.: Er hat, er fühlt sich immer der Stärkste und will immer der Größte sein und ...

I.: Ach so, jetzt versteh ich, er fühlt sich immer als was Besonderes.

A.: Ja, er fühlt sich stärker und kräftiger.

I.: Hm. Und wenn du noch mal sagen müßtest, wer dein Freund ist? Welche Kinder sind denn deine Freunde, wenn du das noch mal zusammenfassen solltest?

A.: Hm, mit denen ich, denen ich vertraue und die nicht so grantig sind.

I.: Gut. Noch was? Fällt dir noch was Wichtiges ein?

A.: Nö.

I.: Dann machen wir Schluß.

Alexanders Vorstellungen sind in vielfacher Hinsicht charakteristisch für Kinder dieser Altersstufe:

- Ohne Freunde ist man allein und traurig.
- Ein Freund muß nett zu mir sein, und verträglich, d. h. nicht alle angreifen oder sich überall einmischen.
- Das gegenseitige Namennennen begründet die Freundschaft.
- Der Begriff von Vertrauen ist rudimentär ausgebildet. Jemandem vertrauen wird gleichgesetzt mit jemandem in einer spezifischen Situation etwas glauben.
- Kinder, die angeben, überheblich sind und gegen die Normen der

Gleichrangigkeit in Freundschaftsbeziehungen verstoßen, werden als Freunde abgelehnt.

Im folgenden nun die Darstellung der Ergebnisse für die Gruppe der Sechsjährigen.

Motive der Freundschaft: «Sonst ist man allein»
Wie die Fünfjährigen betonten auch die Mehrheit der von uns befragten 23 Sechsjährigen die Bedeutung des Freundes als Spielgefährten (n = 15). Ebenso häufig wird auf das Thema «Allein sein» verwiesen: daß man ohne Freund alleine sei, daß es langweilig sei.

Daniela: *Sonst ist man allein und ausgestoßen.*

Karen: *Ich würde gern immer Freunde haben. Sonst wäre ich alleine… alleine zu Hause sitzen und könnte mit keinem spielen.*

Zwei Sechsjährige betonen einen zusätzlichen Aspekt der Freundschaft, der in späteren Jahren weiter ausdifferenziert wird: der Freund als **Helfer** in einer schwierigen Situation. Für die jüngeren Kinder besteht diese schwierige Lage zunächst darin, daß sie von anderen Kindern angegriffen werden und der Freund tatkräftige Unterstützung leistet. Auf die Frage, ob es denn wichtig sei, einen Freund zu haben, antwortet Andreas: *«Wenn jemand angreift, dann kann man sich verteidigen.»* Und Marco meint: *«Wenn einer verkloppt, so zwei gegen zwei, zwei gegen einen, dann muß man lieber einen Freund haben.»* Auch der fünfjährige Henrik hatte dies schon als wichtig für die Freundschaft erkannt: *«Wenn einer mich verkloppt, dann können sie mir helfen.»* Bei einigen älteren Jungen unserer Stichprobe wird dieses Motiv (Hilfe gegen Angreifer) noch einmal auftauchen.

Ganz wenige Kinder dieses Alters nehmen in ihren Antworten auf Gefühle Bezug: Christian meint: *«Sonst hat man niemand zum Spielen, und da kann man ganz traurig sein»,* und Lisa findet: *«Sonst fühlt man sich nicht wohl. Und dann ist man auch ganz allein.»*

Verglichen mit den Fünfjährigen, taucht in den Antworten der Sechsjährigen ein neues Konzept auf: das Alleinsein, das von einigen Kindern im Sinne von Einsamkeit interpretiert wird, ein Gefühl, das mit Traurigkeit einhergehen kann. Während einige Kinder Alleinsein mit der Abwesenheit anderer Personen verbinden, ist z. B. für Alexander (s. das obige Interview) das Gefühl des Alleinseins trotz Anwesenheit anderer möglich: Er braucht einen Freund, *«daß ich nicht immer in der Schule allein bin – weil, das ist ja traurig».*

Als Spielgefährten werden von den befragten sechsjährigen Kindern Gleichaltrige genannt. Familienmitglieder als mögliche Spielpartner werden nur von ganz wenigen Kindern erwähnt – und dann mit dem Hinweis, daß diese nicht zum Spielen zur Verfügung stehen.

Christian: *Mit wem soll man denn was machen? … Mein Bruder geht meistens zu 'n Pfadfindern.*

Auch die Eltern haben – so klagen zwei Kinder – keine Zeit zum Spielen. Christian bedauert: *«Meine Mutter muß gerade welche Sachen waschen, oder so. Und mein Vater arbeitet.»* Ähnlich drückt sich auch Max aus: Die Mutter hat etwas *«zu tun»*, und der Vater ist *«beim Arbeiten».*

Max: *Wenn die Mutter gerade in der Küche zu tun hat, und der Vater, der ist gerade beim Arbeiten, da hat man denn keinen Freund zum Spielen, und man möchte so gerne.*[1]

Merkmale des guten Freundes: «Er muß tun, was ich möchte»

Wie die Fünfjährigen wünschen sich auch die Sechsjährigen unserer Stichprobe am häufigsten, daß der gute Freund nett oder lieb (19mal) sein solle. Manche fügen noch hinzu: *Er soll nett <u>zu mir</u> sein.* Für einige Kinder bedeutet dieses Nettsein, daß der Freund keine aggressiven Verhaltensweisen zeigt (Sebastian: *«nicht böse, nicht hauen»;* Guido: *«nicht rumtoben oder alle Sachen so rumschmeißen»;* Robert: *«nicht so grantig, nicht wie Theo, der faucht mich immer an»;* Merra: *«nicht immer stänkern»).*

«Böse» oder «gemein sein» wird im Sinne einer konkreten Verhaltensweise gesehen, z. B. von Kerstin.

Kerstin: (Ein Freund) *darf nicht böse sein und nicht gemein sein.* – I.: *Was ist denn für dich gemein z. B.?* – K.: *Wenn man jemanden in 'n Bauch boxt oder so.*

1 Es ist übrigens interessant, daß Mutters Tätigkeiten im Haushalt von den Kindern nicht als Arbeit bezeichnet werden, was ja durchaus der gesellschaftlichen Nichtanerkennung der Hausarbeit entspricht. Kinder verbinden den Begriff der Arbeit zunächst offenbar nur mit den außerhäuslichen Tätigkeiten des Vaters. So sagte meine vierjährige Nichte mit unfreiwilliger Komik: *«Meine Mutter ist Lehrerin und mein Papi arbeitet.»*

Für Tobias bedeutet Nettsein, daß der andere ein guter Spielpartner ist.

I.: *Wie muß ein Kind sein, das du gern zum Freund hättest?* – Tobias: *Nett… genauso alt wie ich.* – I.: *Und ein Kind, mit dem du gerne spielen willst, wie muß das sein?* – T.: *Das muß lieb sein, und das muß sich mal abwechseln, das muß die Spielregeln halten.* I.: *Warum müßte es das?* – T.: *Weil, sonst geht das Spiel gar nicht richtig.*

Bei Tobias deutet sich die Erkenntnis an, daß zum Erreichen eines gemeinsamen Handlungszieles (*«damit das Spiel richtig geht»)* eine Art Abstimmung der Handlungen der beiden Beteiligten notwendig ist (*«sich abwechseln»)*. Für Tobias bedeutet dies: einmal fängt <u>er</u> an, einmal <u>ich</u>. Dieses Ritual des Sich-Abwechselns ist für die Kinder dieser Altersstufe ein Ersatz für Aushandlungen und Handlungskoordination.

Christian wünscht sich ebenfalls einen Freund, der nett ist. Das Nettsein hat für ihn aber eine psychische Qualität: Es ist ein Grund dafür, daß man gemocht wird:

I.: *Wie muß ein Kind sein, das du gern zum Freund hättest?* – Christian: *Nett.* – I.: *Warum muß es nett sein?* – Ch.: *Nett, wenn's doof ist, mag ich ihn gar nicht. Hier in der Schule sind ganz viele Kinder doof.*

Eine ähnliche Begründung für das Nettsein liefert auch Max: «*Wenn man böse ist, wird man nicht gemocht.*» Er fügt aber einschränkend hinzu, es genüge, wenn der Freund <u>ihm</u> gegenüber nett sei, zu anderen könne er ruhig böse sein.

Auf körperliche Merkmale und Fertigkeiten legen sechs weitere Kinder Wert. «*Schöne Haare*» (Beate), «*sporthaft*» (Alexander), «*groß, weil, die Großen können sich am besten verteidigen*» (Andreas). Benjamins Freund darf nicht behindert sein: «*daß er nicht gehen kann oder so, daß er 'n Arm oder 'n Bein oder so abhat*». Auch für Anja spielen körperliche Merkmale eine Rolle. Als Grundlage des gegenseitigen Verständnisses sieht sie körperliche Ähnlichkeit an:

I.: *Wie muß ein Kind sein, mit dem du gerne spielen willst?* – Anja: *Klein, so wie ich, damit wir uns gegeneinander verstehen.*

Ihr Freund sollte aber groß und stark sein, damit er sie – ganz im Sinne der traditionellen Rollenerwartung – beschützen kann.

I.: *Wie muß denn ein Kind sein, das du gern zum Freund hättest?* – Anja: *Er muß groß sein. Er muß noch stark sein, nicht so schwach wie Christoph, aber der kann mich schon ganz schön beschützen.*

Anja ist das einzige Mädchen unserer Stichprobe, das sich einen Freund zum Beschützen wünscht. Ansonsten sind es nur die Jungen, die von ihrem Freund körperlichen Beistand erhoffen.

In einigen der zitierten Äußerungen klang schon an, daß der Freund jemand ist, der auf die eigenen Bedürfnisse eingeht. Das gewünschte Nettsein des Freundes heißt für einige Kinder, daß der Freund immer das tut, was man selbst will, zum Beispiel das spielen, was man selbst gern möchte, und nicht sagen: *«Nee, jetzt will ich nicht»* (Christoph).

Karen: *Wie ein Freund nicht sein darf? ... weil, ich finde Lisa manchmal nicht so nett, weil sie manchmal sagt: «Komm, wollen wir nicht mal Teddy oder Quack spielen?» Und ich bin zum Puppenspielen heraufgekommen.*

Sie hat sogar eine rationale Begründung für ihr Verhalten parat, indem sie auf ihre Gastrolle verweist. Auf die Frage der Interviewerin: *«Also, wenn sie was anderes spielen will als du, das findest du nicht nett?»* antwortet sie: *«Nein, finde ich nicht so nett, weil ... ich finde es nämlich besser, wenn der Gast etwas sagt, und erst spielen, was der Gast spielt. Und dann können wir ja Quack spielen.»*

Erst auf den Gast eingehen, das ist auch ein Brauch, um das schwierige Aushandeln zu vermeiden.

Karen ist die einzige Sechsjährige unserer Stichprobe, die betont, daß bei Freunden auch die Aktivitäten aufeinander abgestimmt sein müssen. Sie findet Mädchen deshalb für sich auch als Freundinnen passender, weil es dann weniger Streit gibt.

I.: *Wie muß ein Kind sein, ein Junge oder ein Mädchen, das du zum Freund hast?* – Karen: *Mit Freund, das wird schwieriger, weil die Freunde, die spielen mehr andere Sachen und hören mehr Kassetten. Einmal war einer bei mir, und da haben wir nur Kassetten gehört.* – I.: *Wie müßte denn ein Mädchen sein, mit dem du gerne spielst?* – K.: *Mit Mädchen wird es schon ein bißchen leichter, gibt es kaum Prügelgeschichten, und die spielen mehr mit Puppen oder mit Teddys.*

Drei Mädchen und ein Junge erwarten von ihrer Freundin bzw. dem Freund, daß sie/er nicht immer alles bestimmen darf, z. B. auch Lisa: *«daß sie nicht immer beim Spielen bestimmt»*. Sie setzt aber selbstkritisch hinzu: *«was ich selbst manchmal tu»*. Bei diesen Kindern deuten sich erste Orientierungen am Gleichheitsprinzip unter Freunden an: Beide sollen gleiche Chancen zur Beeinflussung der Beziehung haben.

Bildung der Freundschaft: «Das geht so automatisch»

Für mehr als die Hälfte der Sechsjährigen bildet die **räumliche Nähe** des anderen den Grund für die Freundschaft.

I.: *Wie seid ihr Freunde geworden?* – Lisa: … *die sind unsere Nachbarn.* – I.: *Ist es für dich leicht oder schwer, Freunde zu finden?* – L.: *Ach, ich finde eigentlich – ich will Freunde finden, ich finde auch immer ganz schnell welche.* – I.: *Warum?* – L.: *Na ja, weil ich überall, wo ich hinkomme, sind Leute, und da sind dann auch Kinder.*

Je nachdem, ob man mit vielen Kindern zusammenkommt, ist es leicht oder schwer, Freunde zu finden. Auch Max sieht die Freundschaftsbildung als Funktion der Anwesenheit von Kindern. Da er von einer feststehenden Anzahl von Personen ausgeht, ist es für ihn – mengentheoretisch gesehen – schwer, neue Freunde zu finden, wenn er schon viele hat. Sein sprachliches Ausdrucksvermögen hinkt jedoch seinen Vorstellungen etwas hinterher, womit auch die Interviewerin Schwierigkeiten hat.

I.: *Warum ist es denn so schwer* (einen Freund zu finden)*?* – Max: *Schwer ist es, wenn man schon ein paar hat.* – I.: *Warum?* – M.: *Weil dann schon so viele Freunde weg sind, mit denen man sich schon angefreundet hat.* – I.: *Versteh ich nicht.* – M.: *Weil dann schon die Freunde, die man sonst noch finden könnte, die, die man schon als Freund hat, die könnte man dann noch mal finden, aber kann man ja eben nicht.*

Neben räumlichen Faktoren spielt bei den Sechsjährigen die **Zustimmung des anderen** eine große Rolle. Neun Kinder beziehen sich in ihrer Antwort darauf, daß der andere auch wollen bzw. zustimmen muß oder daß man den anderen fragen muß: «*Wollen wir Freunde sein?*» Guido schildert es so: «*Sag ich: ‹Wollen wir Freunde sein?›, und dann sagen sie immer ja oder nein.*»

Diese jüngeren Kinder können offenbar noch ganz unbefangen auf jemanden zugehen und die Freundschaft anbieten.

Neben der Zustimmung des anderen betonen einige Sechsjährige weitere Faktoren bei der Freundschaftsbildung, z. B. Karen: «*daß wir uns gut vertragen*»*;* Alexander: «*daß er mir gut ist*».

Wie für viele Fünfjährige ist auch für vier Sechsjährige die Freundschaftsbildung kein Prozeß, sondern ein Ereignis, die quasi automatische Folge des Kennenlernens bzw. des Zusammenspielens.

Guido: *Da haben wir auf der Pause gespielt, und da waren wir plötzlich Freunde.*

Tobias: *Weil, ich hab so oft mit ihm gespielt, und auf einmal bin ich richtig sein Freund geworden.* – I.: *Wie habt ihr das gemacht?* – T.: *Na, das geht so automatisch, wenn man immer, immer, immer wieder spielt.*

Beendigung der Freundschaft: Streiten und Angeben

Befragt, ob es Kinder gebe, die nicht mehr ihre Freunde seien, antwortet die Hälfte unserer Sechsjährigen verneinend. Für sechs Kinder bilden Streit oder eine aggressive Verhaltensweise (Sebastian: *Er hat mir was weggenommen*) Gründe für die Beendigung einer Freundschaft. Für weitere vier Kinder liegt der Grund darin, daß der Freund nicht mehr den eigenen Vorstellungen entspricht, z. B. indem er nicht spielt, was man möchte, oder er sich wie ein Angeber verhält (Alexander: *Er fühlt sich immer der Stärkste und will immer der Größte sein*).

Auch Christian findet nicht gut, daß der Freund angibt. Er beendigt daraufhin die Freundschaft einseitig.

I.: *Und hattest du schon mal einen Freund, der jetzt nicht mehr dein Freund ist?* – Christian: *Ja, der fing auf einmal an und sagte: «Ich kann's besser» und «Das kann ich auch besser» und so.* – I.: *Und was hast du dann zu ihm gesagt?* – Ch.: *Nix, ich hab ihm nix gesagt. Ich bin dann nach Hause gegangen, es war auf'm Spielplatz, und hab mit dem nicht mehr gesprochen.*

Angeben ist eine **Verletzung des Gleichheitsgrundsatzes** in der Freundschaft, auf die Kinder – mit zunehmendem Alter zunehmend – empfindlich reagieren.

Für Karen ist ihre Freundschaft mit Gudrun beendet, weil diese ihr Versprechen nicht eingehalten hat.

Karen: *Die ist jetzt aber nicht mehr* (meine Freundin), *weil sie ja da weggezogen ist, und zwar am letzten Tag hab ich mich mit Gudrun nicht so gut verstanden. (...). Ja, und da haben wir uns dauernd gestritten, bis zum Ende der Schule. Sie hat mir klipp und klar versprochen, sie lädt mich zu ihrem Wegzug ein.* – I.: *Zum Abschiedsfest?* – K.: *Ja, und das hat sie mir versprochen, und da hat sie es aber nicht gemacht.* – I.: *Hm.* – K.: *Ich finde, man hält so 'n Versprechen. (...)* – I.: *Also ein guter Freund, der muß sein Versprechen halten?* – K.: *Ja, ich finde schon.* – I.: *Ja, darf dich nicht enttäuschen.* – K.: *Und wenn er mich enttäuscht, dann gehe ich zu dem anderen Freund, den ich hätte.*

Bei Karen taucht der Gedanke auf, daß Freundschaft nicht nur eine augenblickliche, ungetrübte Spielgemeinschaft ist, sondern auch gewisse Verpflichtungen und Verbindlichkeiten beinhaltet.

Zusammenfassung

Die von uns befragten Sechsjährigen sind in der Mehrzahl in ihren Vorstellungen und Deutungsmustern den Fünfjährigen sehr ähnlich. Bei einigen Kindern deuten sich jedoch neue Konzepte an, z. B. das Alleinsein und das damit verbundene Gefühl der Einsamkeit, das den Wunsch nach Geselligkeit mit einem Freund oder einer Freundin motiviert, und die Orientierung am Grundsatz der Gleichheit der Freunde (er/sie darf nicht angeben, nicht stänkern, nicht immer alles bestimmen wollen).

Freundschaft wird zwar vorwiegend unter dem Aspekt des Miteinanderspielens gesehen, aber wichtig wird auch, daß der Freund auf die eigenen Wünsche und Bedürfnisse eingeht (daß er spielt, was man selber möchte). Die Vorstellungen zum idealen Freund werden differenzierter: er/sie soll nicht nur lieb und nett sein, sondern auch bestimmte körperliche Merkmale aufweisen und Wünschen nach Ähnlichkeit und Gleichheit entsprechen. Wenn man bedenkt, daß Freunde als Vergleichsmaßstäbe dienen, die das eigene Selbstbild abstützen helfen, ist es plausibel, daß Kinder zunächst an einer Ähnlichkeit interessiert sind, da zu große Unterschiede zu belastend wären. Bei den Mechanismen der Freundschaftsbildung wird nun häufiger betont, daß auch der/die andere den Wunsch haben muß, sich mit einem zu befreunden, d. h., die Sechsjährigen beginnen, den Gesichtspunkt des anderen zu berücksichtigen.

Die Achtjährigen

Auf die Wiedergabe eines Gesamtinterviews soll hier verzichtet werden, da sich die Antwortmuster der meisten Achtjährigen nicht von denen unterscheiden, die bei dem fast siebenjährigen Alexander (s. o.) zu beobachten waren.

Gründe für die Freundschaft: Geselligkeit und Hilfe

Es waren vor allem zwei Typen von Antworten, die die Fünf- und Sechsjährigen unserer Stichprobe auf die Frage: «*Wozu brauchst du einen Freund?*» gaben, und zwar: einen Freund braucht man zum

Spielen und um nicht allein zu sein. Fast drei Viertel der von uns befragten Achtjährigen gibt ebenfalls an, einen Freund zu brauchen, um nicht allein spielen bzw. nicht allein sein zu müssen. Der Freund wird im wesentlichen in der Bedeutung des **Gesellschafters** und **Unterhalters** gesehen, der einem die eigene Langeweile vertreiben hilft.

Dirk: *Na ja, denn hat man viel, viel mehr Spaß.* – I.: *Wie meinst du das?* – D.: *Na ja, daß man mal öfter sich mit dem verabreden kann, zum Spielen und so.*

Miriam: *Weil, ich find's so einsam, wenn ich immer ohne Freundin… weil, ich halt's nicht aus, wenn ich alleine spielen muß.*

Nur ein Junge gibt zunächst an, es sei für ihn nicht wichtig, einen Freund zu haben – aber das Motiv, jemanden zum Spielen zu haben, ist auch für ihn bedeutsam.

Markus: *Meine Eltern sind mir wichtiger. Ich bin doch bei meinen Eltern geboren, und die habe ich doch viel lieber als die Kinder.* – I.: *Aber wenn du jetzt keinen Freund hättest, wäre das denn schlimm für dich?* – M.: *Dann habe ich keinen zum Spielen, aber nur meinen Bruder. Mit dem kann ich ja auch spielen.*

In den folgenden Antworten von Christian und Erik deutet sich ein weiterer Aspekt der Bedeutung von Freundschaft an: Der Freund wird einerseits gesehen als **Gesellschafter**, andererseits als **Helfer**:

I.: *Wozu brauchst du einen Freund?* – Christian: *Sonst spiel ich immer alleene.* – I.: *Wenn du keinen Freund hättest?* – C.: *Ja.* – I.: *Ja, kennst du denn auch noch einen anderen Grund, warum du einen Freund brauchst?* – C.: *Wenn ick mir 'n Loch bau.* – I.: *Und warum brauchst du da den Freund?* – C.: *Damit ick nich alles alleene machen brauch.*

I.: *Warum brauchst du einen Freund?* – Erik: *Wenn's langweilig ist, daß ich mit ihm spielen kann.* – I.: *Gibt's denn noch einen anderen Grund?* – E.: *Vielleicht, wenn einer was nicht weiß, und dann hat man einen Freund, vielleicht weiß der denn das.*

Fast zwei Drittel der Achtjährigen sehen den Freund bzw. die Freundin in der Helferfunktion. Sven verspricht sich von einem Freund Hilfe bei den Schularbeiten. Fabiolas Freundin holt ihr Sachen, wenn sie krank ist. Günthers Freund hilft ihm beim Tragen schwerer Sachen, außerdem wünscht er sich von einem Freund Verstärkung bei körperlichen Auseinandersetzungen:

Günther: «*Wenn andere mich verkloppen wollen, daß er mir dann hilft.*»

Diese Helferfunktion des Freundes (Unterstützung gegen Angreifer) wird auch von vier weiteren Jungen angesprochen. Dazu einige Beispiele:

Oliver: *Carsten ist hier der Stärkste. Auf den kann man sich echt verlassen.* – I.: *Daß er dir hilft?* – O.: *Ja, wenn der jetzt weg is, ja, dann kann ich mich ja nich wehrn. Wenn er in meiner Nähe is, ja, dann kann er ja schnell kommen und hilft mir. Manchmal hilft er mir auch nicht.*

Michael: (Er ist mein Freund), *weil er mich immer beschützt und weil er immer, hm, verkloppt.*

Jörg: *Wenn einer mit mir stänkert und so, und ich will was bauen, und der macht mir das immer kaputt, dann hilft er mir, bei den zu kloppen. Wenn's zwei sind, dann hilft er mir.*

Insgesamt acht Kinder unserer Stichprobe im Alter von 5 bis 8 Jahren beziehen sich auf diesen Wunsch nach körperlichem Beistand, wenn sie in ein Handgemenge verwickelt sind. Interessanterweise sind es die Vertreter des «stärkeren Geschlechts», die sich von ihren Freunden Unterstützung bei Keilereien erhoffen. Nur die sechsjährige Anja hatte sich einen starken Freund zum Beschützer gewünscht. Tanja, die sich auf dieses Helfermotiv bezieht, gibt an, sie selbst würde ihre Freundin beschützen.

I.: *Ist es überhaupt wichtig, 'ne Freundin zu haben?* – Tanja: *Na ja, mit dem (!) man spielen kann und manchmal beschützen.* – I.: *Wer beschützt wen?* – T.: *Ich sie.*

Von den Achtjährigen unserer Stichprobe wird – wie das auch schon bei den jüngeren zu beobachten war – kaum Bezug auf Sympathie oder emotionale Faktoren als Motiv der Freundschaft genommen. Das ist nur der Fall bei fünf Kindern. Dazu einige Beispiele:

I.: *Ist es leicht oder schwer, einen Freund zu finden?* – Sven: *Schwer.* – I.: *Warum ist es denn schwer?* – S.: *Weil man den nicht mag und den mag man.*

Miriam: *Isabell, die ist nicht meine richtige Freundin. Die kann mich nicht leiden.*

I.: *Warum ist er dein Freund?* – Alexander: *Weil ich ihn gern hab.*

Eigenschaften eines guten Freundes: Er soll tun, was ich möchte

Wie die Fünfjährigen und Sechsjährigen unserer Stichprobe wünschen sich auch die meisten Achtjährigen, daß der Freund bzw. die Freundin *«nett»* ist, *«nett zu mir ist», «nett und hübsch», «lieb»* oder auch *«gut»* ist. Aus den weiteren Antworten der Kinder geht hervor, daß das «Nettsein» im wesentlichen darin besteht, daß der oder die andere bereit ist, den **Wünschen und Bedürfnissen des Freundes zu dienen**.

Markus' Freund soll so sein wie er (nämlich *«gut»)*, sein Lieblingsspiel mit ihm spielen (*«Playmobil, das ist mein liebstes Spielzeug»)* und sich nicht mit ihm streiten.

Auch andere Kinder verlangen, daß der Freund nicht streitet:

Nicole: *Daß sie nicht mit mir streitet. Die Tanja stänkert immer so mit mir.*

Rula nennt als Merkmal einer guten Freundin: *Sie soll so sein wie ich. Oder ein bißchen kleiner. Oder ein bißchen größer. Nicht lügen. Die mich immer abholt und die jeden Tag mit mir spielt.*

Miriam wünscht sich ebenfalls eine nette Freundin.

I.: *Was verstehst du unter nett?* – Miriam: *Na ja, zu mir passend.* – (...) I.: *Wie merkst du, daß jemand wirklich deine gute Freundin ist?* – M.: *Wenn sie mich nicht anlügen und so was.*

Bei Miriam wird eine eher einseitige Orientierung bei der Konzeption von Freundschaft deutlich *(«zu mir passend»)*, ebenso bei Erik.

I.: *Wenn du dir 'nen Freund wünschen dürftest, wie sollte der denn sein?* – Erik: *Nach meinem Geschmack.*

Auch Dirk wünscht sich den Freund, der auf seine Bedürfnisse eingeht:

Dirk: *Denn würde ich mir so einen wünschen, der recht nett ist, öfter mit mir spielt, auch mal zu mir kommt. Nicht, daß ich immer zu ihm kommen muß, wie Sascha.*

Dirk findet es allerdings schwierig, *«heutzutage»* einen Freund zu finden, wobei in seiner Vorstellung offenbar auch elterliche Voreingenommenheit eine Rolle spielt.

I.: *Wann ist es denn schwer* (einen Freund zu finden)? – Dirk: *Schwer, na jetzt. Werden immer weniger Kinder eingeschult, und heutzutage werden ja die Kinder gar nicht mehr so gut erzogen, nicht?* – I.: *Wie meinst du denn das?* – D.: *Na ja, daß sie so herumtoben und einen dann immer verkloppen. Und denn ist er nicht mehr mein Freund.* –

I.: *Das magst du nicht so gern. Und wann ist es leicht, einen Freund zu bekommen?* – D.: *Ja früher war das so, 1941 und so, da…* – I.: *Warum war das damals leicht?* – D.: *Na ja, weil dort jedes Kind noch… wenn's getobt hat, da hat's gleich ein paar auf 'n Hintern gekriegt.*

Ein guter Freund sollte auch, so geht aus Jörgs Antwort hervor, kein Angebertyp sein: «*Der Carsten, der will immer alles besser machen und besser können.*» Das Angeben als Verstoß gegen die Orientierung am Grundsatz der Gleichheit der Freunde wird später bei den Zwölfjährigen eine große Rolle spielen.

Relativ selten sind Antworten, die sich auf äußerliche Merkmale des Wunschfreundes beziehen. So wünscht sich Sven einen Freund mit blonden Haaren. Jessica wünscht sich eine Freundin, die «*sollte immer ein Lächeln im Gesicht haben*». Fabiolas Vorstellungen lauten: «*Hauptsache, nicht so fett… daß er sauber ist und auch saubere Sachen anhat und nicht Sachen, die immer riechen.*» Jörg hat bestimmte Vorstellungen von Aussehen und Gestalt seines Freundes:

Jörg: *Hm, so alt wie ich, so groß wie ich, könnte in die 2. Klasse gehen und, na, stark und kräftig.* – I.: *Noch was?* – J.: *Aber nicht so dick, schnell, und könnte denn noch so aussehen wie ich, so ähnlich.* – I.: *Müßte dann also 'n Junge sein und kein Mädchen?* – J.: *Hm, kein Mädchen.*

Auch Oliver weist ausdrücklich darauf hin, daß sein idealer Freund ein Junge sein muß, und er verlangt ebenfalls wie Jörg körperliche Qualitäten des Freundes.

I.: *Wie müßte dein Freund sein?* – Oliver: *Ähm, ähm, Junge!* – I.: *Und wie muß der Junge sein?* – O.: *Nett.* – I.: *Noch irgendwas?* – O.: *Ja, dünn, nich so dick.* – I.: *Muß er noch was Besonderes können?* – O.: *Ja, Kunst.* – I.: *Kunst?* – O.: *Ja auf'm Seil balancieren. Ja, und 'n bißchen schnell rennen.*

Mit Günter, der sich einen starken Freund wünscht, der ihm bei Keilereien beisteht, sind es also drei Jungen, die bei ihrem Wunschfreund auch auf körperliche und sportliche Fähigkeiten achten. Ansonsten werden von den Kindern, vor allem von den Mädchen, eher soziale **Verhaltensweisen** genannt, die den guten Freund auszeichnen sollen.

Ob jemand ihnen ein guter Freund sein wird, glauben Kinder dieses Alters an den Handlungen des anderen ablesen zu können. Der gute

Freund tut das, was man selbst möchte bzw. verhält sich einem selbst gegenüber freundlich und nicht aggressiv.

I.: *Und woran erkennst du das, ob jemand ein guter Freund sein wird?* – Sven: *Weil er auch zu mir immer nett ist.* – I.: *Und woran erkennst du, ob jemand ein schlechter Freund ist?* – S.: *Weil er immer haut und mir weh tut.*

Jessica nennt Gesichtsausdruck und Gesten als Anzeichen dafür, ob jemand eine gute oder schlechte Freundin sein wird.

Jessica: *Wenn man jetzt mit der U-Bahn fährt, und da ist ein Mädchen, das mir die Zunge rausstreckt, dann ist es keine, und wenn es so guckt und lächelt, denn ist es eine Freundin.*

Erik glaubt einen guten Freund daran erkennen zu können, daß dieser ihn *«nicht anmacht»,* und einen schlechten daran, daß er nicht teilen möchte.

Erik: *Das sieht man so, wenn einer einen immer so anmacht oder so was.* – I.: *Woran sieht man, ob jemand ein schlechter Freund ist?* – E.: *Wenn es immer zwei Sachen gibt und die zwei machen können, und der würde sich das alleine vornehmen.*

Erik will den anderen erst nach bestimmten Kriterien *«beobachten».* I.: *Was machst du denn, um rauszubekommen, ob jemand ein schlechter oder ein guter Freund sein wird?* – Erik: *Den beobachten.* – I.: *Hm. Auf was achtest du denn da?* – E.: *Wie er sich so verhält.* – I.: *Hm. Und wann denkst du, daß es ein guter Freund ist?* – E.: *Lustig.* – I.: *Wenn er lustig ist? Und wann denkst du, daß jemand ein schlechter Freund sein wird?* – E.: *Wenn er immer 'ne eingeschnappte Leberwurst ist.*

Aus diesem «Beobachten» wird auf späteren Altersstufen ein «Testen» des anderen.

Fassen wir die Antworten der Achtjährigen zu den Merkmalen des Wunschfreundes bzw. der Wunschfreundin zusammen, so ergibt sich folgende Liste: Er/sie soll

- nett, lieb, gut, vor allem zu mir, sein;
- etwas für mich tun (mit mir spielen, mich abholen, zu mir kommen) bzw. tun, was ich will;
- verträglich und freundlich sein (nicht frech, sich nicht andauernd kloppen);
- ehrlich sein (nicht lügen);
- lustig sein und Spaß verstehen (keine *«beleidigte oder einge-*

schnappte Leberwurst» sein, *«immer ein Lächeln im Gesicht haben»)*;
- besondere körperliche oder sportliche Fähigkeiten aufweisen (sauber sein, nicht fett, schnell rennen, stark).

Im allgemeinen wünschen sich die Achtjährigen ein Kind als Freund, das ihnen in bezug auf Alter, Geschlecht, Größe, Stärke und Aussehen ähnlich ist. Daß Freunde auch unterschiedliche Fähigkeiten haben sollten, um sich gegenseitig ergänzen zu können, spielt bei einigen Jungen eine Rolle: Sie wünschen sich einen starken Verteidiger.

Bildung der Freundschaft: Der andere muß zustimmen
Räumliche Nähe als Begründung für eine Freundschaft, wie sie von den Fünf- und Sechsjährigen unserer Stichprobe genannt wurde, taucht nur bei fünf Kindern als untergeordneter Aspekt auf. Auch die einseitige Entscheidung als Mechanismus der Freundschaftsbildung wird nur noch einmal genannt, von Michael:

Michael: *Einfach sagen, äh: «Ich bin jetzt dein Freund», dann spielen wir, ja, so sage ich es denn.*

Fast alle Achtjährigen betonen, daß **der andere gefragt** und (einmalig) **zustimmen** müsse.

Jörg schildert, wie er sich einen Freund sucht: *Hm, ich mach das: «Na, wollen was spielen zusammen?» und denn, wenn wir was spielen, dann sag ich: «Na, wolln wir Freunde werden?», und vielleicht sagt er ja.*

Markus: *Ich war unten, und da habe ich keinen zum Spielen gehabt. Und da habe ich den Olli gesehen, und da habe ich ihn gefragt: «Willst du mitspielen?», und da hat er gesagt: «Ja», und so habe ich ihn kennengelernt (...) Alex ist auch mein Freund. Wir haben immer zusammen gerechnet und zusammen gespielt, und so ist das gekommen beim ersten Schultag.*

Auf diesen Altersstufen thematisieren die Kinder noch nicht, daß es auch schwierig sein kann, auf jemanden zuzugehen und ihn anzusprechen.

Einige Kinder halten auch das **Nennen des Vornamens** für wichtig, z. B. Oliver.

I.: *Du ziehst jetzt nach Hannover, ne? Was würdest du denn da machen, um einen neuen Freund zu finden?* – Oliver: *Ähm, wenn ich immer mit ihm spiele, ähm, ja, ich spiele mit ihm einfach so, ich weiß nicht, wie er heißt, dann sage ich: «Wie heißt du jetzt?» Sagen wir mal Ma-*

thias, und «Ich, ja, du, ich heiß Oliver», ja. Dann habe ich schon einen Freund.

Während für Oliver und andere Kinder (s. auch das Interview mit dem sechsjährigen Alexander) das Nennen des Namens schon die Freundschaft begründet, hat für Fabiola das Fragen nach dem Namen auch die Funktion der Gesprächseröffnung.

I.: *Was muß man tun, um 'ne Freundin oder 'n Freund zu bekommen?* – Fabiola: *Na, man muß fragen: «Wie heißt du?» und so, und so kommt man dann in 'n Gespräch.*

Nur ganz wenige Kinder sehen Freundschaft als einen **Prozeß**, der sich über einen längeren Zeitraum erstreckt.

Dirk: *Da kam mal Sascha zu mir in den Kindergarten, und denn haben wir anständig zusammen gespielt, und dann wurde es allmählich Freundschaft.*

Drei Achtjährige geben an, daß man auch selbst etwas für die Freundschaft tun müsse, wobei der eigene Beitrag darin besteht, daß man nett zum Freund sein muß.

I.: *Was muß man denn tun, um einen Freund zu bekommen?* – Sven: *Artig sein und nett zu ihm sein.*

I.: *Was muß man denn tun?* – Dirk: *Recht nett sein.* – I.: *Und sonst noch was anderes?* – D.: *Nein.*

Beendigung der Freundschaft: Streit und Enttäuschung

Die Fünf- und Sechsjährigen unserer Stichprobe geben als Hauptursache für die Beendigung einer Freundschaft – sofern sie überhaupt eine Antwort wissen – **Streitigkeiten** und **Wegziehen** des Freundes an. Diese Gründe werden auch von den Achtjährigen genannt: Dreimal nennen sie das Wegziehen des Freundes und achtmal ausdrücklich Streit. Vier weitere Antworten verweisen implizit auf Streitigkeiten bzw. aggressives Verhalten des anderen.

Christian empört sich weniger darüber, daß der Freund mit einem Piker nach ihm geworfen hat, als darüber, daß dies weh getan hat.

I.: *Was ist denn passiert, daß diese Freundschaft aufgehört hat?* – Christian: *Weil mir schon mal eener 'n Piker geworfen hat.* – I.: *Hm, und danach warst du mit dem nicht mehr befreundet?* – C.: *Ja.* – I.: *Und warum nicht?* – C.: *Weil es weh getan hat.*

Erik nennt zunächst als Grund: «*Ja, ich war schon mal woanders, und da hatte ich einen Freund. Und dann mußte ich weggehen, und dann hab ich nicht mehr gedacht.»* Er kann sich aber noch eine weitere Begründung denken: «*Wenn der eine dann noch ganz viele Freunde kriegt, das wird ihm dann zuviel, dann hört er mit manchem vielleicht auf.*»

Fünf Achtjährige geben Gründe für die Beendigung der Freundschaft an, die sich in die Kategorien **Verrat** (Petzen, Geheimnisse weitersagen) und **Untreue** einordnen lassen, wie die folgenden Beispiele:
Rula: «*Sie war gemein, hat sich mit anderen verabredet.*»
Tanja: «*Sie hat mich im Stich gelassen.*»

Zusammenfassung
Gegenüber den Fünfjährigen und einigen Sechsjährigen tauchen bei den Achtjährigen Antwortmuster auf, die auf **qualitativ neue Einsichten** des Kindes hindeuten: der Wunsch, einen Freund als Gesellschafter bei Langeweile zu haben, die Erwartung, daß Freunde sich gegenseitig in Notlagen helfen, und die Erkenntnis, daß jemand nicht automatisch zum Freund wird, sondern zumindest um seine Zustimmung gebeten werden muß. Langeweile freilich ist ein Erlebnis, das mit Alleinsein, manchmal auch mit Einsamkeitsgefühlen verbunden ist. So gewinnt der Freund eine Qualität, die über den zunächst recht oberflächlich erscheinenden Aspekt der Geselligkeit hinausreicht: Er ist nicht nur jemand, der die Langeweile vertreibt, sondern zugleich jemand, der einen vor Alleinsein, vor Ganz-auf-sich-gestellt-Sein, vor Einsamkeit bewahrt – eine wichtige Funktion in einem Entwicklungsabschnitt, in dem das Kind beginnt, sich allmählich aus den Bindungen an die Eltern zu lösen, die früher noch ohne Einschränkung Halt gaben. Der Freund als Helfer – nicht nur als Spielgefährte – bedeutet ebenfalls eine neue Dimension. Dieses Konzept setzt voraus, daß die Kinder ein spezifisches Bedürfnis des anderen wahrnehmen können und bereit sind, darauf einzugehen. Die achtjährigen Kinder erkennen, daß zwei Personen **unterschiedliche** Bedürfnisse, Wünsche und Interessen haben können. Offensichtlich haben sie gelernt, daß sich andere Kinder nicht umstandslos ihren Wünschen fügen, sondern ihnen Widerstand entgegensetzen und daß deshalb ihre andersartigen Standpunkte und Sichtweisen zu berücksichtigen sind. Kinder dieser Entwicklungsstufe können jedoch nicht beide Perspektiven gleichzeitig vereinbaren, sondern **ein** Partner (meist der Freund) muß sich dem Standpunkt des anderen (meist von einem selbst) **anpassen**: Der Freund soll «*zu mir passend*» sein (Miriam), «*nach meinem Geschmack*» (Erik).

Die Zehnjährigen

Da die Interviews mit den Zehnjährigen sehr umfangreich waren, werden im folgenden nur einige aufschlußreiche Passagen aus den Gesprächen mit Simone wiedergegeben.

Interview mit Simone (Ausschnitte)

I.: Hast du einen Freund oder eine Freundin?
S.: Freund und Freundin.
I.: Ja? Und wer ist das?
S.: Meine richtige feste Freundin, die kenn ich von der Geburt an, und die heißt Sandra.
I.: Und dein Freund?
S.: Der heißt Carsten. Der ist aus dem Krankenhaus.
I.: Ja? Also neuerdings.
S.: Ja.

Motive der Freundschaft
I.: Warum ist die Sandra denn deine Freundin?
S.: Na ja, nicht so, weil sie mir vielleicht viel schenkt oder so, das macht sie eigentlich gar nicht. Weil ich mit ihr gut spielen kann, weil ich mich gut mit ihr unterhalten kann, wenn man irgendwas hat und so, wenn man es einem anderen nicht erzählen möchte, dann erzähle ich es ihr halt und so. Und dann helfen wir uns auch gegenseitig und so. Und wenn der eine mal alleine ist oder so, dann kommt sie zu mir, oder ich geh zu ihr oder so. Und dann kann ich mit ihr spielen.
I.: Findest du es wichtig, eine Freundin zu haben?
S.: Ja.
I.: Und warum?
S.: Na, also, manchmal, wenn man anderen etwas nicht anvertrauen will – den Eltern z. B. –, dann, wenn das gleich ein Geheimnis ist oder so, dann kann man das der erzählen.

Bildung der Freundschaft
I.: Was muß man eigentlich tun, um einen Freund zu bekommen?
S.: Na ja, also – man muß nett zu ihm sein, halt, man muß, wenn irgend etwas ist, ein bißchen helfen und so.
I.: Und was ist nett?

S.: Na ja, wenn man ihm z. B. hilft, wenn irgend etwas ist, oder wenn er nicht weiß, wie weiter, dann erzählt man ihm, wie er das machen könnte oder so (...)
I.: Findest du es leicht oder schwer, einen Freund zu finden?
S.: Ich finde es leicht, eigentlich.
I.: Ja? Warum?
S.: Na ja, man findet eigentlich ganz schön viele Freunde, weil man muß ja nur nett zu denen sein, und man muß kameradschaftlich sein, hilfsbereit und so.
I.: Warum ist es wohl für manche schwer, einen Freund zu finden?
S.: Na ja, weil manche so richtig zickig reagieren und dann auch so gemein sind oder die sagen: «Deine Probleme sind mir ganz egal und so, erzähl die doch deinen Eltern», auch was die gerade nicht wissen sollen oder so.
I.: Wie müßte denn ein Kind sein, das du gern zum Freund hättest?
S.: Eigentlich nur, daß er nett ist und so, und daß er auch lustig irgendwie ist, nicht immer so ernst, und daß er auch ziemlich viel machen darf, z.B., daß er auch länger bleiben darf, wenn man zusammen ist und spielt, daß er dann nicht um fünf nach Hause muß.
I.: Wie könntest du eigentlich wissen, ob jemand ein guter Freund ist oder nicht? Oder wird?
S.: Also wie bei Carsten zum Beispiel irgendwie, ich weiß nicht, wenn ich den gesehen hab, hat's immer gekribbelt im Bauch irgendwie (lacht).

Vertrauen

I.: Was bedeutet es denn für dich, daß du deinen Freunden vertraust?
S.: Also, es bedeutet für mich sehr viel. Ich finde es irgendwie toll, daß man es denen sagen kann, ohne daß die es weiterverraten, daß man es nur für sich weiß und daß man dann ganz allein irgendwas machen kann, sich helfen gegenseitig.

Beendigung der Freundschaft

I.: Hattest du schon mal einen Freund oder eine Freundin, die jetzt nicht mehr mit dir befreundet sind?
S.: Nö.
I.: Kennst du Freundschaften, die aufgehört haben?
S.: Ja, also...
I.: Was waren die Gründe dafür, daß sie aufgehört haben?

S.: Also das war mal eine Freundin, die hatte eine Freundin, und wenn der Vater kam um sechs Uhr oder so, mußte sie gleich immer nach Hause, der war so streng, der Vater. Wenn meine Freundin bei ihr war, hat er sie auch angekeift und so, der hat dann auch mit ihr gemeckert. Und da hat meine Freundin dann gesagt, das finde ich blöde, wenn der meckert, wenn wir zusammen spielen. Und dann hat sie gesagt, spielen wir also nicht mehr zusammen.

I.: Meinst du, ein Streit könnte auch ein Grund sein, um eine Freundschaft zu beenden, oder findest du, daß man befreundet sein kann und sich auch streiten kann?

S.: Ich finde, man kann ruhig mal streiten – bloß dann muß es nicht so ein ernster Streit sein. Ich meine, wenn es ein richtiger ernster Streit ist und so und ein anderer auch wirklich böse ist, dann kann es schon öfter passieren, daß die Freundschaft dann aufhört.

I.: Gibt es sonst noch Gründe?

S.: Ja, mit der Julia waren wir so befreundet, ganz viele aus der Klasse – sind wir überhaupt nicht mehr, nur weil die Nikola dazwischenkam. Wenn man fragt: «Julia, kann man mit dir mal in die Pause gehen?», dann kommt die Nikola gleich und sagt: «Nein, ich will mit ihr gehen.»

Bei Simone werden Vorstellungen deutlich, wie sie für Kinder dieser Altersstufe charakteristisch sind:

- Der Freund ist nicht nur Spielgefährte und Gesellschafter, sondern ein intimer Vertrauter, dem man Geheimnisse mitteilen kann in der Gewißheit, daß er sie nicht weitererzählt. Man muß sich nicht vor Preisgabe des Geheimnisses der Verschwiegenheit des Freundes vergewissern, wie Alexander (6;11) es noch nötig hatte: «Du mußt mir die Ehrenhand geben.» Gegenseitiges Vertrauen wird nun eine wichtige Dimension in der Freundschaft.

Doch nun zu den Ergebnissen der Gesamtgruppe der Zehnjährigen.

Motive der Freundschaft: «Sonst bin ich ganz alleine»

Auf die Frage: «Warum findest du es wichtig, einen Freund zu haben?» antworten fast alle der von uns befragten 15 Zehnjährigen nach dem gleichen Muster: Einen Freund braucht man zum Spielen, gegen Langeweile und Alleinsein.

Viola: *Da ist man in Gesellschaft.*

Christiane: *Na, sonst bin ich ja immer allein und einsam, also nur in der Schule, nich zu Hause.* – I.: *Da bist du sowieso nicht einsam?* – C.: *Nö, da bin ich mit meiner Mutter zusammen.* – I.: *Gibt es noch etwas, warum es für dich wichtig ist, eine Freundin zu haben?* – C.: *Man hat eine Spielkameradin.*

Während für Christiane auch das Beisammensein mit der Mutter als Mittel gegen Einsamkeit genannt wird, sind für Oliver – wie auch für andere Zehnjährige und einige der Achtjährigen – Freunde ganz wesentlich, um sich wohl zu fühlen und um Spaß zu haben:

Oliver: *Sonst fühlt man sich irgendwie verlassen.*

Jennifer: *Wenn man alleine spielt, dann ist es so langweilig. Aber wenn man eine gute Freundin hat, die nett ist und hilfsbereit ist, sind sie ja auch, dann macht es Spaß, mit denen zu spielen.*

Neben der bestehenden Elternbindung gewinnen Freunde einen ganz wichtigen Stellenwert im Leben der Kinder. Eltern werden nicht mehr als Ersatz für fehlende Freunde angesehen.

Zusätzlich zu den hier angeführten Motiven werden noch weitere Aspekte von den Kindern erwähnt. Sieben Kinder beziehen sich auf die **Helferfunktion** des Freundes, Mona z. B. braucht eine Freundin, damit sie Hilfe bei den Hausaufgaben erhalten kann, andere erwarten tatkräftige Unterstützung beim Tragen oder Aufräumen. Im Gesamtinterview wird übrigens der Aspekt «Hilfe» als wichtiges Freundschaftselement von fast allen Zehnjährigen genannt. Die Hilfe bezieht sich im wesentlichen auf körperlichen Beistand, nur einmal wird auf Unterstützung in seelischen Notlagen verwiesen. Diese Begründungsmuster – der Freund als Spielgefährte, Gesellschafter und Helfer, der tatkräftige Unterstützung leistet – fanden sich auch bei den Achtjährigen.

Während es bei den jüngeren Kindern die Jungen waren, die sich den Freund als Verteidiger gegen Angreifer wünschten, reden zwei zehnjährige Mädchen davon, daß sie selbst ihre Freundinnen verteidigen würden, z. B. Mona:

I.: Und was machen gute Freunde füreinander? – Ilona: *Also, die halten immer zusammen, wenn z. B. einer von ihren Freunden verkloppt wird, also die kleine Susanne aus meiner Klasse, dann helfen wir ihr schon mal.*

I.: *Was tun denn eigentlich so gute Freunde füreinander?* – Mona: *Wenn man auch so Schwierigkeiten hat, z. B. jemanden verkloppen.*

(Bei den von uns befragten Kindern findet sich also nur bei einem sechsjährigen Mädchen ein Hinweis auf das sog. «Cinderella-Syndrom», die dem weiblichen Geschlecht zugeschriebene Neigung, Schutz an einer starken Schulter zu suchen.)

Bei fünf Zehnjährigen wird ein neuer Aspekt der Bedeutung von Freundschaft sichtbar: der Freund als **Ratgeber** und **intimer Vertrauter**. So braucht Oliver einen Freund, den er auch einmal um Rat fragen kann, wenn er etwas angestellt hat. Zwei Kinder finden Freunde wichtig, um mit ihnen Probleme zu bereden, z. B. Cornelia:

Ja, ich möcht gern eine Freundin haben, ich möcht gerne mit jemandem spielen, und ich bin ja ganz alleine sonst. – I.: *Gibt es noch einen anderen Grund, weswegen man eine Freundin braucht?* – C.: *Ja, um über seine Probleme oder so zu sprechen.*

Auch für Simone (s. das obige Interview) ist es wesentlich, daß sie ihrem Freund Dinge anvertrauen kann, die ihre Mutter nicht wissen soll: *«daß ich ihm das dann sagen kann, daß er mir dann weiterhilft und so»*.

Befragt, warum sie mit einer spezifischen Person befreundet sind, geben die Kinder noch folgende Antworten: *«weil sie nett ist und mir manchmal etwas abgibt», «der stänkert nicht soviel herum», «wir reden über alles, und ich habe ihr manchmal auch Geheimnisse anvertraut»*. Dabei finden sich auch Anklänge an die Zweiseitigkeit der Beziehung: *«weil wir uns gut verstehen», «weil sie mich fast nicht verpetzt und weil sie immer nett ist, und ich bin auch immer nett zu ihr», «weil wir beide gern reiten und fast alles zusammen machen»*.

Merkmale des guten Freundes: verträglich und hilfsbereit

Die häufigste Antwort auf die Frage nach den Eigenschaften eines guten Freundes ist – wie schon bei den jüngeren Kindern – nett und freundlich. Auch weitere Äußerungen entsprechen denjenigen der Achtjährigen, z. B. die Verträglichkeit und die Hilfsbereitschaft.

I.: *Wie müßte ein Kind sein, das du gern zum Freund hättest?* – Marion: *Na, nett, müßte nicht gleich zuschlagen, müßte schon meistens was vertragen und nich andauernd sagen: «Ach nö, das will ich nicht spielen und so», und nicht andauernd an einem rummäkeln.* – I.: *Und worauf legst du noch Wert?* – M.: *Daß man sich gegenseitig hilft.*

Wie Marion erwarten auch andere Kinder, daß der Freund hilfsbereit ist, z. B. Holger.

Holger: *Wenn z. B. einer in Gefahr ist, dann rennt ein guter Freund nicht gleich weg, sondern hilft dem anderen.*

Die für Achtjährige typische Antwort: der Freund soll das machen, was ich will, ist auch bei Christian anzutreffen:

Christian: *Na, mich nicht verpetzen und immer, was ich will, machen, na, und denn nett sein.* – I.: *Aha – immer machen, was du willst.* – C.: *Na immer nich, manchmal.* – I.: *Warum muß das so sein?* – C.: *Na, wenn der andere z. B. sagt: «Los, komm mal jetzt mit, Geisterbahn fahren», und ich will nicht, vielleicht verkloppt er mich dann auch.* – I.: *Hm.* – C.: *Ich verklopp also keinen, nur wenn mich einer angreift.*

Neu für die Zehnjährigen ist ein Aspekt, der von Christian genannt wird: Der Freund soll nicht petzen. Die neue Funktion des Freundes, intimer Vertrauter zu sein, macht seine **Verschwiegenheit** erforderlich, was auch drei andere Kinder betonen.

Vom Freund wird auch erwartet, daß er sich **am Prinzip der Gleichheit orientiert**, d. h., daß er nicht angibt, sich nicht für besser oder stärker hält und keine Machtmittel, d. h. Zwang, ausübt.

I.: *Wie muß z. B. ein Kind sein, das du zur Freundin hast?* – Saskia: *Hm, nett, muß nicht immer so tun, als wenn es der Stärkste wäre und so, daß es auch in der Nähe wohnt, daß man öfters hingehen kann, auch mal Zeit hat.* – I.: *Ja, wieso soll sie das mit der Stärke…* – S.: *Ich finde das blöd, wenn die immer so angeben, dann geben sie immer so an, dann zwingen sie einen öfters auch: «Wenn du jetzt nicht das tust, dann klebe ich dir eine.»*

Thomas und Marion wünschen sich einen Freund, bei dem sie Anerkennung und Unterstützung finden (Thomas: «*daß er nicht gleich meckert*») und der sie nicht herabsetzt, indem er an ihnen «*herummäkelt*».

Ilona möchte ein Kind zum Freund, das sich was traut, Streiche mitmacht und dadurch Mut beweist.

I.: *Wie, findest du, muß ein Kind sein, das dein Freund ist?* – Ilona: *Das muß sich was trauen.* – I.: *Hm.* – I.: *Na, wenn wir mal Klingelstreiche machen, dann muß einer auch mal klingeln, und wenn er es nicht macht, dann ist er halt feige.*

Cornelia und Holger sind die beiden einzigen unter den von uns befragten Zehnjährigen, die nicht nur soziale Verhaltensweisen, sondern auch **Meinungen** und **Interessen** thematisieren.

I.: *Wie würdest du dir denn eine Freundin wünschen? Wie sollte sie sein?* – Cornelia: *Nett, nicht so angeberisch, Meinungsverschiedenheiten sollten wir auch haben – muß ja jeder haben – und – na, das wär's.*

Holger: *Der muß schon was mit mir gemeinsam haben.* – I.: *Hm* – H.: *Ich meine die gleichen Interessen ...* – I.: *Hm.* – H.: *Dann muß er freundlich sein ..., aber auch nicht zu wild, z. B. wie manche, die gleich, wenn jemand ankommt, der ihnen nicht paßt, den gleich beschauen. Oder mag ich auch keinen, der andauernd nur dasitzt und zu nichts Lust hat.*

Um von der Vielzahl der Vorstellungen, welche die Zehnjährigen unserer Stichprobe in bezug auf den guten Freund geäußert haben, einen Eindruck zu geben, seien die Ergebnisse hier zusammengefaßt. Häufig genannt wurden folgende Merkmale: nett und freundlich, hilfsbereit, nicht streitsüchtig, nicht angeberisch, verrät keine Geheimnisse, lustig. Jeweils eine Nennung entfiel auf die Antworten: nicht gleich meckern; nicht so wild; nicht so pingelig; nicht dauernd an einem rummäkeln; schon was vertragen können; nicht gleich eifersüchtig; immer machen, was ich will; muß sich was trauen.
Äußerliche Merkmale – körperliche Vorzüge und sportliche Fähigkeiten – wie sie von den Sechs- und Achtjährigen unserer Stichprobe genannt wurden, spielen offenbar keine Rolle.

Bildung der Freundschaft: Man muß nett zum anderen sein

Die bei Sechs- und Achtjährigen häufig anzutreffende Antwort, man würde jemandes Freund werden, wenn man seinen Namen kennt und mit ihm spielt, findet sich nur noch bei einem Jungen, Stefan.

I.: *Was muß man denn eigentlich tun, um einen Freund zu bekommen?* – Stefan: *Na, erst mal fragen, wie er heißt, und dann öfter mit ihm zusammen spielen.*

Die Schwierigkeit bzw. Leichtigkeit, mit der man Freundschaft schließt, ist für ihn dann ausschließlich äußerlicher Natur.

I.: *Wann ist es denn schwer?* – Stefan: *Zum Beispiel, wenn er schon so viele Freunde hat und immer mit denen spielt, dann kommt man ja gar nicht ran, dann kann man gar nicht richtig fragen.* – I.: *Ja. Und wann ist es leicht?* – S.: *Na, wenn der z. B. immer allein sitzt, dann kann man den gleich fragen: «Wie heißt du denn?» und ob er mein Freund werden will.*

Während Stefan, wie auch die übrigen Sechsjährigen unserer Stichprobe, offenbar noch unbefangen auf jemanden zugehen und ihn ansprechen kann, verweisen drei Mädchen darauf, wie schwierig dies im Falle von Schüchternheit ist.

Saskia: *Na, erst mal ist es schwer, das erste Wort rauszukriegen. Wenn man den noch nicht kennt, schämt man sich irgendwie immer so.* I.: *Warum ist es z. B. manchmal leicht, eine Freundin zu finden?* – S.: *Also, leicht ist es, wenn die einen anspricht.*

Auf die Frage, was man tun müsse, um eine Freundin zu finden, antwortet Mona: «*Nett zu ihr sein… und nicht immer rumstänkern.*» Der Gedanke, man müsse einen eigenen Beitrag zur Freundschaftsbildung leisten, indem man «*nett*» zu dem anderen ist, wurde auch schon von drei Achtjährigen unserer Stichprobe geäußert. Insgesamt 8 unserer 15 Zehnjährigen sind der Auffassung, man müsse nett zum anderen sein und ihm helfen.

I.: *Ist es wohl leicht oder schwer, einen Freund zu finden?* – Oliver: *Eigentlich ist es ziemlich leicht.* – I.: *Warum?* – O.: *Na, weil man bloß nett sein braucht, und man muß mit ihm spielen, das ist doch nicht schwer.*

I.: *Wenn man nun einen Freund haben will, was muß man da machen?* – Thomas: *Auch etwas nett sein, nicht gleich eingeschnappt sein.*

Zum wohlgefälligen Betragen gehört nach Meinung von Christian auch, daß man bereit ist, etwas abzugeben – allerdings nur, wenn der andere auch etwas abgibt:

I.: *Was muß man eigentlich tun, um einen Freund oder eine Freundin zu bekommen?* – Christian: *Na, man muß nett sein, nicht immer verpetzen, und daß man immer was abgibt, wenn die anderen auch was abgeben – wenn z. B. ich was abgebe und die Ilona nichts mehr abgibt, dann können wir ja keine Freunde mehr bleiben.*

Christian achtet also auf eine strikte Gegenseitigkeit der Handlungen.

Jemand, der sich nicht nett beträgt, sondern «*stänkert*», «*nörgelt*» oder «*zickig*» und «*gemein*» ist, hat dann Schwierigkeiten, Freunde zu finden:

Ilona: *Die stänkern halt vielleicht so ein bißchen und nörgeln herum, wenn sie nicht ihren Willen bekommen. Und dann mag man die natürlich auch nicht.*

Ilona bezieht sich als eines der wenigen Kinder dieses Alters auf die

Sympathie als Grundlage einer Freundschaft. Nur Marion erwähnt dies noch:

I.: *Warum ist es noch schwer, einen Freund zu finden?* – Marion: *Na, vielleicht mögen die mich nicht, oder vielleicht hab ich mal irgendwann was Falsches gemacht.*

In den Augen der Kinder bildet sich die Freundschaft nicht mehr automatisch, sondern erfährt eine Entwicklung – auch abhängig davon, ob der andere eine Art **Bewährung** besteht. Die Mehrzahl der befragten Zehnjährigen gibt zu erkennen, daß die Freundschaftsbildung für sie ein Entwicklungsprozeß ist und daß man den anderen zunächst einmal kennenlernen muß. Während bei den Sechsjährigen das «Kennenlernen» ein einmaliges Ereignis ist, wird von den Zehnjährigen die Zeitdimension berücksichtigt.

Konstanze: *Wir haben uns so langsam angefreundet… Man muß ihn erst mal 'ne Weile kennen. Sonst weiß man nicht, wie der ist.*

Fünf Kinder geben an, sie müßten mit dem anderen «*Erfahrungen sammeln, wie er sich so verhält*» (Cornelia), bzw. «*probieren, wie der so ist*» (Christian). So meint Holger: «*Ich muß eben erst feststellen, was er gerne tut und so, das alles überprüfen, was er sein muß oder was er nicht sein darf.*»

Jennifer schildert, wie Heike ihren «Test» offenbar nicht bestanden hat:

Jennifer: *Erst mal verabrede ich mich mit ihm, und dann teste ich ihn, wie er ist, und… und die Heike, die ist so, die streitet sich immer, die fängt immer den Streit an, aber Nicole und Pia, die sind eigentlich ganz gut. Wenn sie mit ihrer anderen Freundin streitet, dann läuft sie mir nach, und das finde ich blöd von ihr. Sonst spielt sie nicht mit mir, nur wenn sie sich dann streitet, dann kommt sie immer zu mir. Die nützt einen richtig aus.*

Die eben zitierten Kinder wollen feststellen, «*wie der andere ist*». Daß auch der andere aus seiner Perspektive einen selbst zum Freund haben möchte, wird nur von Holger thematisiert. Während die meisten der oben erwähnten Kinder nur das Verhalten des anderen bewerten, richtet Holger den Blick auch auf sein eigenes Verhalten, das er so ausrichten muß, daß der andere ihn auch zum Freund haben will.

I.: *Findest du es schwer oder leicht, einen Freund zu finden?* – Holger: *Na ja, kommt darauf an, wie der ist und wie man selber ist.* – I.: *Ja, klar, und wie findest du es für dich persönlich?* – H.: *Das kommt darauf an, wie man sich verhalten muß.* – I.: *Also, du machst es abhängig vom anderen, den du da kennenlernst oder…* H.: *Nicht nur. Aber ein bißchen muß man sich schon danach richten, damit er auch mein Freund sein will.*

Beendigung der Freundschaft: Dominanzstreben und Wegziehen

Auf die Frage: «*Hattest du mal einen Freund, mit dem du jetzt nicht mehr befreundet bist?*» antworteten fast alle bejahend; nur zwei Mädchen verneinen die Frage, und zwei Jungen können sich nicht mehr daran erinnern. Alle Zehnjährigen können jedoch Gründe für die Beendigung einer Freundschaft nennen.

Als häufigste Ursache (10mal) werden **Streit** bzw. aggressive Verhaltensweisen des anderen genannt: «*Die/der hat mich geärgert*», «*Der hat mir was weggenommen*», «*sagt Ausdrücke*» usw.

Für Christian spielen aggressive, aber auch unfaire Verhaltensweisen des anderen, die den Gleichheitsgrundsatz verletzen, eine Rolle: «*Ich muß ihm immer alles abgeben, und er gibt mir nur ein bißchen ab.*»

I.: *Hattest du vorher schon einen anderen Freund, der jetzt nicht mehr dein Freund ist?* – Christian: *Ja, der Frank, der mich jetzt immer verkloppt.* – I.: *Ach so, und warum ist er das nicht mehr, weil er dich verkloppt?* – C.: *Nee, ich bin nicht mehr sein Freund, weil er mich immer verkloppt, und ich muß ihm immer alles abgeben, und er gibt mir nur ein bißchen ab.* – I.: *Gibt es auch noch andere Gründe als Streit, daß eine Freundschaft aufhört?* – C.: *Na, kloppen, Ausdrücke sagen, nicht mitmachen da, wenn einer was sagt, und das soll gemacht werden, denn wenn z. B. der Frank sagt: «Du sollst mal herkommen, ich möchte dir was sagen», dann spuckt der mir meistens ins Ohr, so kann auch eine Freundschaft aufhören.*

Als zweithäufigster Grund für das Ende einer Freundschaft wird von den Kindern das **Wegziehen** (8mal) genannt. Viele sehen allein diese Tatsache als Grund für die Beendigung der Freundschaft an:

André: *Na, wenn man z. B. verzieht. Dann muß ja auch eine Freundschaft aufhören. Da kann man nur noch sagen: «Das war mal mein bester Freund.»*

Andere Kinder betonen, daß die Entfernung die gegenseitigen Besuche und den Kontakt erschweren: Saskia: «*So weit zu gehen, habe ich auch keine Lust, und dann haben wir den Kontakt verloren.*»

Vier andere Kinder betrachten das **Verraten von Geheimnissen** als einen Grund für die Beendigung einer Freundschaft, Oliver nennt zusätzlich noch das Verleumden eines anderen:

I.: *Was wäre für dich ein Grund, eine Freundschaft zu beenden?* – Oliver: *Na ja, wenn man ihm ein Geheimnis anvertraut und das verrät er jetzt immer wieder, wenn man das rauskriegt – dann.* – I.: *Noch was anderes?* – O.: *Wenn er was angestellt hat und er beschuldigt jetzt einen anderen, das wäre auch nicht so schön.*

Marion nennt weitere «unschöne» Verhaltensweisen des anderen und weist noch auf einen weiteren Faktor hin: die individuelle Empfindlichkeit.

I.: *Warum seid ihr nicht mehr befreundet?* – Marion: *Weil die gemein ist, und die gibt dauernd an.* – I.: *Und da habt ihr euch dann nicht mehr verstanden?* – M.: *Ja. Sie geht auf das Gymnasium und ich nicht, und deswegen hat sie dann angegeben.* – I.: *Gibt es eigentlich auch andere Gründe, daß eine Freundschaft aufhört?* – M.: *Wenn man jetzt verrät oder mit dem Finger auf einen zeigt oder schlecht redet – kann auch…* – I.: *So kann Streit entstehen; hört so auch eine Freundschaft auf?* – M.: *Na meistens, wenn einer so empfindlich ist, dann empfindet man den nicht mehr als Freund.* – I.: *Und wann hören noch Freundschaften auf? Oder wodurch?* – M.: *Durch Kloppereien.*

Neben mehr äußerlichen Faktoren – Wegziehen und den Kontakt verlieren – spielen bei unseren Zehnjährigen vorwiegend solche Gründe bei der Beendigung von Freundschaft eine Rolle, die durch **Machtausübung und Dominanzstreben** eines Kindes gekennzeichnet sind. Dabei kann es sich um die Anwendung physischer Gewalt («kloppen») handeln, um die Verletzung des Besitzterritoriums (eigenmächtiges Wegnehmen), aber auch um eine Dominanzausübung mit sprachlichen Mitteln (Angeberei, Besser-sein-Wollen, Beleidigungen, Geheimnisverrat, über den Freund schlecht reden bzw. ihn verleumden). All dies sind Mittel, die bewirken, daß der Partner sein Gesicht verliert und seine Selbstachtung herabgesetzt wird. Daß Kinder sich anderen entziehen, die ihnen gegenüber Dominanz ausüben wollen, zeigt, daß sie ihre freundschaftlichen Beziehungen nach dem Grundsatz der Gleichrangigkeit zu gestalten versuchen.

Zusammenfassung

Während die Mehrzahl der Zehnjährigen in ihrer Freundschaftskonzeption den Achtjährigen ähneln, äußern einige Kinder Vorstellungen, die auf ein neues Verständnis von Freundschaft hindeuten. Die Motive für die Bildung von Freundschaft werden vielfältiger: Neben dem Wunsch nach Geselligkeit und Hilfe in konkreten Notlagen tritt das Bedürfnis nach Austausch (Probleme bereden) und emotionaler Unterstützung. Daraus ergibt sich auch eine neue Dimension bei der Konzeption des Wunschfreundes: Nicht nur Verträglichkeit und Hilfsbereitschaft sollen ihn auszeichnen, sondern auch Verschwiegenheit und Verläßlichkeit. Statt räumlicher Nähe – wie vor allem bei den Sechsjährigen – spielt bei einigen Zehnjährigen die **psychische Nähe** eine Rolle («weil wir uns gut verstehen» und uns Sachen anvertrauen können).

Freundlich, hilfsbereit, verträglich – das waren auch die Wünsche der Achtjährigen in bezug auf den idealen Freund. Bei einigen Zehnjährigen enthalten die Wunschvorstellungen neue Aspekte. Diese beziehen sich darauf, daß der Freund verschwiegen ist, so daß man ihm unbesorgt Geheimnisse anvertrauen kann, und daß er die Gleichrangigkeit des anderen respektiert (nicht angeberisch ist, sich nicht für besser hält). Stört der andere diesen Grundsatz der Gleichrangigkeit durch Dominanzstreben, Angeberei, Stänkern usw., ist das ein Grund der Beendigung der Freundschaft. Bei den Achtjährigen drückte sich der Wunsch nach Gleichheit in einer körperlichen Ähnlichkeit der Freunde aus (er soll so sein wie ich, so groß, so stark), bei den Zehnjährigen ist es der **Wunsch nach Gleichrangigkeit** bzw. die Orientierung am Gleichheitsprinzip.

Während bei den Achtjährigen die Hilfe unter Freunden als einseitige Angelegenheit betrachtet wurde («er/sie hilft mir» wurde dabei häufiger genannt als «ich helfe ihm/ihr»), spricht die Hälfte der Zehnjährigen von gegenseitiger Hilfe.

Gleichzeitig deutet sich bei einigen dieser Kinder ein neues Verständnis der Wechselseitigkeit in der Freundschaftsbeziehung an. Während die meisten eine strikte Wechselseitigkeit in den Handlungen fordern (ich geb ihm was ab, wenn er mir was abgibt), ist André großzügiger.

André: *Also wenn ich ihr* (d. h. der besten Freundin) *was gebe, z. B. jetzt schenke ich ihr ein Eis, dann muß sie es mir nicht unbedingt zurückgeben.*

Bei einigen der Zehnjährigen gewinnt die Freundschaftsbeziehung eine neue Qualität: Nicht nur harmonische gemeinsame Spielaktivitäten und gegenseitiges Helfen kennzeichnen die Freundschaft, sondern Gespräche, Austausch, emotionale Unterstützung und psychische Nähe. Bei den Zwölfjährigen wird diese Konzeption noch deutlicher.

Die Zwölfjährigen

Da sich die typischen Zwölfjährigen in ihren Antworten zum Freundschaftskonzept nicht wesentlich von den Äußerungen der oben zitierten zehnjährigen Simone unterscheiden, wird auf die Wiedergabe eines Interviews verzichtet.

Motive der Freundschaft: Mit dem Freund Probleme besprechen
Während die Achtjährigen und viele der Zehnjährigen den Freund im wesentlichen in seiner Bedeutung als Spielgefährten, Gesellschafter bei Langeweile und als Helfer in Notlagen sehen, werden diese Aspekte zwar von den 16 Zwölfjährigen unserer Stichprobe auch genannt, doch bilden sie nicht die Hauptmotive. Nur drei Kinder beziehen sich ausschließlich auf die Rolle des Freundes als Spielgefährten, Gesellschafter und Helfer.

Regine: *Für mich ist das wichtig, eine Freundin zu haben, auch zum Spielgefährten haben.* – I.: *Gibt es noch Vorteile?* – R.: *An sich sind ja nur Vorteile mit einer Freundin. Zur Gesellschaft so, in der Schule ist man da nicht alleine. Man sitzt da nicht rum, wenn die anderen einen hänseln. Wenn es wirklich eine beste Freundin ist, dann hilft die einem auch.*

Auf die Frage, warum Carsten sein Freund sei, erzählt Ergün, wie er Carsten beim Fahrradfahren getroffen hat.

Ergün: ... *und da sind wir ja, und da sind wir aufs Spielen gekommen, und da hat er mich immer abgeholt und ich ihn* ... – I.: *Hm.* – E.: ...*und da sind wir beste Freunde geworden.* – I.: *Und warum ist es denn wichtig, daß man einen Freund hat?* – E.: *Na, sonst ist man alleine zu Hause. Stubenhocker ist man dann.* – I.: *Und warum seid ihr gute Freunde?* – E.: *Weil wir ganz nett gegeneinander sind.*

Carsten, Ergüns Freund, schildert es ganz ähnlich:

I.: *Warum ist der denn dein Freund?* – Carsten: *Wir haben uns zufällig kennengelernt mit Fahrrädern, und dann haben wir erst gespielt. Er hatte ein grünes Fahrrad und ich ein silbernes, dann haben wir gespielt*

«Silber hat Vorfahrt», und dadurch haben wir uns kennengelernt. – I.: *Und warum ist es wichtig für dich, einen Freund zu haben?* – C.: *Dann ist man nicht so allein, dann hat man Spielkameraden, und allein kann man nicht soviel spielen wie zu zweit oder Abenteuer zusammen erleben.* – I.: *Und warum brauchst du einen Freund?* – C.: *Wenn ich keinen Freund hätte, dann würde ich ja den ganzen Tag in der Stube sitzen und da irgendwie... So ist man an der frischen Luft mit einem Freund.* – I.: *Du brauchst den also zum Spielen?* – C.: *Also als Kamerad.* – I.: *Was verstehst du denn unter Kamerad?* – C.: *Gegenseitig helfen.*

Fünf weitere Kinder nennen ebenfalls das Spielmotiv, das allerdings für sie eher zweitrangig ist. Im Vordergrund steht der Wunsch, sich **dem Freund anvertrauen** zu können, wenn man Probleme hat, ihm Geheimnisse erzählen und sicher sein zu können, daß er sie nicht verrät. Viele Kinder beziehen sich spontan auf den Film, den sie vor dem Freundschaftsinterview gesehen haben und in dem Katja ihre Freundin verpetzt:

I.: *Warum ist der Sven dein Freund?* – Stefan: *Weil der zu mir hält, weil der nicht so ist wie die Katja, der verpetzt das nicht! Für mich ist ein Freund, wer zu mir hält... wenn man Probleme hat, dann kann man dem das sagen. Dem kann man das anvertrauen. Der sagt das nicht weiter.* – I.: *Wozu brauchst du noch einen Freund?* – S.: *Na zum Spielen. Und wenn man Schularbeiten hat, dann vergleichen wir immer.*

Insgesamt wird 12mal von den Zwölfjährigen darauf verwiesen, daß sie einen Freund als Gesprächspartner brauchen, mit dem man auch **Probleme besprechen** kann.

Tanja meint, wenn man keinen Freund hätte, könnte man auch schon mal zu Drogen greifen.

I.: *Warum ist es wichtig, eine Freundin zu haben?* – Tanja: *Na ja, daß man sich auch mal aussprechen kann. Vielleicht traut man sich manches den Eltern nicht zu sagen, da braucht man eigentlich 'ne Freundin. Wenn man dann niemand hat, da haben wir auch grad im Religionsunterricht darüber gesprochen, mit den Drogen und so, wenn man keinen Freund hat, dann greift man auch mal zu so 'nen Sachen, und da finde ich es ganz gut, daß man 'ne Freundin hat.*

Durch das Gespräch kann man Trost beim anderen suchen (Sven), *«daß man seine Sorgen vielleicht teilen kann oder von anderen weiß, was der für Sorgen hat, um sie zu lösen»* (Michael).

Fast alle Kinder, die ihren Freund als Gesprächspartner betrachten, betonen auch die **Vertrauenswürdigkeit** des Freundes: Er würde nichts weitererzählen.

Drei Jungen berichten, daß sie mit ihrem Freund auch schon mal was «*ausgefressen*» (Michael) oder «*angestellt*» (Sven, Christian) haben und daß sie sich auf die Verschwiegenheit des Freundes verlassen können.

I.: *Und warum ist der dein Freund?* – Sven: *Na, also, er ist ein richtiger Kumpel, ja? Also, wir halten echt zusammen.* – I.: *Hm.* – S.: *Und wenn wir hier mal was anstellen, dann verrät der das nicht.*

I.: *Warum ist der dein Freund?* – Christian: *Ja, wir kommen ganz gut miteinander aus und so, und wenn wir was angestellt haben oder so, dann erzählen wir uns das, finden es dann auch ein bißchen witzig und machen dann auch selber so Sachen, was nicht so ganz korrekt ist oder so …* – I.: *Hm.* – C.: *Aber dann verpetzt es keiner.* – I.: *Hm. Warum ist es denn wichtig, daß du einen Freund hast?* – C.: *Wenn ich mal was gemacht habe, was nicht, äh, ganz gut war oder so was, dem ich es dann auch mal erzählen kann oder so. Oder daß der dann vielleicht auch mal sagen kann: «Na ja, das hättest du lieber nicht machen sollen oder so, weil dann kann das vielleicht passieren.»*

Christian ist übrigens der einzige, der sich einen Freund nicht nur als Berater, sondern auch als Kritiker wünscht.

In den letzten Äußerungen klang der Wunsch nach **Hilfe als seelischem Beistand** in schwierigen Situationen an. Was die Bedeutung des Aspekts «Hilfe» in der Freundschaftsbeziehung angeht, so ist festzustellen, daß auf die Frage: «*Wozu brauchst du einen Freund?*» bzw. «*Warum seid ihr befreundet?*» nur von drei Zwölfjährigen direkt das Motiv der gegenseitigen Hilfe angesprochen wird. An anderen Stellen des Interviews, z. B. auf die Frage: «*Was tun gute Freunde füreinander?*», wird jedoch von fast allen Zwölfjährigen die Hilfe in Notlagen genannt. Das heißt, die gegenseitige Hilfe ist zwar eine wichtige Freundschaftsdimension, steht bei den Motiven der Freundschaft aber nicht im Vordergrund.

Während die Achtjährigen und – bis auf eine Ausnahme – die Zehnjährigen körperlichen Beistand erwarten, beziehen sich die Zwölfjährigen eher auf emotionale Unterstützung. Sie erwarten vom Freund, daß er ihnen hilft, «*wenn man in der Klemme sitzt*» (Carsten, Hans-Jürgen) bzw. «*wenn einer in der Patsche ist*» (Astrid). Ein Junge erhofft sich auch körperlichen Beistand.

Sven: *Wenn einer den anderen ärgert. Zum Beispiel, wenn ein Gro-*

ßer ankommt, dann könnte ich mich alleine nicht wehren. – I.: *Hm.* – S.: *Aber mit meinem Freund zusammen könnte ich mich wehren.*

Zum Abschluß sei eine Interviewsequenz mit Michael wiedergegeben, der die differenziertesten Vorstellungen über die Motive einer Freundschaft äußert, z.B. «*damit man die Einsamkeit verdrängen kann*». Ferner bezieht er dabei einen ganz neuen Gesichtspunkt mit ein: Ein Freund kann auch ganz nützlich sein, um die Schuld auf ihn abzuschieben!

I.: *Und warum ist der denn eigentlich dein Freund?* – Michael: *Na ja, wir haben viel zusammen gemacht, ausgefressen, na ja, warum ist er mein Freund? Weil wir uns gut verstehen!* – I.: *Was meinst du denn damit: «gut verstehen»?* – M.: *Na, daß einer den anderen nicht so wie im Film verrät!* – I.: *Und ist es für dich wichtig, einen Freund zu haben?* – M.: *Ich glaube ja. Das ist für jeden wichtig!... Na, damit man seine Sorgen vielleicht teilen kann oder vom anderen weiß, was der für Sorgen hat, um sie zu lösen.* – I.: *Also du erzählst deinem Freund deine Sorgen.* – M.: *Ja. Aber auch, was man erlebt hat.* – I.: *Aha, und sonst?* – M.: *Zum Spielen, oder um... na, vielleicht was abzuschieben, was man nicht... äh, was schlecht ist, damit man z. B. sagen kann, mein Freund war's, nicht ich.*

Zusammenfassend ist festzustellen, daß von den befragten Zwölfjährigen folgende Rollen eines Freundes angesprochen werden: der Freund als Gesprächspartner, als Vertrauensperson, als Helfer, als Spielgefährte, als Mittel gegen Langeweile und Einsamkeit, als Komplize bzw. Gefährte bei Normübertretungen.

Während bei den jüngeren Kindern der Stichprobe der Freund als jemand gesehen wird, mit dem sie gemeinsam spielen, etwas unternehmen und der ihnen vorwiegend körperliche Unterstützung zuteil werden läßt, tritt für die Zwölfjährigen die **sprachliche Interaktion** in den Vordergrund. Sie können dem Freund Probleme und Geheimnisse anvertrauen. Er ist jemand, der ihren Gemütszustand aufbessert: «*man fühlt sich selten gelangweilt*» (Juliana), «*wenn einen irgendwas bedrückt, daß man seine Last los wird*» (Katja). Wie aus vielen der oben angeführten Zitate ersichtlich, wird nun von den meisten Kindern die Wechselseitigkeit der Beziehung betont.

Merkmale des guten Freundes: «keine Petze», vertrauenswürdig

Für die Zehnjährigen unserer Stichprobe sollte der gute Freund vor allem nett, freundlich, hilfsbereit, nicht streitsüchtig und kein Angeber sein. Auch für die Zwölfjährigen ist *«nett und freundlich»* eine ganz wesentliche Eigenschaft des guten Freundes. Noch häufiger aber wird auf ein anderes Merkmal verwiesen: Drei Viertel sind der Meinung, der gute Freund müsse **vertrauenswürdig** sein; er solle Geheimnisse nicht weitersagen und nicht petzen.

Katrin: *Na, auf jeden Fall muß se nicht irgendwie petzen oder so. Das finde ich schon mal gar nicht gut. Und dann überhaupt so nett, nett sein, und nicht immer nur so, äh, na, immer Ausdrücke sagen oder so. Mal ein bißchen necken oder so, das ist ja in jeder Freundschaft oder so, aber sonst nicht.*

Katja: *Wenn man jetzt irgendwo hingeht und sagt: «Kauf mir jetzt irgendwie 'ne Schachtel Zigaretten»* – I.: *Hm …* – K.: *…und die sagt das jetzt ihren Eltern, na, ist keine Freundin mehr, wenn die so was weitersagt.*

Während Ines sich eine Freundin wünscht, *«die nichts anstellt»,* ist für einige Kinder der Freund gerade jemand, mit dem man etwas anstellt oder nicht *«so ganz korrekte Sachen»* zusammen macht (Christian). Aus diesem Grund wird vom Freund einerseits Verschwiegenheit und *«Zusammenhalten»* verlangt, und andererseits, daß er für eine Sache geradesteht, wenn man erwischt wird. Sieben Jungen **erwarten diese Art von Solidarität**.

Alexander: *Er soll keine Geheimnisse verbreiten, daß er zu einem hält, irgendwie treu muß er schon sein. Daß er zu einem hält, wenn man etwas anstellt, daß er es nicht einfach verraten tut. Und daß man, wenn es irgendwie herauskommt, auch zugibt, daß man dabei war. Und daß man sich nicht einfach drücken tut und sagt: «Der hat das alleine gemacht.» Freunde, die eigentlich gar nicht zu einem halten, von denen halte ich nicht viel.*

I.: *Was machen denn gute Freunde füreinander?* – Christian: *Die vertrauen ein', und wenn einer mal ein bißchen in der Klemme sitzt, bei irgendwas erwischt wird oder so, wenn er auf so einer Wiese oder so Fußball spielt, wo es nicht erlaubt ist, daß der denn nicht so einfach wegrennt, und der andere wird dann ausgemeckert oder so.*

Nur ein Mädchen bezieht sich ebenfalls auf diese Art von solidarischer Unterstützung:

I.: *Wie muß ein Mädchen sein, das du gern zur Freundin hättest?* – Astrid: *Die auch was mitmacht, und wenn man was anstellen will, daß die nicht gleich zum Lehrer geht und petzt und so. Daß die auch freundschaftlich ist. Nicht nur so mit Puppen spielt!* – I.: *Und noch irgendwelche Eigenschaften?* – A.: *Daß sie auch einem hilft, wenn man in Not ist.*

Andere Wünsche an den Freund bzw. die Freundin richten sich darauf, er bzw. sie möge **kein Dominanzgebaren** zeigen.

I.: *Wie muß denn ein Kind sein, das du gerne als Freundin hättest?* – Michaela: *Nicht herrschsüchtig.* – I.: *Nicht…* – M.: *Herrschsüchtig. Also nicht King-Kong. Daß sie nicht alles haben will, und dann auch nicht einfach plötzlich sagt: «Nein, ich habe keine Lust mehr, deine Freundin zu sein» und dann, wenn ich z. B. mal mit ihrem Hamster spielen will, daß sie einem nicht alles wegreißt: «Das ist mein Hamster!»* – I.: *Und wie muß ein Kind sein, mit dem du gerne spielen würdest?* – M.: *Die soll nicht immer darauf bestehen, was sie machen will, auch mal, was die anderen machen wollen. Und wenn ich dann absolut mal keine Lust mehr habe, mit anderen Kindern was zu spielen, dann sollte die auch mal auf so was eingehen.*

Eine Freundin soll sich auch nicht *«komisch haben»*, *«sich nicht so groß fühlen»*, nicht *«angeberisch sein»*, sondern sollte **verständnisvoll** sein, auf die Probleme der anderen eingehen.

Tanja: *Dann muß se eben die Probleme verstehen und nicht so sein: «Was? Das ist ja komisch. Das habe ich gar nicht. Ihr seid ja bestimmt 'ne doofe Familie» oder so zum Beispiel, so fände ich das gar nicht so gut.*

Juliane und Michael erwähnen noch, daß die Freundin sie *«nicht ausnützen»* soll und nur mit ihr spricht, wenn kein anderer da ist bzw. der Freund ihn nicht schlechtmachen dürfe.

Christian vertritt die Auffassung, ein guter Freund müsse auch bereit sein, die eigene Meinung zu revidieren.

I.: *Welche Leute sind denn gute Freunde, oder welche Kinder sind denn gute Freunde?* – Christian: *Äh, die also auch mal, wenn der andere nicht so ganz der gleichen Meinung ist, also, die auch mal überlegen, vielleicht hat der auch recht, vielleicht bin ich da auch ein bißchen im Unrecht, wenn ich sage, der hat 'ne schlechte Meinung von irgendwas oder so.* – I.: *Und warum ist das dann ein guter Freund?* – C.: *Na, weil der nicht immer meint, das, was er sagt, das ist am besten. Der überlegt dann auch noch ein bißchen.*

Für Stefan sollte der Freund spaßig und lustig sein, aber er darf es auch nicht übertreiben: «*Bei Ernst kann man auch ernst sein. Ich meine, wenn mal Spaß ist, muß auch wieder Ernst werden.*»

Ergün wünscht sich einen Freund, der «*leichtsinnig*» ist, aber er scheint dies im Sinne von «*leicht beeinflußbar*» zu meinen. Ferner bezieht er sich – als einziger der Zwölfjährigen unserer Stichprobe – auf äußerliche und körperliche Merkmale.

I.: *Und wie müßte denn so ein Kind sein, mit dem du gerne befreundet wärst?* – Ergün: *Nett und leichtsinnig.* – I.: *Leichtsinnig? Was verstehst du denn darunter?* – E.: *Na ja, also, läßt sich schnell überreden.* – I.: *Hm.* – E.: *Na ja, guck mal, Carsten ist überhaupt kein bißchen leichtsinnig, kein bißchen. Den kann ich nicht so schnell überreden.* – I.: *Hm.* – E.: *Wenn wir da spielen, hat er keine Lust. Aber 'nen Leichtsinnigen kann ich so ein bißchen überreden.* – I.: *Hm, und gibt es noch was anderes?* – E.: *Und nicht so stark wie ich.* – I.: *Nicht so stark wie du, hm.* – E.: *Äh, und gleich alt wie ich und ein Junge.*

Neu ist hier der Gedanke, daß man den Freund auch «überreden» kann, wenn dieser andere Wünsche hat. Die Achtjährigen waren der Meinung, bei unterschiedlichen Handlungswünschen der Freunde solle erst der eine, dann der andere sein Vorhaben ausführen. Gegenüber dem Sich-Abwechseln ist das Überreden eine entwickeltere Form der Aushandlung. Ergün erwähnt auch, daß Hilfe in der Freundschaft wichtig sei, und verdeutlicht an einem Beispiel, was er für einen Freund, nicht aber für ein anderes Kind tun würde:

Ergün: *Wenn der schwach im Fußball ist und ich bin gut, und wenn der jetzt gegen einen guten spielt, dann würde ich ihm helfen. Aber wenn das ein anderer ist, dann würde ich ihm nicht helfen.* – I.: *Hm.* – E.: *Also, wenn ich jetzt verstaucht habe, meinen Finger oder so, dann würde ich ihm trotzdem helfen.*

Auch für Hans-Jürgen würde die Hilfe, die er einem Freund angedeihen läßt, anders aussehen als die Hilfe jemand anderem gegenüber.

I.: *Was würdest du denn so alles für diesen Freund machen?* – Hans-Jürgen: *Na, wenn er jetzt z. B. ins Wasser gefallen ist oder so was, dann würde ich ihm auch so ein heißes Getränk so machen. Na, vielleicht auch 'nen Grog geben oder so was. Also, 'nen Grog machen, damit er keinen Schnupfen bekommt und so.* – I.: *Hm.* – H.-J.: *Bei anderen würde ich vielleicht nur so einen heißen Zitronentee machen.*

Zum Abschluß seien die Äußerungen unserer Zwölfjährigen systematisch zusammengefaßt. In der Vorstellung der Kinder dieser Altersstufe zeichnet sich der gute Freund durch folgende Eigenschaften aus:
Er/sie

- ist **vertrauenswürdig** und verschwiegen: er sagt keine Geheimnisse weiter, er petzt nicht, und man kann sich ihm anvertrauen;
- ist **nett**;
- verhält sich **solidarisch**: hält zu einem, auch wenn man was angestellt hat; geht mit dem Freund durch dick und dünn; steht ihm in der Gefahr bei; hilft dem anderen, wenn er in der Klemme bzw. in der Patsche sitzt, läßt ihn nicht im Stich, ist treu;
- ist **mutig** und kein Drückeberger: macht mit, wenn man was anstellt; er ist kein Angsthase; er rennt nicht weg, wenn man bei irgendwas Verbotenem erwischt wird;
- ist **hilfsbereit** und kameradschaftlich;
- ist **verträglich** und angenehm im persönlichen Umgang: «*kein Klopper*»; streitet nicht häufig; ist spaßig, lustig, aber auch ernst; neckt nur ein bißchen; ist nicht unwirsch; *«nicht herrschsüchtig, nicht King-Kong»;*
- ist **altruistisch** und bereit, auf den anderen einzugehen: er teilt oder borgt mal was aus; will nicht alles haben; macht Zugeständnisse; er nutzt den anderen nicht aus; ist bereit, die eigene Meinung zu überdenken; er ist verständnisvoll;
- ist **kein Angeber** und fühlt sich nicht so groß.

Bei einigen dieser Kategorien lassen sich geschlechtsspezifische Unterschiede feststellen. Während Jungen und Mädchen gleich häufig die Nennungen «vertrauenswürdig» und «nett» verwenden, überwiegen die Jungen in den Kategorien: «**solidarisch**», «**mutig**» und «**hilfsbereit/kameradschaftlich**», die als Stereotyp klassischer männlicher Tugenden bezeichnet werden können (von den 23 Nennungen stammen 19 von Jungen).

Sieben Jungen und drei Mädchen beziehen sich auf die solidarische Unterstützung des Freundes: *«daß er einem aus der Patsche hilft»* (Astrid). *«Er muß mit mir richtig zusammenhalten, mit mir durch dick und dünn gehen, in Gefahr beistehen»* (Sven). Ein Mädchen und fünf Jungen erwarten ein solches solidarisches Verhalten auch oder gerade in Situationen, in der sie *«etwas ausgefressen»* haben. Sechs Jungen äußern bereitwillig, daß sie mit ihrem Freund auch schon Normverletzungen begangen, etwas angestellt oder *«nicht ganz so korrekte Sachen zusammen gemacht»* haben. Drei Mädchen betonen dagegen eher die Einhaltung sozialer Normen bei der Konzeption des guten Freundes: *«daß er nichts anstellt»* (Ines), *«nicht Ausdrücke sagen»* (Katrin), *«Sie muß sauber sein»* (Juliane).

Bei den Antworten zu den Kategorien «verträglich-umgänglich», «altruistisch», nicht «angeberisch», die man unter dem Begriff **«soziale Sensibilität»** zusammenfassen kann, überwiegen die Mädchen. Von den 16 Nennungen stammen nur vier von Jungen (*«kein Klopper», «er teilt auch mal», «spaßig und lustig», «bereit, die eigene Meinung zu überdenken»).*

Die Jungen unserer Stichprobe scheinen vom Freund also eher solidarische Unterstützung zu erwarten, auf die sie offenbar auch angewiesen sind, da sie häufig gemeinsam etwas anstellen. Eine als typisch anzusehende Jungenantwort stammt von Oliver. Auf die Frage: «Wann brauchst du einen Freund am meisten?» antwortet er: *«Wenn man was angestellt hat.»* Hingegen äußern die Mädchen, daß sie eher auf eine harmonische, konfliktfreie Kommunikation mit ihrer Freundin Wert legen, wobei von der Freundin altruistisches, kompromißbereites und sozial angepaßtes Verhalten erwartet wird. Die Tatsache, daß sie *«sich gut verstehen»,* wird bei der Frage nach der Freundschaftsbildung nur viermal angesprochen, und zwar jedesmal von Mädchen: *«Wir sind ein Herz und eine Seele»,* meint Regine.

Bildung der Freundschaft: vielfältige Techniken

Während unsere Zehnjährigen die Freundschaftsbildung als einen sich langsam entwickelnden Prozeß ansehen, wobei man selbst zum anderen nett und hilfsbereit sein muß, der andere sich aber auch zu bewähren hat, äußern die Zwölfjährigen wesentlich differenziertere und zum Teil psychologisch begründete Vorstellungen. Einen guten Freund zu finden, wird von den meisten Kindern als eher schwer angesehen. So ist zum Beispiel schon das erste Ansprechen eines Kindes schwierig, denn *«erst traut man sich gar nicht, den anzureden»* (Carsten).

Juliane hat sich schon eine Taktik der Gesprächseröffnung ausgedacht: *«Ich würde erst mal eine fragen, wie spät es ist, und dann würde ich sie fragen, wie weit es zu dem und dem Ort ist und mit welchem Bus ich dann fahren muß, und so kommt man eigentlich oft ins Gespräch.»*

Ergün äußert Schwierigkeiten, mit den anderen den Kontakt aufrechtzuerhalten, und beweist ein hohes Maß an Selbstreflexion.

I.: *Was muß man denn tun, um einen Freund zu bekommen?* – Ergün: *Na, mit ihm reden und sagen: «Wollen wir spielen?» So richtig ranmachen.* – I.: *Wie würdest du das denn jetzt machen, wenn du da jetzt an die neue Schule kommst?* – E.: *Na, ich würde 'nen Spielplatz suchen.* – I.: *Hm.* – E.: *Und da vielleicht 'nen Freund. Also, richtig sagen: «Wie heißt denn du? Wollen wir spielen?» Irgendsowie würde ich ein bißchen quatschen.* – I.: *Ist es denn leicht oder schwer, für dich einen Freund zu finden?* - E.: *Mittel.* – I.: *Mittel, und warum?* – E.: *Na ja, ich weiß nicht so gute Methoden, also, die ich dafür verwenden kann.* – I.: *Hm, was verstehst du denn so unter Methoden?* – E.: *Na ja, ich meine, so 'ne Wörter kann ich nicht sagen. Ich kann nicht so gut tun, was ich am besten machen kann. Äh, ich kann nicht einen so schnell überreden. Das kann ich nicht.*

Mehrere Kinder sagen, daß bei der Freundschaftsbildung das Sich-Mögen und die Sympathie eine Rolle spielen. Für Sven ist Sympathie eher eine feststehende Eigenschaft, nicht etwas, das sich in der Wechselwirkung zwischen zwei Menschen abspielt.

Sven: *Es gibt nette Menschen, also, sympathische Menschen und nicht so sympathische Menschen.* – I.: *Hm.* – S.: *Ja, kommt drauf an, ob man sympathisch ist oder nicht so. Ja, zum Beispiel ein sympathischer Mensch hat es viel leichter, einen anderen Menschen zum Freund gewinnen. Aber wenn er nun hier so unsympathischer ist, dann wird es sehr schwer werden.*

Regina vertritt die Auffassung, unterschiedliche Charaktere könnten dazu führen, daß man den anderen nicht mag und daß man sich schwer anpassen kann. Aber auch der Einfluß der Eltern spielt ihrer Meinung nach eine Rolle.

Regina: *Ja. Wenn die Charaktere ganz verschieden sind. Wenn sie sich nicht anpassen können.* – I.: *Dann wird man schwer Freunde?* – R.: *Ja. Und wenn die eben auch verbohrt sind durch die Eltern, daß die Freundin nicht gefällt. Wenn es jetzt ein Punker ist, dann sagt meine Mutter: «Also nein, so etwas möchte ich nicht als Freundin für dich haben!» Dann ist es wahrscheinlich auch schwer.* – I.: *Stell dir mal vor, du würdest mit deinen Eltern in eine andere Stadt ziehen und du müßtest jetzt eine neue Freundin suchen. Was würdest du denn da machen?*

– R.: *Zuerst mal würde ich mich nicht so aufspielen: «Hey, ich bin der (!) Größte!» Sondern so zurückhaltend.*

Eher zurückhaltend will sich auch Sven verhalten:

Sven: *Na ja, erst mal zu ihm nett sein. Also, hier nicht gleich zum Beispiel verekeln sozusagen. Also, nicht mit ihm rumschlagen oder ihn beleidigen. Und mich nicht verübeln, also, verärgern bei den anderen. Also, ich würde nicht so frech sein.*

Hans-Jürgen meint, er müsse sich dem Freund von seiner besten Seite zeigen, fordert das allerdings auch vom anderen.

H.-J.: *Na, wenn es ein fester Freund werden soll, dann ist es nicht so leicht. Man muß sich anstrengen, alles für ihn zu tun, und, na, ja, daß man sich von der besten Seite zeigt.* – I.: *Hm.* – H.-J.: *Er muß sich eben auch von der besten Seite zeigen.*

Auch Christian findet, man müsse sein Verhalten am Willen des Freundes ausrichten. Seine Vorstellungen sind stark an der Gleichheit der Freunde orientiert: Weder er noch der Freund dürfen dem anderen herabsetzende Verhaltensweisen zeigen, wie *«sich erhaben fühlen», «herumkommandieren», «auslachen».*

Christian: *Man muß auch ein bißchen sich danach richten, was der Freund will, und nicht einfach immer meinen, seinen Willen durchsetzen oder so, auch mal machen, was der andere sagt. Wenn man Freunde haben will, darf man sich nicht einfach immer so über den anderen erhaben fühlen oder so und den da rumkommandieren und sagen: «Ja, jetzt mußt du das machen, sonst bin ich nicht mehr dein Freund» oder so. Den also unter Druck setzen. Wenn das also mein Freund sein soll, dann darf der nicht irgendwie so sein, daß er einen immer auslacht oder so, wenn man irgendwas gemacht hat, sondern der muß dann auch mal überlegen, ob er vielleicht selber auch mal so was gemacht hat.*

Michael würde versuchen, durch eigenes hilfsbereites Verhalten einen Freund zu gewinnen. Den Erfolg sieht er allerdings abhängig davon, wie der *«Typ ist»,* auf den er es *«abgesehen hat»:* Es ist schwer, wenn dieser andere Probleme und andere Freunde hat, und leichter, wenn der andere allein ist.

I.: *Was würdest du dann tun, um einen Freund zu bekommen.* – Michael: *Kontakt schließen. Sich irgendeinen Jungen heraussuchen, der mir sympathisch ist, und mit ihm dann Freundschaft probieren zu schließen.* – I.: *Wie machst du denn das?* – M.: *Na, daß man ihm ab und zu mal was abgibt oder Hausarbeiten hilft oder so.* – I.: *Und findest du das leicht oder schwer, einen Freund zu finden?* – M.: *Kommt ganz auf den Typ an.* – I.: *Auf welchen?* – M.: *Auf den man es abgesehen hat.* – I.: *Ach so!* – M.: *Also, wenn es ein sehr schwieriger ist, ist es wahrscheinlich nicht so leicht, als wenn einer auch alleine ist und sich auch dann gleich mit mir anschließt.* – I.: *Was verstehst du denn unter schwierig?* – M.: *Na z. B. mein einer Freund Jan, der hat ganz andere Probleme, der hat auch andere Jungs z.B., da macht er sich gar nichts aus mir. Wen er nicht mag, den schiebt er einfach ab, und der kommt einfach nur, wenn er keinen hat.* – I.: *Aber trotzdem ist es noch dein Freund?* – M.: *Na ja, ab und zu.* – I.: *Also, du sagst, manchmal ist es leicht und manchmal schwer.* – M.: *Ja.* – I.: *Warum ist es manchmal leicht?* – M.: *Na, vielleicht ist es auch ein Einsiedler oder ein Einzelgänger, der auch gerne Freundschaft haben möchte.*

Die bisher zitierten Kinder haben die Auffassung geäußert, man müsse das eigene Verhalten am anderen ausrichten, damit dieser einen auch zum Freund wünsche. Nur ein Mädchen, Tanja, empfindet es als *«Unterdrückung»*, wenn sie macht, *«was die da alle wollen»*. Sie würde den anderen erst mal zeigen, *«wer ich so bin»*, und hofft, daß sich dann jemand findet, der mit ihr zusammensein will. Allerdings muß der andere noch eine Bewährungsprobe bestehen: *«Dann würde ich das erst mal ausprobieren... Müßte erst mal sehen, wie der Typ überhaupt ist. Ob er nett ist und so.»*

Faßt man alle Antworten der Zwölfjährigen zur Frage, wie man nach einem Umzug und Schulwechsel neue Freunde finden kann, zusammen, so ergibt sich ein komplexes Gesamtbild, das in seiner Mischung aus Alltagsweisheiten und psychologischen Einsichten an Ratgeberspalten in Illustrierten erinnert:

- sich an Orte begeben, wo man viele Kinder treffen kann, z.B. auf dem Spielplatz oder beim Turnen (durch *«Hobbys»)*;
- sich zunächst in der neuen sozialen Gruppe umsehen, wer einem gefällt (*«wie die Typen so sind»)*;
- Kontakt aufnehmen (*«sich ranmachen»)* und jemanden ansprechen *(«man darf nicht stur sein»)* oder sich neben den setzen, *«den man am besten findet»;*
- unverbindliche Gesprächsthemen wählen (wie Uhrzeit, Weg erfragen), die das Ansprechen erleichtern;

– sich unterhalten und sehen, wer einem sympathisch ist;
– sich öfter verabreden und «*ausprobieren, wie der Typ überhaupt ist*»;
– zum anderen nett sein und «*sich nicht verekeln*» oder «*verübeln*»;
– sich anstrengen und durch eigenes hilfsbereites, anpassungswilliges Verhalten versuchen, die Meinung des anderen günstig zu beeinflussen, damit der andere auch mit einem befreundet sein möchte;
– feststellen, ob der andere auch vertrauenswürdig und verschwiegen ist (nicht petzt).

Es kann dann schwer werden, einen Freund zu finden:
– wenn man sich nicht traut, den anderen anzusprechen;
– wenn die anderen einen nicht mögen;
– wenn man «*unsympathisch*» ist;
– wenn die Charaktere verschieden sind;
– weil man sich anstrengen muß, alles für den Freund zu tun und sich von der besten Seite zu zeigen;
– weil man dabei was falsch machen kann, so daß der andere einen «*doof*» findet;
– wenn der andere «*andere Probleme*» hat oder einen großen Freundeskreis, so daß er nicht auf weitere Freunde angewiesen ist.

Es ist leichter, einen guten Freund zu finden:
– wenn der andere den ersten Schritt tut;
– wenn der andere auch allein ist;
– wenn gleiche Meinungen und gleiche Interessen bestehen.

Daß gleichartige bzw. unterschiedliche Meinungen und Ansichten bei Kindern dieser Altersstufe eine große Rolle in der Freundschaft spielen, wird im folgenden Kapitel noch deutlicher bei der Frage nach Konflikten und Streitigkeiten zwischen Freunden.

Auf das Problem, daß der Freund auch Fehler oder Schwächen haben kann, die man akzeptieren muß und die der Freundschaft keinen Abbruch tun, kommen drei Kinder zu sprechen.

Regina: *Ich habe eine Freundin, die gackert. Die lacht dauernd, und das so laut, finde ich auch nicht so gut.*

Christian: *Also, wenn der eine Freund unheimlich gut in der Schule ist oder so und der andere gar nicht so und wenn z. B. der eine schlecht im Sport ist und der andere ist gut im Sport, dann sagt der nicht einfach, der gut im Sport ist, der läßt ihn nicht im Stich oder so. Der sagt dann:*

«Na ja, gut, du kannst anderes besser als ich, aber trotzdem sollten wir eigentlich gute Freunde bleiben.»

Während Christian sich offenbar nicht scheuen würde, den Freund auf dessen Schwächen aufmerksam zu machen, würde Michaela lieber nicht mit ihrer Freundin darüber reden.

Michaela: *Ich würde ihr nicht anvertrauen, daß ich sie doof finde.* – I.: *Findest du sie doof?* – M.: *Nein! Manchmal, wenn sie ihren Pferdetick wieder hat, dann finde ich sie ganz schön doof. Das vertraue ich ihr nicht an.* (Vertrauen bedeutet für Michaela, daß sie Freunden bestimmte Sachen erzählen würde.)

Daß der Freund auch mit meinen Schwächen leben muß, wird von den Kindern dieser Stichprobe nicht thematisiert.

Beendigung von Freundschaft: Beziehungsprobleme und unterschiedliche Interessen

Die Frage, ob sie schon einmal das Ende einer Freundschaft erlebt haben, bejahen fast alle Zwölfjährigen. Nur Astrid meint lachend: *«Wenn ich echt eine Freundin habe, dann gebe ich sie nicht mehr her!»*

Die Zwölfjährigen nennen viele Gründe zur Beendigung von Freundschaft, die auch von jüngeren Kindern genannt wurden. Da ist zunächst einmal das Wegziehen und der **Kontaktverlust**, was von mehr als einem Drittel der Kinder genannt wird. Auch Briefkontakte, so meint Ines, hören irgendwann auf, *«weil es langweilig wird, immer Briefe zu schreiben, und man gar nicht mehr weiß, was man schreiben soll»*.

Eine große Rolle spielen auch alle Arten von schwerwiegenden Streitigkeiten, die mit **körperlicher Gewaltanwendung** verbunden sind (*«dauerndes Kloppen»*, Ergün; *«richtig ernsthaft und mit Absicht verletzen»*, Sven). Michael schildert das Ende seiner Freundschaft: *«Der wollte nicht* (beim Fußball) *verlieren, und da hat er mir eine runtergehauen, und da habe ich zurückgehauen, und da haben wir uns gekabbelt. Und da ist er mit seinem anderen Freund abgezogen. Seitdem gehen wir uns immer aus dem Weg.»*

Er nennt als weiteren Grund, daß man bei der Streitbeilegung *«keinen Zwischenweg mehr findet»*. Dieser von Michael genannte «Zwischenweg» läßt erkennen, daß die Kinder dieser Altersstufe entwikkeltere Formen der Konfliktbewältigung als das Sich-Abwechseln, d. h. die sukzessive Berücksichtigung der Wünsche jedes einzelnen, ausgebildet haben.

Auch **sprachliches Dominanzgehabe** des Freundes kann zum Abbruch der Beziehung führen: «*Zuviel Angabe*» (Alex), «*Ausdrücke sagen*» (Stefan), «*etwas Gemeines sagen, so daß der andere beleidigt ist*» (Chris), Herabsetzung (Katrin), Besserwisserei (Ines) oder üble Nachrede (Hans-Jürgen).

Die Freunde mögen auch nicht, «*wenn man über die Eltern lästert*» und somit fehlendes Mitgefühl bekundet. Katja: «*Wenn man sagt: ‹Deine Mutter ist ja doof. Meine ist viel netter› oder: ‹Dein Vater, der raucht ja, der stirbt ja bald, und mein Vater nicht. Der ist ja noch ganz gesund›.*»

Verhaltensweisen eines Kindes, welche die Gleichheit unter Freunden verletzen, wie Dominieren durch physische und verbale Mittel, führen zur Beendigung der Freundschaft von seiten des Kindes, das nicht zu seinem Recht kommt. Entsprechend wird von Hans-Jürgen «Neid» als Grund für das Ende einer Freundschaft genannt: «*Jemand hat was Großes, und das möchte man selber haben.*»

Zum Abbruch der Freundschaft könne auch der **Verrat von Geheimnissen** führen, meinen zwei Mädchen: «*Wenn das Vertrauen erst mal gebrochen ist, dann nützt auch die ganze Freundschaft eigentlich gar nichts mehr – dann wäre Schluß in alle Ewigkeit, dann würde sie mich nicht wiedersehen.*»

Als «*gemein*» und als Grund zur Beendigung von Freundschaft wird von den Kindern auch folgendes angesehen: «*wenn der andere was Ernstes macht, mich zum Haschen verführen will*» (Sven), «*wenn der andere Dummheiten macht, klauen*» (Ergün).

Zusätzlich zu diesen schon von den jüngeren Kindern genannten Gründen tauchen bei den Zwölfjährigen zwei neue Gesichtspunkte auf: einerseits unterschiedliche, **nicht mehr vereinbare Interessen** und andererseits **Beziehungsprobleme**.

Michaela: *Ach, wir haben uns ja bis dahin verstanden, aber irgendwann gingen die Interessen auseinander, sie spielt gerne mit Autos und so, und ich spiele gerne mit Puppen. Weil ich jetzt auch einen kleinen Cousin habe, übe ich das so, baden, wickeln… Da habe ich gesagt: «Ich übe das jetzt, und da habe ich keine Zeit mehr.» Sie spielt mit Jungs und Autos, weil sie einen großen Bruder hat. Sie ist mehr so jungenhaft.*

Carsten: *Er ist so für Armee und Krieg und so, das bin ich absolut nicht. Der spielt immer Soldaten und hat nur Grünzeug an, der hat zu Hause soviel Soldaten und Patronenhülsen, und das stört mich daran.*

Als weiterer Grund, warum er nicht mehr mit diesem Jungen zusammen ist, führt Carsten an: «*Ich hab auch sozusagen Feinde, und einer war dann auch sein bester Freund geworden, und der war dann fast jeden Tag da, und dann wollte ich auch nicht immer mit dem zusammensein.*»

Daß sie Freunde verloren, weil diese sich Dritten zugewendet haben, wird von mehreren Kindern berichtet. Sie klagen: «*weil die mich öfter sitzenläßt*» (Katrin); der Freund spielt mit einem anderen, und «*da kennt er mich gar nicht mehr*» (Ergün), und «*da hat sie mir sozusagen Astrid* (die beste Freundin) *weggenommen*» (Tanja). Beziehungsprobleme tauchen auf wegen des Ausschließlichkeits- und Besitzanspruches eines Kindes. Wenn der Freund sich Dritten zuwendet, wird das als demütigend und herabsetzend empfunden («*Ich habe Angst, der läßt mich doch wieder sitzen*», Chris). Drei Kinder können sich auch vorstellen, daß ihr Freund in ihre Beziehung mit einem gegengeschlechtlichen Freund eindringt. Offensichtlich handelt es sich hier um Konflikte aufgrund von Eifersucht – doch wird dieser Ausdruck selbst von den Kindern nicht verwendet.

Tanja: *Wenn eine 'n Freund hat und die andere fand den auch ganz gut und so, und nun nimmt die andere ihr den weg, und dann ist die ganz sauer und sagt: «Ach Mann (!), mit dir möchte ich nicht mehr zusammensein. Tschüs», oder so.*

Auch für Sven wäre es das Ende seiner Freundschaft, wenn «*er mir meine Freundin wegnehmen würde*».

Michaela erklärt das so: «*Auf einmal macht es da so: peng. Die Jungs gehen ihren Weg, die Mädchen gehen ihren Weg, und die Mädchen gehen mit den Jungs mit und die Jungs mit den Mädchen, dann bricht das halt alles auseinander.*»

Zum Abschluß ein Zitat von Tanja, in deren Äußerung alle wichtigen von den Zwölfjährigen genannten Gründe für die Beendigung einer Freundschaft auftauchen: Dominanzprobleme, unterschiedliche Interessenentwicklung, grobe Beleidigung und Eifersucht.

Tanja: *Daß man immer irgendwie besser sein will als der andere... oder daß der eine ihn eben satt hat und sagt: «Du, du gefällst mir gar nicht mehr. Irgendwie bist du ganz anders als ich oder als ich mir vorgestellt habe. Ich möchte nicht mehr mit dir zusammensein.»* Tanja erkennt: Wenn man das der Freundin «*richtig ins Gesicht*» sagt, ist das auch für diese ein Grund zur Beendigung der Freundschaft: «*Das wäre dann natürlich leicht, ein leichtes Auseinandergehen, aber es kann na-*

türlich auch so sein wie mit dem Freund», wie sie es oben geschildert hat: wenn die Freundin ihr den Freund ausspannen würde.

Zusammenfassung

Bei den Zwölfjährigen tritt noch augenfälliger in Erscheinung, was sich schon bei einigen wenigen Zehnjährigen angedeutet hat: Freundschaft als eine Beziehung, die durch Gespräche, Austausch und Sich-Anvertrauen geheimer Dinge gekennzeichnet ist. In bezug auf die Erwartungen an den idealen Freund deuten sich interessante geschlechtsspezifische Unterschiede an: Mädchen betonen eher Merkmale, die eine harmonische Kommunikation ermöglichen, und die soziale Angepaßtheit der Freundin. Jungen erwarten solidarisches Verhalten, vor allem bei gemeinsamen Normübertretungen, sowie Mut und Draufgängertum.

Die Ergebnisse lassen vermuten, daß sich bei Kindern in der (Vor-) Pubertät mindestens zwei unterschiedliche Freundschaftstypen bilden: erstens, eine Beziehung zwischen «Rebellen» und «Abenteurern», die ihre Grenzen gegenüber elterlichen und gesellschaftlichen Autoritäten «austesten», sowie zweitens eine Beziehung, die eher durch intimen, verständnisvollen Austausch und hohe Anforderungen an die soziale Sensibilität der Freunde gekennzeichnet ist. Jungenfreundschaften scheinen eher dem ersten, Mädchenfreundschaften eher dem zweiten Typ anzugehören. In diesem Sinne bilden Freundschaften auch einen Ort, an dem geschlechtsrollenkonformes Verhalten eingeübt wird.

Zum Freundschaftskonzept von Jugendlichen

Wenn man die Kinderäußerungen zu den Freundschaftsbeziehungen gelesen hat, wird man neugierig darauf, was Jugendliche und Erwachsene zum Thema Freundschaft denken. Um dies beantworten zu können, wurden noch weitere Gespräche geführt mit älteren Personen, die alle in Berlin wohnen (erste Ergebnisse dazu Fatke/Valtin 1988). Wie sich die Jugendlichen von den jüngeren Kindern unterscheiden, soll beispielhaft an dem Interview mit der 17jährigen Friederike aufgezeigt werden. Der besseren Übersichtlichkeit und Vergleichbarkeit wegen werden einzelne Passagen des Interviews, thematisch geordnet, kommentiert.

Interview mit Friederike (17 Jahre)

Anzahl und Geschlecht der Freunde

I.: *Hast du eine beste Freundin, einen besten Freund?*

F.: *Ich habe mehrere gute Freunde. Also ich kann nicht sagen, daß einer der beste ist.*

I.: *Sind deine Freunde weiblich oder männlich?*

F.: *Beides, ja.*

Die Mehrzahl der von uns befragten Jugendlichen gibt an, mehrere Freunde und Freundinnen zu haben. Nur ein Drittel hat einen besten Freund bzw. eine beste Freundin, jeweils dem eigenen Geschlecht angehörend. (Die meisten von ihnen haben aber auch schon einen Liebespartner.)

Motive der Freundschaft

I.: *Aus welchen Gründen seid ihr Freunde?*

F.: *Also, mit den Leuten kann ich am meisten anfangen, daß ich mit denen reden kann; daß ich aber auch mit denen rumflippen kann; daß wir halt viele Gemeinsamkeiten haben, gemeinsame Ansichten vielleicht. Das muß aber nicht nur so sein; es kann auch sein, daß man konträre Ansichten hat, aber daß man sich irgendwie ergänzt. Daß man halt was zusammen machen kann. Daß man sich nicht miteinander langweilt … Daß man sich zueinander hingezogen fühlt, daß man Vertrauen zueinander hat.*

I.: *Warum findest du es wichtig, Freunde zu haben?*

F.: *O Gott – na ja, also irgendwie erlebt man den ganzen Tag ziemlich viel, und irgendwie mußt du das ja auch erzählen. Wenn ich mit jemandem worüber rede, dann kann ich das für mich viel besser verarbeiten. Außerdem, na ja, also sonst manchmal würdest du platzen, glaube ich. Ich finde es auch toll, wenn die mir was anvertrauen; das basiert so auf Gegenseitigkeit … Manchmal sieht man denn, auch dadurch, daß man das noch mal erzählt und selbst noch mal für sich durchgeht, daß man da nicht so gut gehandelt hat. Und durch die Reaktion des anderen kommt man vielleicht gemeinsam darauf, wie man das Verhalten ändern kann.*

Gegenseitiges Sich-Anvertrauen von Erlebnissen und Problemen ist ein wichtiges Motiv der Freundschaft. Dieser intime Austausch bezieht sich prinzipiell auf alle Lebensbereiche, nicht nur wie bei den

Zwölfjährigen auf die (eher gelegentliche) Mitteilung von Geheimnissen oder «*Dingen, über die man mit der Mutter nicht sprechen kann*». Die Gespräche haben für die Jugendlichen nicht nur die Bedeutung, daß man sich etwas «von der Seele reden» kann, sondern sie dienen auch der Reflexion eigener Handlungen, der Klärung der Gedanken und Probleme sowie der Lernmöglichkeit («*wie man sein Verhalten ändern kann*»).

Bildung der Freundschaft

I.: *Was muß man tun, um einen Freund zu bekommen, also 'nen wirklichen Freund?*

F.: *Also, ich glaub, in erster Linie muß man selber offen sein. Also ein wirklicher Freund ist jemand, dem du halt wirklich alles sagen kannst. Das bringt nichts, dem dann was vorzuspinnen. Na ja, und ich erwarte dann auch, daß der mir dann die gleiche Offenheit entgegenbringt, Vertrauen halt.*

«Nettsein», wenn auch mit unterschiedlichen Bedeutungsgehalten, ist für die Kinder unserer Stichprobe der am häufigsten gebrauchte Ausdruck zur Kennzeichnung des eigenen Verhaltens bzw. das des Freundes. Die von uns befragten Berliner Jugendlichen haben ein anderes Modewort: offen. Man selbst muß offen sein, und der Freund bzw. die Freundin muß offen sein. Gegenseitige Offenheit und sich so zeigen, wie man ist, bilden eine Voraussetzung der Beziehung, nicht: sich von der besten Seite zeigen, wie die Zwölfjährigen meinen, oder nett und hilfsbereit sein, wie die Fünf- bis Achtjährigen es äußern. Diese Offenheit enthält auch die Bereitschaft, sich gegenseitig die eigenen Schwächen, Ängste und Unsicherheiten enthüllen zu können.

I.: *Woran erkennst du, ob jemand dir ein guter Freund sein wird?* –

F.: *Also, ich glaube, wenn ich jemand kennenlerne, und der ist mir sympathisch, na ja, dann muß man das irgendwie mal zart antesten, wie der selber irgendwie von sich reagiert, also wie er an Sachen rangeht, was er für Einstellungen hat.*

Auch einige Zwölfjährige sprechen von einem «Test», dem der zukünftige Freund unterworfen werden solle. Geht es bei ihnen aber im wesentlichen darum festzustellen, ob der Freund die Kriterien hilfsbereit, verträglich sowie vertrauenswürdig im Sinne von verschwiegen erfüllt, ist es für Friederike wie für die anderen Jugendlichen wichtig, die Einstellungen, Sichtweisen und Charaktereigenschaften, d. h. die gesamte Persönlichkeit des anderen, kennenzulernen.

Zur Konzeption des idealen Freundes

I.: *Wie stellst du dir den idealen Freund vor?*

F.: *Ich find nicht, daß man das irgendwie idealisieren kann. Also, die sollen mir nicht zu sehr gleichen, sonst gingen mir die Leute ziemlich auf den Keks... Was ich zum Beispiel wichtig finde, ist, daß die Leute sich auch ein bißchen Gedanken machen über die Sachen, mit denen sie so täglich konfrontiert werden. Also ich finde Leute schlimm, die so passiv dem Leben gegenüberstehen, Mitläufer, die sich alles bieten lassen... Ich find schon wichtig, daß Leute ein bißchen kritisch sind, daß sich Leute auch zur Wehr setzen.*

Neben der Ähnlichkeit der Freunde, die auch von den Kindern gewünscht wurde, spielt bei den Jugendlichen der Gedanke der Ergänzung der Ansichten und Einstellungen eine Rolle – einer Ergänzung, die als notwendig empfunden wird, einerseits um der Eintönigkeit und Langeweile zu entgehen, die sich bei allzu großer Übereinstimmung einzustellen droht; andererseits aber auch, um Anregungen durch andere Ansichten, Widerspruch, Korrekturen zu erhalten, die zur Erweiterung des eigenen Horizonts und zur Bereicherung der Lebenserfahrungen führen können. Während von den Kindern vor allem soziale und kommunikative Verhaltensweisen des anderen wichtig waren, betonen die Jugendlichen eher bestimmte Charakterzüge des anderen sowie Einstellungen und Interessen.

Vertrauen und Wechselseitigkeit

I.: *Was tun gute Freunde füreinander?*

F.: *Also, sie sind erst mal füreinander da, sie vertrauen einander, sie helfen einander weiter. Wenn der eine Probleme hat, dann ist es irgendwie ganz klar, daß er das mit der Freundin oder dem Freund bereden kann, ohne jetzt Angst zu haben, sich da 'ne Blöße zu geben, oder daß ihm das peinlich ist.*

I.: *Was bedeutet Vertrauen für dich?*

F.: *Vertrauen. Uui. Vertrauen bedeutet, daß ich dem anderen Menschen was sagen kann, ohne Angst zu haben, daß er das ausnutzt, also daß er es gegen mich verwendet. Na, und Vertrauen ist halt beidseitig.*

Vertrauen, das vom Alter mit zwölf Jahren an als wichtigste Voraussetzung für Freundschaft begriffen wird, bezieht sich mit wachsendem Lebensalter auf unterschiedliche Bereiche: Bei den Zwölfjährigen ist es das Bewahren von Geheimnissen, bei Jugendlichen das Nichtweitersagen intimer Belange, aber auch eine allgemeine Zuverlässigkeit und Loyalität des Freundes. Für Friederike (wie übrigens auch für viele der von uns befragten Erwachsenen) bedeutet Vertrauen überdies, daß sie ihre intimsten Gedanken, Gefühle und Motive dem anderen offenbaren können in der Gewißheit, nicht verletzt oder ausgenutzt zu werden.

Gründe für das Ende einer Freundschaft

I.: *Warum gehen manchmal Freundschaften auseinander?*

F.: *Verschiedene Gründe. Das gegenseitige Interesse ist vielleicht nicht mehr da. Wenn du anfängst, aneinander vorbeizureden, dann ist das vielleicht ein Signal. Oder daß du dich nicht mehr streiten kannst, wenn dir der andere egal wird, du dich nicht mehr mit ihm auseinandersetzt, und das ist wohl 'n Punkt, daß so eine Freundschaft aufhört.*

I.: *Fallen dir noch andere Gründe ein?*

F.: *Ja also, daß man sich aus den Augen verliert – es muß nicht Wegziehen sein –, aber daß man halt irgendwie unterschiedliche Interessen entwickelt, daß man ganz andere Schwerpunkte setzt. Also früher hatte man halt irgendwelche Gemeinsamkeiten, die dann halt plötzlich nicht mehr da sind, vielleicht durch 'nen Schulwechsel, durch andere Umgebung, daß der ganz andere Freunde hat, daß man halt mit den Freunden des andern nicht umgehen kann.*

Bei den Zwölfjährigen spielen als Gründe für die Beendigung einer Freundschaft Faktoren wie Dominanz- und Beziehungsprobleme, Untreue, Eifersucht und Verrat eine Rolle, also Verletzungen des Gleichrangigkeitsprinzips und der zwischen Freunden bestehenden Verpflichtungen zu Loyalität und Zuverlässigkeit. Die Jugendlichen betonen darüber hinaus einen neuen Aspekt: daß sich die Freunde auseinanderentwickeln, aufgrund verschiedenartiger Bildungs- oder Lebensumstände andere Interessen und Einstellungen ausbilden, die den Fundus der Gemeinsamkeit zerstören, und man sich plötzlich nichts mehr zu sagen hat.

Streit in der Freundschaft

I.: *Kann man auch befreundet sein und sich trotzdem streiten?*

F.: *Streit gehört zur Freundschaft! Das ist eins der wichtigen Elemente.*

Weil, wenn ich mich mit jemandem streite, dann sage ich ihm vielleicht auch Sachen, die ich ihm sonst nicht so «straight» ins Gesicht sagen würde. Manchmal vielleicht nicht in der tollsten Form, aber es wird immerhin ausgesprochen. Es gibt ja so Sachen, da hat man halt verschiedene Ansichten, die man aber nicht so formulieren kann. Und im Streit haut man das halt dann alles raus.

I.: *Und warum ist das so wichtig?*

F.: *Na ja, weil sich auch in 'ner Beziehung – also ob es nun 'ne Liebesbeziehung oder 'ne Freundschaftsbeziehung ist – auch teilweise Aggressionen aufstauen. Und die läßt man halt durch so 'n Streit ab.*

Streiten wird als wesentliches Element der Freundschaft angesehen und hat auch eine psycho-hygienische Funktion: Man kann seinen Frust ablassen. Freunde gewinnen eine neue Bedeutung als «Blitzableiter», man kann auch die Enttäuschungen und Aggressionen, die in der Liebesbeziehung entstehen, bei ihnen «abladen», wie die folgenden Äußerungen zeigen. Da Jugendliche neben ihren Freundschaften auch erste Liebesbeziehungen eingehen, wurden sie zusätzlich in bezug auf Verliebtsein und Liebe befragt. Die Äußerungen mögen für sich sprechen.

Verliebtsein – Liebe

I.: *Gibt es jemanden, in den du verliebt bist?*

F.: *Ja.*

I.: *Was bedeutet das – jemanden zu lieben? Für dich.*

F.: *Zwischen Verlieben und Lieben ist für mich ein himmelweiter Unterschied. Verlieben ist irgendwie so 'ne Knallsache. Also ich seh jemanden – und boing! er ist phantastisch ! Wenn ich jemanden liebe, dann baut sich das so peu à peu auf. Also, das kann jemand sein, den hab ich früher irgendwie nie so beachtet, es ist vielleicht jemand, der total unscheinbar ist, der mir irgendwie nie auffallen würde. Und dadurch, daß ich ihn näher kennenlerne, mit ihm ziemlich oft rede und ihm Sachen anvertraue, er mir Sachen anvertraut, dadurch baut sich erst mal so 'n Vertrauen auf, ein gegenseitiges, und dadurch entsteht dann halt 'ne Liebe. Verliebtsein ist mehr so etwas, das man aus den Augen macht... Man versucht dann natürlich, den anderen kennenzulernen. Oder man will sich selbst nicht enttäuschen und läßt es lieber. Also manchmal ist es auch ganz schön, verliebt zu sein. Hör auf zu lachen* (lacht) *...Also wenn man* *verliebt ist, dann idealisiert man den andern ja, man sieht nur seine tollen Seiten, die anderen, die will man gar nicht sehen. Da drückt man ein Auge zu, das ist kein Problem... Ähm, bei der Liebe – o Gott – das ist ja was Gewachsenes, da sehe ich ihn halt mit seinen Fehlern... Manchmal stören sie dich halt absolut... und du fängst halt an, dich zu streiten... Es kann ja nicht nur immer Harmonie geben, das ist ja langweilig.*

I.: *Beeinflußt die Liebesbeziehung die Freundschaft oder umgekehrt?*

F.: *Ja klar. Wenn ich jemanden liebe und der akzeptiert meine Freunde nicht, denn wär's für mich vielleicht ein Punkt, noch mal zu überdenken, ob es wirklich so prima ist, mit ihm zusammenzusein. Ich steh ja irgendwie zu meinen Freunden. Jetzt aber im anderen Fall, daß meine Freunde den nicht akzeptieren, das würde ich, glaube ich, noch verkraften. Ich finde schon, daß meine Freunde es akzeptieren müssen, weil, es ist meine Entscheidung, daß ich jemanden liebe.*

I.: *Das wär jetzt 'ne negative Beeinflussung, gibt's auch 'ne positive?*

F.: *Ja. Wenn sich der Freund mit den anderen Freunden prima versteht, dann ist das natürlich toll, fühlt man sich vielleicht auch bestätigt.*

I.: *Wie wirkt sich Streit und Trennung in der Liebesbeziehung auf die Freundschaft aus?*

F.: *Ooch – die armen Freundinnen, die müssen ganz schön herhalten, weil man dann ziemlich «down» und frustriert ist, und das wird ja im Prinzip auf die Freunde abgeladen. Also dann erzählt man denen das, und irgendwo nimmt es die ja schon mit. Na ja, und dann ist man wiederum auch froh, daß man Freunde hat, daß man halt mit denen reden kann.*

Die in diesem Interview mit Friederike zutage tretenden Antwortmuster sind durchaus typisch für den größten Teil der von uns befragten Jugendlichen, allerdings gibt es wenige, die sich sprachlich so differenziert ausdrücken können.

Fassen wir die Ergebnisse zusammen, so läßt sich folgendes festhalten: Für die Jugendlichen hat die Freundschaft in erster Linie eine Bedeutung in sozialer Hinsicht. Ein oder mehrere Freunde bieten einen geschützten sozialen Nahraum, der Sicherheit, Verläßlichkeit und Stabilität garantiert. Daneben gewinnt jedoch ein neuer Aspekt eine Bedeutung, der bei den Kindern kaum eine Rolle spielt. Die Jugendlichen betonen, daß Freundschaft eine Intimsphäre schafft, in der innerste Gefühle, Gedanken und Probleme offengelegt werden können, ohne daß gesellschaftliche Sanktionen oder ein Prestigeverlust zu befürchten ist. Dadurch ist Raum gegeben für die Identitätssicherung («Selbstseinkönnen») sowie für die Identitätsentwicklung und -erweiterung. Wenn man bedenkt, daß Jugendliche in diesem Alter – nach Auflösung der vorher geltenden, an den Eltern gebildeten Orientierungen – noch auf der Suche nach einer neuen, eigenen Identität sind, dann ist es verständlich, daß sie in der Freundschaftsbeziehung einen persönlichen und sozialen Raum suchen, in dem ein neues Selbstsein ausprobiert werden kann, ohne Angst davor haben zu müssen, sich Blößen zu geben.

Schlußfolgerungen

Die vorliegende Dokumentation der Kinderäußerungen zu verschiedenen Dimensionen von Freundschaft belegt eindrucksvoll, daß sich das Denken der Kinder über Freundschaftsbeziehungen im Laufe ihrer Entwicklung ändert. Dabei handelt es sich nicht einfach um eine Anhäufung von immer mehr und immer exakterem Wissen, sondern um qualitative Veränderungen der Sichtweisen und Deutungsmuster.

Daß sich die Freundschaftskonzepte der Kinder mit dem Alter in charakteristischer Weise entwickeln, ist auch das Ergebnis vieler Untersuchungen, in denen die Freundschaftskonzepte von Kindern aus verschiedenen Ländern erhoben wurden, z.B. in Kanada (Bigelow/La Gaipa 1975), Schottland (Bigelow 1977), in den USA (Rubin 1986, Selman 1984), in der Sowjetunion (Kon 1979) und in Island (Hoppe-Graf/Keller 1988). Trotz unterschiedlicher Nationalitäten sind die Ergebnisse doch recht einheitlich, und sie deuten auf eine weitgehend kulturunabhängige Entwicklung des sozialen Denkens und Verstehens. So gelingt es mit zunehmendem Alter dem Kind immer besser, den Standpunkt und die Sichtweisen des anderen zu erschließen und mit der eigenen Perspektive zu koordinieren. Dabei ändert sich auch die Personenwahrnehmung. Jüngere Kinder verhalten sich zunächst wie naive Beobachter, die nur äußerlich wahrnehmbare Merkmale und Verhaltensweisen eines anderen Menschen registrieren. Erst im mittleren Kindesalter gelangen sie zu differenzierteren psychologischen Erklärungen des Verhaltens, wobei sie Wünsche, Absichten, Motive und Interessen anderer Personen berücksichtigen können. Ebenso ändern sich ihre Vorstellungen und Deutungsmuster von Handlungen und Beziehungen.

Als wichtigste Schlußfolgerung aus unseren Daten soll folgendes festgehalten werden:
Grundlegende Motive für eine Freundschaft, wie der Wunsch nach Gemeinschaft, Zugehörigkeit, Austausch, Sicherheit, Anerkennung und Zuneigung, sind auf allen Altersstufen die gleichen, aber die Konzepte, die sich damit verbinden, werden je nach Entwicklungsstand (und abhängig von soziokulturellen und geschlechtsspezifischen Faktoren) anders gefaßt. Das soll zum Abschluß an einem Beispiel verdeutlicht werden. La Gaipa (1981) hat auf die Bedeutung der affektiven Komponente der Schutzbedürftigkeit und Verletzbarkeit für die Freundschaftsbildung verwiesen: So suchen Kinder Freunde danach aus, daß sie nicht verletzt werden. Die Verletzbarkeit wird, wie unsere Befragungen zeigen, in entwicklungsspezifisch charakteristischen Formen gesehen. Für die Fünf- bis Achtjährigen ist es die Angst vor «Kloppereien» und körperlichen Schmerzen (daß es ihm weh getan hatte, als der Freund einen Piker nach ihm warf, war für einen sechsjährigen Jungen der Grund, die Beziehung abzubrechen – nicht die Tatsache der Aggression an sich). Die Zehn- und Zwölfjährigen möchten sich schützen vor sprachlichen Angriffen (Beleidigungen, Herabsetzungen) und seelischen Verletzungen aufgrund von Untreue und Verrat des Freundes. Jugendliche schätzen Freunde, weil sie ihnen ihre Schwächen gestehen können, ohne sich dabei «eine Blöße» zu geben, wie Friederike es formuliert. Ihnen geht es mehr um den Schutz ihres Selbstbildes und ihrer Selbstachtung. Freundschaft kann also auch als ein Mittel gesehen werden, um mit der eigenen Verletzbarkeit fertig zu werden.

Renate Valtin

«Dann sage ich Entschuldigung, und dann ist der Streit weg»

Was Kinder über Streit und Konfliktlösungen denken

Streit ist ein wichtiger, sogar notwendiger Bestandteil von Beziehungen, versichern uns die Experten; wobei einige sogar den Eindruck vermitteln, Streiten mit dem Partner sei ein Muß, und nach Frieden und Harmonie strebende Personen sollten sich schämen. Streiten-Können wird von Psychologen als «Lebenstechnik» bezeichnet, die erlernt sein muß.

Freundschaftsbeziehungen bieten Kindern gute Bedingungen für die Entwicklung der zum Streiten notwendigen Verhaltensweisen: die eigenen Wünsche und Interessen aussprechen, die Bedürfnisse des anderen erkennen und berücksichtigen, Spannungen ertragen können, Überzeugungsarbeit leisten, aber auch Bereitschaft zum Kompromiß, zum Nachgeben oder zur Selbstbehauptung. Freundschaften sind deshalb so günstig, weil die Freunde aufgrund ihrer emotionalen Verbundenheit motiviert sind, ihre Beziehung auch in stürmischen Zeiten aufrechtzuerhalten und entstehende Zwistigkeiten zu einem guten Ende zu bringen.

Was Kinder über Streit und Konfliktlösung unter Freunden denken, ist Gegenstand der im folgenden geschilderten Untersuchung. Im Freundschaftsinterview, über dessen Ergebnisse im vorhergehenden Kapitel berichtet wurde, fragten wir die Kinder auch nach Formen und Gründen von Streit sowie nach Möglichkeiten der Streitbeendigung bzw. Konfliktbewältigung. Dabei wurden folgende oder ähnliche Fragen gestellt:

- Hast du dich schon mal mit deinem Freund/deiner Freundin gestritten bzw. streitet ihr euch?
- Wie sieht das aus, wenn ihr euch streitet?
- Worüber bzw. warum streitet ihr?
- Was macht ihr, damit der Streit aufhört?
- Wie würdest du es dir wünschen, daß der Streit beendet wird?
- Kann einer allein aufhören und den Streit beenden?
- Ist man noch befreundet, wenn man sich streitet?

Zur Stichprobe, die 89 Kinder umfaßt, und zur Vorgehensweise finden sich Erläuterungen im zweiten Kapitel.

Die Datenauswertung ergab, daß sich die Fünf- bis Achtjährigen und die Zehn- und Zwölfjährigen in ihren Antworten stark ähnelten. Deshalb wurde die Stichprobe bei der Darstellung der Ergebnisse in zwei Altersgruppen eingeteilt. Nachdem die Kinder zu Wort gekommen sind, sollen die Resultate auf dem Hintergrund vorliegender Untersuchungen zum Kinderstreit diskutiert werden.

Die jüngeren Kinder

Zur Altersgruppe der jüngeren Kinder zählen insgesamt 58 Fünf-, Sechs- und Achtjährige.

Formen und Gründe von Streit: «Hauen» wegen Besitzansprüchen und Provokation

Auf die Frage: *«Hast du dich schon mal mit deinem Freund/deiner Freundin gestritten?»* geben drei Fünfjährige nur zögernd zu, sich jemals gestritten zu haben. Drei weitere behaupteten fest, daß dies bei ihnen noch nicht vorgekommen sei, da sie Streiten offenbar als etwas Schlimmes und Unerwünschtes ansehen. Alle übrigen Kinder geben eine klare Ja-Antwort (Max, 6: *Ja, schon hundertmal*; Paul-Jonas, 6: *Sogar viermal oder dreimal*) und finden es offensichtlich nicht schlimm (Christian, 6: *Manchmal kann man dies ja auch*).

Für fast alle Kinder bestehen Streitereien in **körperlichen Auseinandersetzungen**. «Hauen» und «kloppen» sind die am häufigsten genannten Formen; «beißen» und «an den Haaren ziehen» sind weitere Arten von Rangeleien, die zum Teil recht drastisch geschildert werden:

Merra, 6: *Dann knall ich 'n paar. Aber ich bin ja nicht so stark, und dann nehm ich mir was in die Hand.*

Andreas, 6: *Ja, wir raufen uns (...) Da bolzen wir uns.* Christian, 6: *Wenn Erik und ich uns zanken, dann kratzt Erik immer.* – I.: *Was machst du dann?* – Ch.: *Ach, dann würd ich ihm ein Bein wegziehen, und dann würd ich ihm 'ne Tracht Prügel geben.*

Körperliche Auseinandersetzungen scheinen für die Kinder dieser Altersstufe eine durchaus akzeptierte Ausdrucksform von Streit zu sein. Nur ganz wenige distanzieren sich davon, wie z. B. die sechsjährige Karen. Auf die Frage, ob sie sich mit ihren Freundinnen haut, zwickt oder schubst, antwortet sie: *«Das würden wir nicht machen. Wir würden uns lieber anreden.»* Deshalb spiele sie auch lieber mit Mädchen, denn *«da gibt es keine Prügelgeschichten, und die spielen lieber mit Puppen oder Teddys».* Auf der anderen Seite gibt sie jedoch auch taktische Gründe dafür an, daß sie sich lieber aus Prügeleien heraushält: *«Nein, ich mache das nicht, weil ich weiß ja, ich bin schwächer.»*

Weitere, nicht so häufig genannte Streitformen sind einerseits sprachlicher Art: sich anbrüllen, sich beschimpfen, sich «Ausdrücke» sagen, andererseits das Abbrechen der Interaktion («wegrennen», «mit 'nem anderen spielen»), wie es Beate schildert:

I.: *Wie streitet ihr euch?* – Beate, 6: *Wenn mir mal was nicht paßt oder so (...) dann sitz ich erst mal 'nen Tag nicht neben ihr, und am nächsten Tag sind wir dann wieder Freunde.* – I.: *Ist die Ulla traurig, wenn du dich wegsetzt?* – Beate: *Nee, manchmal sitzt die auch so alleine.* (Aus Beates Antwort wird deutlich, daß sie wie auch die übrigen jüngeren Kinder kaum die gefühlsmäßigen Auswirkungen von Streit berücksichtigt.)

Fast ein Drittel der jüngeren Kinder, davon mehrheitlich fünfjährige, können die Frage nach den Gründen ihrer Streitigkeiten nicht beantworten, da sie große Schwierigkeiten haben, Motive von Handlungen zu erkennen. Katharina ist eine der wenigen Fünfjährigen, die Auskunft über Streitgründe zu geben vermag.

I.: *Hast du dich schon mal mit der Sandra gestritten?* – Katharina: *Ja, so 'n paarmal.* – I.: *Warum streitet ihr euch denn?* – K.: *Dann nehmen wir uns gegenseitig was weg oder so.*

Sich gegenseitig etwas wegzunehmen ist offenbar ein klassischer Streitgrund für die jüngeren Kinder. Ein Drittel von ihnen bzw. die Hälfte derer, die überhaupt über ihre Streitgründe Auskunft geben können, sagt, daß sie sich wegen **Besitzansprüchen** in die Haare geraten.

Kerstin, 6: *Wenn einer was gefunden hat, 'n Geldstück oder so, und der andere mag das dann haben, dann streitet man sich.* – I.: *Was macht man denn da?* – K.: *Dann haut man sich, man prügelt sich und so.*

Anja, 6: *Einer will dies haben, und einer will das haben. Der sagt: «Nein, das ist meins.» – «Dann kriegst du auch nicht meins.» Und dann kloppen wir uns.*

Für diese Kinder scheint es selbstverständlich zu sein, daß man auf das Wegnehmen von Gegenständen mit Handgreiflichkeiten reagiert. Erst ältere Kinder können diese Situation gelassener bewältigen, da sie die notwendige Frustrationstoleranz und Impulskontrolle erworben haben. Auch unterschiedliche Handlungswünsche führen sofort zum Streit, was von 14 Kindern genannt wird. Dazu einige Beispiele:

I.: *Wie machst du das, wenn ihr euch streitet?* – Jens, 6: *O Gott, o Gott. Also wenn hier zum Beispiel der Max steht und ich sage: «Wollen wir beide spielen?» – «Nö, ich hab keine Lust», dann sage ich: «Doch, du hast Lust», und dann fängt die Streiterei an.*

Günther, 8: *Der eine will da lang, und der andere will da lang.*

Miriam, 8: *Ja, vor allen Dingen Fabiola, die möchte so gerne bestimmen, und ich will auch so gerne bestimmen.*

Der sechsjährige Benjamin gerät mit seinem Freund in Streit, weil er ihm nicht beim Aufräumen der Spielsachen helfen will, wozu er keinerlei Veranlassung sieht, denn der Freund helfe ihm ja auch nicht. Hier begegnet uns wieder das Muster der strengen Gegenseitigkeit von Handlungen, das die Erwartung der Kinder in Freundschaftsbeziehungen prägt.

Von den Achtjährigen wird als weiterer Grund für die Streitigkeiten genannt, daß der andere wie aus heiterem Himmel **aggressives Verhalten** zeigt und einen Streit vom Zaun bricht.

Sven: *Er fängt immer an und haut mir immer gegen das Schienbein.*

Dirk: *Na ja, der fängt dann an, mir Blätter über den Kopf zu schmeißen und so. Und wehre ich mich, dann wundert er sich, und dann schmeißt er mir einen (*unverständlich*) über den Kopf.* – I.: *Wie wehrst du dich denn da?* – D.: *Na ja, haue ich den zurück, boxe den oder so.*

Das aggressive Verhalten, das den Streit einleitet, geht stets vom andern aus, scheint urplötzlich aufzutauchen und nicht selbst motiviert zu sein. Nur Oliver gibt auch seinen Anteil an den Streitigkeiten zu, die offenbar häufig blutig enden.

I.: *Weswegen streitet ihr euch eigentlich?* – Oliver, 8: *Weil, wenn ich ihm so, sagen wir mal 'nen Schneeball nehme und schlage ihm hier rein, dann rastet der richtig aus, dann kloppt der richtig zu. Wenn man sagt: «Halt die Schnauze, Gert», dann schlägt der einen richtig Nasenbluten. Dann rastet der aus... Ja, dann will er mir immer Karate, dann fliege ich uf der* (unverständlich), *dann kann er mir 'n Loch im Kopp bezahlen. Dann kommt er ins Kinderheim, weil die nicht so viel Geld haben.* – I.: *Gibt es für dich auch Streiten mit Worten oder immer nur Streiten mit Schlagen?* – O.: *Schlagen. Der schlägt auch unheimlich zu.*

Bei Oliver und auch einigen der anderen Kinder wird eine Moral der strikten Gegenseitigkeit deutlich: Schlägt er mich – schlag ich ihn. Wie du mir – so ich dir.

Die achtjährige Tanja nennt als Streitgründe: «*Weil sie manchmal nicht zuhört und manchmal ich auch nicht, weil sie manchmal mit 'ner anderen spielt, manchmal mich einfach stehenläßt.*» Sie nimmt also keine einseitige Schuldzuweisung vor (auch sie hört manchmal nicht zu). Darüber hinaus gibt sie zu erkennen, daß für sie Freundschaft eine Bindung bedeutet, die durch Ansprüche an den anderen charakterisiert ist: Sie erwartet Zuwendung von ihrer Freundin («zuhören») und Ausschließlichkeit. Spielt die Freundin mit jemand anderem, wird dies als Untreue ausgelegt und als Grund für einen Streit betrachtet. Auch Nicole beklagt sich darüber, daß die Freundin sie «*im Stich gelassen*» hat und sich mit jemand anderem verabredet hat.

Bei den Kindern dieser Altersgruppe lassen sich aufgrund ihrer Schilderung der Streitanlässe zwei Konzepte von Streit erkennen. Für die meisten jüngeren (vorwiegend fünf- und sechsjährigen) Kinder, die Freundschaft ja im wesentlichen als harmonisches, reibungsloses und störungsfreies Miteinanderspielen betrachten, bedeutet es Streit, wenn einer aufgrund der Handlung des andern nicht den begehrten Gegenstand haben oder das tun kann, was er gern möchte. Das artet dann sofort in Rangeleien aus. Bei einigen Achtjährigen deutet sich ein zweites Streitkonzept an: Nicht das Aneinandergeraten durch unterschiedliche Handlungen ist der Auslöser, sondern der psychologische Sachverhalt, daß der andere aufgrund seiner Verhaltensweisen die Erwartungen des Freundes enttäuscht: Er zeigt plötzlich aggressive Verhaltensweisen dem Freund gegenüber oder tut etwas, das nicht den Erwartungen und Wünschen des Freundes entspricht (hört nicht zu, läßt ihn im Stich) oder das den Gleichheitsgrundsatz verletzt (will immer allein bestimmen und sich nicht dabei abwechseln).

Betrachten wir die von den Kindern geschilderten Verlaufsformen des Streits, so läßt sich das typische Muster «Vergeltung mit gleichen Handlungsweisen» feststellen, so, wie Alexandra, 6, es beispielhaft schildert: «*Wenn die Chrissi mich irgendwie ärgert, ärgere ich sie ganz bestimmt. Da kenn ich von meinem Bruder 'n paar Tricks.*» Auch die verbalen Streitigkeiten folgen diesem Schema. Das wird z. B. deutlich in der Reaktion von Max, der auf die Frage «*Warum haut ihr euch denn?*» antwortet: «*Weil er sagt: ‹Ich bin stärker als du›' – ‹nein ich!› – ‹nee, du!› – ‹nee, ich!›*». Sprachliche Auseinandersetzungen bestehen bei Kindern dieser Altersstufe häufig aus Behauptung und Gegenbehauptung. Der Geltungsanspruch wird durch Wiederholungen der Äußerung und durch Zunahme der Lautstärke verdeutlicht. Erst auf höheren Altersstufen wird die Behauptung durch andere Mittel, wie Begründungen, Erklärungen oder Rechtfertigungen, abgestützt.

Konfliktbewältigung: «Einer verträgt sich»
Auf die Frage «*Was macht ihr, damit der Streit aufhört?*» wissen – bis auf drei Kinder – alle eine Antwort. Das Repertoire der Vorschläge, wie ein Streit zu beenden sei, ist erstaunlich groß. Etwa ein Fünftel der befragten Kinder hat eine höchst elegante, pragmatische Lösung zur Streitbeilegung parat: Sie empfehlen, einfach aufzuhören und/ oder sich einfach wieder zu vertragen.

Andreas, 6: *Vertragen wir uns wieder.* – I.: *Wie macht ihr das?* – A: (der sich mit dem Freund «bolzt»): *Na ja, wir hören einfach auf.*

Sven, 8: *Einfach aufhören. Man verträgt sich und ist wieder Freund.*

Da Streit und Hauen für viele Kinder identisch sind, ist das Aufhören zu hauen gleichzeitig das Ende des Streits und das wieder identisch mit Vertragen. Einige Kinder heben auch hervor, daß das «Aufhören» eine einseitige Lösung sein muß, denn wenn keiner aufhört, geht es immer weiter. Guido erkennt, daß die «Wie du mir – so ich dir»-Strategie zu einer Eskalation der feindseligen Handlungen führt, die nur durch einseitiges Aufhören zu beenden ist:

Guido, 6: *Aufhören einfach, denn sonst haut mich der andere immer zurück, dann hört's nie mehr auf, weil niemand den letzten Schlag haben will.*

Wie in den Augen vieler jüngerer Kinder die Freundschaft willkürlich, durch eine Art Setzung, entsteht (*«dann waren wir Freunde»)*, so wird auch die Streitbeendigung in einer willentlichen Lösung gesehen: sich einfach vertragen.

I.: *Was machst du, damit der Streit wieder aufhört?* – Alexandra, 6: *Vertragen wir uns eben wieder.*

Max, 6, beginnt immerhin schon zu ahnen, daß diese Lösung («wir vertragen uns») nicht alles sein kann, aber er vermag das nicht zu erklären.

I.: *Und was macht ihr, damit der Streit aufhört?* – Max, 6: *Dann vertragen wir uns.* – I.: *Wie denn?* – M.: *Dies weiß ich eigentlich gar nicht.* – I.: *Und dann spielt ihr wieder?* – M.: *Und dann hauen wir uns wieder am nächsten Tag und übermorgen.*

Für einige Kinder gehören zum Vertragen noch gewisse **Rituale**, z. B. sprachliche Formeln:

Jens, 6: *Sagen wir einfach: «Ach komm, wir wollen jetzt wieder aufhören, wir sind wieder Freunde.»*

Stephan, 5: *Ganz einfach, ich sag: «Melanie, wollen wir uns wieder vertragen?» Dann vertragen wir uns.* – I.: *Und dann?* – S.: *Dann spielen wir wieder.*

Die Aussagen der Kinder verdeutlichen, daß für die Beendigung des Streits nicht die Berücksichtigung individueller Gefühle oder Motive entscheidend ist, sondern daß das Aussprechen einer Formel genügt und man dann gleich wieder weiterspielen kann. Die Äußerung: *«Wollen wir uns wieder vertragen?»* ist eher als Ritual aufzufassen denn als echte Frage an den anderen, weil dessen Zustimmung oder Befindlichkeit gar nicht berücksichtigt werden. Mit dem Aussprechen der Formel ist der Streit beendet, wie Dirk es bekräftigt:

I.: *Und warum kann man danach wieder befreundet sein?* – Dirk, 8: *Na ja, weil man dann gesagt hat: «Wollen wir uns wieder vertragen?».*

Ähnliches gilt für die Entschuldigung: Wenn man sie ausgesprochen hat, ist der Streit erledigt:

Markus, 8: *Dann sage ich Entschuldigung, und dann ist der Streit weg.*

Kerstin, 6: *Da sagt man: «Komm, jetzt hör auf. Wir entschuldigen uns jetzt.» (...) Ich sag «Entschuldigung», und die sagen denn auch «Entschuldigung».*

Im Erwachsenenverständnis muß sich der für den Streit Verantwortliche zu seiner «Schuld» bekennen, dies mit einer gewissen

Glaubwürdigkeit vortragen und den anderen um Entschuldigung bitten. Für die jüngeren Kinder genügt, daß einer oder sogar beide Kontrahenten die Formel verwenden, damit sie sich wieder vertragen.

Ein weiteres Vertragensritual besteht für fünf Kinder darin, daß sie sich die Hand geben.

I.: *Und wie macht ihr das mit dem Vertragen?* – Oliver, 8: *Dann geben wir uns die Hände, und dann vertragen wir uns wieder.* – I.: *Sprecht ihr über die Sachen?* – O.: *Nö, nö, det lassen wir einfach auf der Seite.*

I.: *Wenn du dich mit deiner Freundin streitest, wie vertragt ihr euch dann?* – Fabiola, 8: *Dann vertragen wir uns schon wieder.* – I.: *Wie macht ihr das?* – F.: *Na, richtig, so…* (Geste des Händeschüttelns) – I.: *So mit Handgeben?* – F.: *Ja, mehr nicht.* – I.: *Kann einer allein aufhören zu streiten?* – F.: *Ja.* – I.: *Warum?* – F.: *Also, wenn einer alleine aufhört zu streiten, um so besser, weil dann geht der Streit so nicht lange.*

Knapp ein Viertel der Kinder erwähnt eine andere Form der Konfliktbewältigung: die **Streitbeendigung durch Erwachsene**, und zwar in der Regel weibliche Erziehungspersonen.

I.: *Was machst du, damit der Streit wieder aufhört?* – Julia, 6: *Hol ich meine Mutter.* – I.: *Warum holst du deine Mutter?* – J.: *Sonst geht nämlich der Streit immer weiter.*

Oliver, 8: *Wenn wir immer einen Schneeball machen und Gert kriegt ihn uf die Seite, dann geht er immer gleich zu seiner Mutter.* – I.: *Und was passiert dann?* – O.: *Und denn, denn kommt se raus und schimpft mich aus. Und denn, denn bin ich mir nicht so sicher, denn knallt se uns 'n paar.*

Henrik wählt zunächst zur Streitbeendigung eine gewaltsame Lösung (*«den verkloppen»*), würde aber bei starken Gegnern doch lieber eine Hilfe durch Erwachsene haben.

I.: *Was hättest du gemacht, damit der Streit aufhört?* – Henrik, 5: *Den verkloppt.* – I.: *Wenn er jetzt stärker gewesen wäre?* – H.: *Hätte ich die Lehrerin geholt.*

Streitbeendigung durch **körperliche Gewalt** wird noch von drei weiteren Kindern angesprochen:

I.: *Was tut ihr, damit der Streit wieder aufhört?* – Björn, 5: *Einmal hauen, und dann ist es wieder weg.* – I.: *Bitte?* – B.: *Einmal hauen, und dann ist der Streit wieder weg.*

Die Überraschung der Interviewerin erklärt sich dadurch, daß Björn zunächst beteuert hatte, er würde sich nicht streiten, und auch bei zweimaligem Nachfragen verneint hatte, er würde sich hauen. Auch für Oliver bedeutet körperlicher Zwang (Wegschubsen) eine Lösung des Streits, auf der er trotz irritierter Nachfrage der Interviewerin bestehenbleibt.

I.: *Wenn du dir wünschen dürftest, wie ein Streit zwischen dir und Gert sich auflösen soll, wie würdest du dir das wünschen?* – Oliver, 8: *Na, ich würde ihn einfach wegschubsen. Und wenn er jetzt…* I.: *Nein, du darfst dir* <u>*wünschen*</u>*, wie ein Streit zu Ende sein soll. Würdest du ihn dann auch wegschubsen?* – O.: *Ja,* (sonst) *bleibt er immer auf meinem Bauch. Und wenn ich ihn wegschubse, denn kann ich ja gleich noch mal aufstehn, und denn kann ich gleich zuhauen.* – I.: *Und wenn du willst, daß jemand anderer den Streit beendet?* – O.: *Das wäre noch besser.* – I.: *Was müßte der machen, damit du nicht mehr böse bist?* – O.: *Wie man beim Boxen macht, wieder auseinandernehmen, auseinander.*

Dieses «Wieder-Auseinandernehmen» ist verwandt mit einer anderen Form der Streitbeendigung, die von den jüngeren Kindern genannt wird: die **Entfernung von der Quelle des Konflikts**. Das kann einerseits physisch geschehen durch Weggehen, wie es fünf Kinder erwähnen:

Lisa, 6: *Meistens geh ich dann weg und geh irgendwoanders hin, daß ich mit dem auseinanderhalten kann.*

Wenn Streit als «Aneinander-Geraten» aufgefaßt wird, dann ist das «Auseinanderhalten», das Lisa anspricht, eine folgerichtige Lösung. Auch Erik ist für das räumliche Sich-Entfernen von der Quelle des Streits.

I.: *Was macht ihr denn, damit der Streit wieder aufhört?* – Erik, 8: *Ich würde einfach weggehen. Und am nächsten Tag wieder hingehen.* – I.: *Und dann?* – E.: *Weil, wie ich Oliver kenne, der nimmt einen dann wieder auf.* – I.: *Kann denn einer alleine aufhören zu streiten?* – E.: *Ja.* – I.: *Warum?* – E.: *Wenn der aufhört und weggeht.* – I.: *Und was ist denn, wenn ihr wieder zusammentrefft?* – E.: *Ist wieder Frieden.*

Auch Dirk zieht es vor, manchmal zu verschwinden, wenn es brenzlig wird.

I.: *Wie würdest du es dir wünschen, wie ihr den Streit wieder beendet?* – Dirk, 8: *Das weiß ich nicht. Den Wunsch habe ich nie, mit dem Streit beenden (!).* – I.: *Und was macht ihr, damit ihr euch wieder vertragt, damit der Streit aufhört?* – D.: *Manchmal hört der Streit nie auf, denn hau ich schnell lieber mal ab.*

Neben der räumlichen Distanzierung vom Geschehen erwähnen einige Kinder eine psychische Art der Entfernung: das **Vergessen**.

Markus, 8: *Vertragen wir uns immer wieder, weil wir das einfach vergessen.*

Eine andere Weise, das Feld zu räumen und somit den Streitanlaß aus der Welt zu schaffen, besteht in den Augen der Kinder im **Nachgeben** und **Verzichten**, was von sechs Kindern genannt wird.

Miriam, 8: *Meistens muß ich aufhören… Dann würde die das Isabell sagen, und die würde ihre großen Freundinnen holen.* – I.: *Und was mit dir machen?* – M.: *Na, verprügeln. Gebe ich lieber mal nach. Das ist nicht so schlimm wie richtiges Kämpfen.*

Robert hat sich mit seinem Freund um einen Hut gestritten und erzählt über ihre Streitbeilegung:

Robert, 6: *Dann läßt man nach, einer von uns beiden, muß man ja. Einer kriegt dann den Hut. Sagt man: «Na gut, dann kriegst du den Hut halt… mir ist das jetzt schnuppe-egal.»*

Er läßt erkennen, daß das Vertragen auch mit gefühlsmäßigen «Kosten» verbunden sein kann. Dem anderen einfach etwas Begehrtes zu überlassen kann schmerzhaft sein. Deshalb wertet er seinen Wunsch nach Art der sauren Trauben ab: *«….ist mir schnuppe-egal.»*

Die bisherigen Streitlösungen entsprachen einem Konzept von Streit, demzufolge die beiden Partner aufgrund verschiedenartiger Handlungen «aneinandergerieten» und ihren Konflikt lösten durch einfaches Aufhören, willentliches Sich-Vertragen oder verschiedene Formen des Aus-dem-Felde-Gehens. Der Streit verflüchtigt sich dann wie von selbst. Ein anderes Streitkonzept liegt vor, wenn ein Kind sich durch die Handlung des Freundes in seinen Erwartungen enttäuscht sieht. Hier sehen die Lösungen anders aus und bestehen darin, daß **die streitauslösende Handlung rückgängig zu machen** ist.

Das kann einerseits ganz konkret geschehen.

Katarina, 5: *Daß wir uns gegenseitig das, was wir uns weggenommen haben, wiedergeben.*

Andererseits können die Folgen der Handlung **symbolisch** rückgängig gemacht werden, beispielsweise dadurch, daß der Angreifer die

Handlung «als nicht gewollt» erklärt und sein Bedauern bekundet.

Paul-Jonas, 6: *Wir haben uns vertragen, weil Max* (der ihn in die Brust gebissen hat) *gesagt hat: «Das wollte ich nicht», da haben wir uns wieder vertragen.*

Eine andere Form ist die Entschuldigung.

I.: *Was würdest du machen, damit ein Streit aufhört?* – Oliver, 8: *Gleich wieder vertragen. Oder ich sage: «Entschuldigung, ich wollte dir keine Nasenbluten haun.»*

Im Unterschied zur floskelhaften Entschuldigung, die den Streit beendet und gegebenenfalls von beiden Kontrahenten nacheinander auszusprechen ist, bezieht sich die Entschuldigung hier direkt auf die verletzende Handlung.

Die bisher geschilderten Formen der Streitbeilegung sind eher äußerlich und einseitig. Selbst wenn die jüngeren Kinder Konzepte ansprechen, die im Erwachsenenverständnis die gegenseitige Berücksichtigung zweier Blickwinkel enthalten, wie beispielsweise das Sich-Vertragen oder das Sich-Einigen, geschieht dies in einem einseitigen Sinne. Dazu zwei Zitate:

Christian, 6: *Daß einer (!) sich einigt. Daß einer sagt: «Hier hast du 's Auto, aber das nächste Mal nehm ich 's.»*

I.: *Was macht ihr, wenn ihr euch gestritten habt, damit der Streit wieder aufhört?* – Michael, 8: *Na ja, dann vertragt eener von uns.* – I.: *Und wie geht das?* – J.: *Na ja, wenn der Jörg will noch mit mir spielen, dann sagt er: «Wolln wa uns vertragen?» Dann mach ich das manchmal.*

Die Ausdrucksweise der beiden («*einer einigt sich*» und «*dann vertragt eener von uns*») zeigt die Schwierigkeiten, Einigung und Vertragen als zweiseitige Angelegenheit zu begreifen. Auch aus der Äußerung von Alex wird die Einseitigkeit der Konfliktlösung sehr deutlich: Er denkt nach, ob das richtig war, und gibt seinem Freund Bescheid.

Alex, 8: *Dann denke ich mal richtig nach, eben ob das richtig ist, ja oder nein, und dann sage ich Manni, ob das stimmt oder nicht stimmt.* – I.: *Reicht es, wenn einer allein aufhört mit dem Streit?* – A.: *Das reicht.* – I.: *Und warum reicht das?* – A.: *Für mich reicht's jedenfalls, wenn einer allein mit dem Streit aufhört.* – I.: *Hm, gut. Wie wünschst du dir, daß 'n Streit zwischen Manfred und dir aufhört?* - A.: *Daß ich manchmal recht habe und Manni manchmal recht hat.*

Das Rechthaben wird bei den Zwölfjährigen eine wichtige Bedeutung bei der Streitbeilegung haben. Auch der fünfjährige Benjamin verweist darauf, hat aber noch Probleme mit diesem Begriff.

I.: *Und wie vertragt ihr euch dann immer wieder?* – Benjamin, 5: *Na ja, dann einigen wir uns.* – I.: *Wie geht denn das, einigen? Was macht ihr denn da?* – B.: *Dann fragen wir uns, wer recht hatte. Und wer z. B. nie lügt, der hat dann recht.*

Eine Form der Einigung, bei der beide Partner einbezogen werden bzw. ihre Zustimmung geben, taucht nur ansatzweise bei vier Kindern auf. Da sie Probleme haben, gleichzeitig zwei unterschiedliche Standpunkte zu berücksichtigen, schlagen sie vor, daß ihre Wünsche nacheinander verwirklicht werden. Eine solche Möglichkeit ist das Sich-Abwechseln.

Daniela, 6: *Sagen: «Ich gebe dir mein Spielzeug, wir können uns ja abwechseln.»*

Miriam, 8: *Daß ich mal bestimmen kann und sie mal. Na, alle meine Freundinnen wollen immer bestimmen. Daß ich mal bestimmen kann, daß sie mal nachgeben.*

Das Sich-Abwechseln läßt jeden zu seinem Recht kommen, ist aber nur ein Ersatz für ausgereiftere Formen der Aushandlung, über die diese Kinder noch nicht verfügen. Immerhin gehen sie damit über die Einseitigkeit der Konfliktlösung hinaus, die von der überwiegenden Zahl der jüngeren Kinder bevorzugt wird.

Die älteren Kinder

Zur Stichprobe der älteren Kinder gehören 15 Zehnjährige und 16 Zwölfjährige.

Formen und Gründe von Streit: «Streitgespräche» – wegen unterschiedlicher Wünsche und Meinungen

Von den älteren Kindern behaupten drei, sie würden sich mit ihrem Freund gar nicht streiten. Von den übrigen gibt die Mehrheit (und zwar hauptsächlich die Mädchen) an, daß sie ihren Streit verbal austragen: *Wir schimpfen uns gegenseitig an. – Brüllen uns Worte an den Kopf.* Simone, 10, schildert den Streit mit ihrer Freundin: *Wir haben uns wirklich angekeift… Dann bin ich erst mal sauer, dann sag ich: «Du bist doch blöd, hau bloß ab, mich brauchst du gar nicht erst anzureden», aber daß ich z. B. auf einen losgehe mit Fäusten und so, so nicht.*

Vier weitere Kinder verweisen ausdrücklich darauf, daß sie bei Streit nicht tätlich werden: «*Hauen tun wir uns nicht, nur Streitgespräche*» (Carsten, 12), «*Wir kloppen uns nicht, nur mündlich*» (Regine, 12). Während die jüngeren Kinder beim Streiten «aneinandergeraten», handelt es sich bei den älteren um eine **Auseinandersetzung**, wie Stefan, 12, es beschreibt: «*Hauen nicht, nur auseinandersetzen, also Ausdrücke.*»

Ein knappes Drittel der Kinder spricht auch von körperlichen Streitformen, verweisen jedoch darauf, daß nur ein ernsthafter Streit in Tätlichkeiten ausarten kann – und deshalb riskant ist:

I.: *Kannst du dir vielleicht mal vorstellen, wenn ihr euch mal ernsthaft streiten würdet, wie sieht das aus?* – Katja, 12: *Na ja, erst mal mit Reden, so «Das stimmt nicht. – Das stimmt doch».* – I.: *Hm.* – K.: *Und dann irgendwie, dann erst mal vielleicht kloppen oder so.* – I.: *Hm.* – K.: *Dann muß man sich erst mal wieder 'ne neue Freundin suchen.*

Im Vergleich zu den jüngeren Kindern ist es für unsere älteren charakteristisch, zwischen schwerwiegenden und leichten Streitigkeiten zu unterscheiden. Fast ein Viertel der befragten Kinder betont, daß sie sich mit ihren Freunden «nicht ernsthaft» streiten. Heftiger und häufiger Streit wird, wie im vorigen Kapitel beschrieben, als Ursache für die Beendigung der Freundschaft angesehen.

Einige Kinder thematisieren, daß sie sich beim Streiten mit Freunden zurückhalten müssen, z. B. mit beleidigenden Worten. So würde Christian, 10 Jahre, dem Freund nicht sagen: «*Du Idiot, mit dir spiele ich nicht mehr*», sondern eine abgeschwächte Form wählen: «*Ein bißchen blöde bist du hier oben.*» Er erkennt, daß man die Selbstachtung des anderen nicht zu sehr verletzen darf, damit eine Versöhnung möglich ist.

Tanja, 12, meint, es müsse mit der Freundin erst mal geklärt werden, «*ob die es auch verträgt*», daß man sich streitet, und «*ob die es auch ein bißchen so sieht*», daß man sich manchmal streiten muß: «*Das muß man erst mal ausprobieren*». Wenn die Freundin nämlich keinen Streit mag, «*dann muß man eben versuchen, daß man immer nett zueinander ist*». Das ist offenbar keine leichte Aufgabe, und Tanja bevorzugt das Streiten und nimmt in Kauf, daß die Freundin dann «*mal eben ganz sauer*» ist. Aus Tanjas Worten wird die Einsicht deutlich, daß die Pflege der freundschaftlichen Beziehungen das Hervorkehren positiver sozialer Verhaltensweisen erforderlich macht und somit eine Impuls- und Verhaltenskontrolle motivieren kann.

Als **Gründe** für Streit werden von den älteren Kindern ebenfalls solche aufgeführt, die von den jüngeren Kindern genannt wurden: **unterschiedliche Besitzansprüche** (ist der Radiergummi meiner oder ihrer) ebenso wie **unterschiedliche Handlungswünsche** (*«meistens streiten wir uns, wo wir hin wollen»).*

Michaela, 12: *Wenn ich jetzt zum Beispiel irgend etwas spiele und sie will das partout nicht spielen, oder ich lese gerade, und sie will dann ausgerechnet dieses Buch. Dann fangen wir auch manchmal an zu streiten.*

Aus Michaelas Äußerung geht hervor, daß die Tatsache der unterschiedlichen Handlungswünsche nicht automatisch, wie bei den jüngeren Kindern, den Streit auslöst, sondern nur *«manchmal»*. Ältere Kinder haben also gelernt, mit Divergenzen besser umzugehen.

Aggressive und provozierende Verhaltensweisen des anderen werden von sechs Kindern als Streitursachen genannt, wobei sich die Aggressivität des anderen körperlich oder sprachlich äußern kann: *«Der stellt ein Bein oder sagt so Ausdrücke.»* Die älteren Kinder erkennen auch zumeist, daß die Verletzung nicht wie aus heiterem Himmel erfolgt, sondern daß sie von beiden ausgehen kann.

Viola, 10: *Na ja, wenn man was hat und der ärgert einen, schubst einen und so – dann fängt man an zu kloppen oder … Er fängt an, und dann fängt man praktisch mit an. Oder man sagt: «Du Dummer!», und dann fängt der auch an.*

Zwei Mädchen verweisen darauf, daß die «bösen Worte» nicht ohne Ursache fallen, sondern Reaktion auf eine unerwünschte Verhaltensweise des andern sein können.

Marion, 10: *Der einen gefällt es nicht, was man sagt, und – hat sie mal bei mir gemacht, beim Schwimmen, da bin ich rausgegangen, und sie hat mir die Tür zugehalten, und da hat sie plötzlich losgelassen, und ich bin dann gegen die Wand gehauen, und da hab ich gesagt: «Du blöde Kuh!»*

Als neue Kategorie von Streitgründen tauchen bei den älteren Kindern **Meinungsverschiedenheiten** auf, die von mehr als der Hälfte der Kinder ausdrücklich genannt oder in Beispielen beschrieben werden. Der Begriff der Meinungsverschiedenheiten beinhaltet die Erkenntnis, daß <u>beide</u> am Konflikt beteiligt sind. Allerdings beziehen sich die von den Kindern genannten Beispiele nur auf eng umgrenzte Bereiche, meistens auf äußerliche Sachverhalte (*«Sie hatte 10 Mark in der*

Hand! – Nein, sie hatte 20 Mark in der Hand!» – «Wer der stärkste Mann der Welt ist»), oder auf unterschiedliche Ansichten beim Lösen einer Aufgabe, wie Juliana es schildert:

I.: *Streitest du dich manchmal mit deiner Freundin?* – Juliana, 12: *Ja* (lacht). *Das gehört, finde ich, dazu.* – I.: *Und worüber?* – J.: *Eigentlich meistens Meinungsverschiedenheiten.* – I.: *Gib doch mal ein Beispiel!* – J.: *Also, wir machen eine Matheaufgabe, und ich sage: «So wird das gemacht!» Und sie ist fest überzeugt, daß es anders gemacht wird, dann kann man einen Streit bekommen.* – I.: *Und wie streitet ihr euch?* – J.: *Man behauptet, daß man selbst immer recht hat, und...* – I.: *Werft ihr euch dann Ausdrücke an den Kopf?* – J.: *Ja.* – I.: *Haut ihr euch?* – J.: *Ja, am Ende manchmal. Oder manchmal geht sie oder ich einfach weg dann, und dann tue ich so, als ob ich nichts mehr mit ihr zu tun haben will.*

Juliana «*tut so, als ob...*» und läßt erkennen, daß für sie die freundschaftliche Beziehung trotz des Streits weiterbesteht und nicht, wie die jüngeren meinen, unterbrochen wird.

Drei Kinder geben als Ursache von Streit **Untreue und Verrat** des Freundes an. Dazu beispielhaft der zwölfjährige Stefan. Er streitet sich manchmal mit seinem Freund, «*wenn es um andere Freunde geht.*» – «*Er kann ja auch mal mit anderen spielen. Aber wenn er mit anderen zusammenhält und dann auf mir herumhackt, dann finde ich das nicht so gut. Ich verstehe sehr viel Spaß, aber wenn er so was macht...*»

Auch wenn der Freund sich nicht an Abmachungen hält und eine konkurrenzorientierte Situation entsteht, kann es zum Streit kommen:

Christian, 12: *Wenn man zusammen irgendwas will, z. B. irgend so ein Referat zusammen machen soll, und der eine, der macht es dann einfach, ohne einem das zu sagen. Der arbeitet dann vor, und irgendwie kommt man sich dann blöd vor, weil man da selber nichts dran getan hat, und der andere, der ist dann der Hauptaktive.*

Thomas, 12, meint, er streite sich «*meistens*» aus einem «*albernen Grund*»: «*Meistens hat man eigentlich gar keinen Grund, sich zu hauen.*»

Die hier von den Kindern genannten Streitgründe sind also im wesentlichen eher harmloser Art («eben Meinungsverschiedenheiten»). Ernsthafter Streit, der sich an Dominanzkämpfen, Bruch von Freundschaftsnormen wie Geheimnisverrat und Untreue oder an Beziehungsproblemen entzündet, ist für diese Kinder meist ein Grund für den Abbruch von Freundschaftsbeziehungen.

Arten der Streitbeilegung: Zum Vertragen gehören zwei

Die von den meisten jüngeren Kindern vertretene Auffassung, der Streit würde verschwinden, wenn einer von beiden Kontrahenten einfach das Feld verläßt (weggehen) oder eine rituelle Formel ausspricht (*«Wollen wir uns wieder vertragen?»*, Entschuldigung sagen), findet sich in ihrer ausschließlichen Form nur bei sechs älteren Kindern. Für den zwölfjährigen Alexander ist Weggehen die beste und einzige Lösung. Der zehnjährige Stefan schlägt vor: *«Daß wir uns am nächsten Tag beieinander entschuldigen.»* Alle anderen Kinder sind der Ansicht, daß zum Vertragen doch gewisse Bedingungen zu erfüllen sind. So findet Jennifer, daß die Freundin zumindest die Zustimmung zur Streitbeendigung geben muß.

Jennifer, 10: *Wenn man einfach sagt: «Wollen wir uns wieder vertragen.» Und wenn die auch mit einverstanden sind, dann ja. Aber das nutzt bei uns sowieso nichts, wir streiten bald wieder.*

Bei der Mehrzahl der Kinder deutet sich also, mehr oder weniger ausdrücklich formuliert, die Erkenntnis an, daß zum Vertragen zwei gehören. Das entspricht ihrer Einsicht, daß auch an der Streitentstehung beide beteiligt sind. Aus diesem Grund spielen auch äußerliche und einseitige Lösungen, wie sie von den jüngeren Kindern genannt wurden (weggehen, einfach auf den begehrten Gegenstand verzichten, vergessen), kaum noch eine Rolle. Wenn sie genannt werden, dann als eine Möglichkeit unter anderen sowie in ihrer **psychologischen** (und nicht in ihrer räumlichen) Bedeutung. So trennt man sich nach einem Streit und geht weg, um sich erst einmal zu beruhigen (Michael, 12) oder um sich abzulenken, indem man etwas anderes macht. Das «Vergessen», das von drei Kindern genannt wird, ist eher eine großmütige Geste, die zur Versöhnung beiträgt und ermöglicht, daß die Beziehung unbelastet fortgesetzt werden kann. Auch das von einigen wenigen Kindern genannte «Nachgeben» oder «Einlenken» hat eine psychologische Dimension. Sechs Kinder betonen, daß sie manchmal um des lieben Friedens willen einfach nachgeben und dem anderen recht geben.

I.: *Was tut ihr denn, damit der Streit wieder aufhört?* – Hans-Jürgen, 12: *Da gibt er oder ich, da geben wir dann nach, und «Na, vielleicht hast du recht gehabt» oder so was.*

Katrin, 12: *Ihr denn halt eines geben und denn halt den Mund halten und nichts sagen oder so. Einfach nicht, na, drauf ansprechen, was sie redet oder so, und dann hört se schon von ganz alleine auf.*

Das Ignorieren spricht auch Christian an, allerdings nicht mit großer Überzeugung.

Christian, 10: *Na, wenn einer doofe Kuh sagt, und dann soll man leise sein, nicht darauf achten, dann hört der andere auch wieder auf, hat meine Mutti mir jedenfalls gesagt.*

Vergleichbar den Ansichten einiger Achtjähriger, entsteht in den Augen mancher zehn- und zwölfjähriger Kinder Streit häufig dann, wenn eine Handlung des einen dem andern nicht gefällt. Entsprechend sehen sie es als eine Konfliktlösungsmöglichkeit an, daß diese Handlung «zurückgenommen» wird. Das kann auf vielerlei Arten geschehen, zum Beispiel dadurch, daß man sagt: *«Es war nicht so gemeint»* (Thomas, 10), *«Das war ja nur ein Spiel»* (Carsten, 12) bzw. nur Spaß, wie Sven es schildert:

Sven, 12: *Wir machen das immer so* (das Vertragen)*: Wenn der eine den anderen beleidigt, dann kommt der andere hin und sagt: «He, war nur ein Spaß», und dann vertragen wir uns wieder.*

Als eine weitere Art der **symbolischen Zurücknahme einer Handlung** kann man die Entschuldigung ansehen, die von drei Mädchen angesprochen wird. Diese Entschuldigung ist von anderer Qualität als das rituelle Sich-einfach-Entschuldigen, das die jüngeren Kinder erwähnen. Es geht darum, daß derjenige, der den Streit begonnen hat, sein Unrecht einsieht und den anderen um Versöhnung bittet.

Auch das Bedauern gehört zur Kategorie der «Zurücknahme» einer Handlung.

I.: *Wie könnte man denn so einen Streit beenden?* – Tanja, 12: *Na ja, nett, irgendwie. Ich glaube nicht, daß beide gleichzeitig zum gleichen Zeitpunkt oder, ich glaube erst mal, daß einer daran denken würde: «Jetzt müßte ich aber wirklich mal wieder mit ihr zusammen sein, denn, das fehlt einem dann irgendwie doch, 'ne Freundin.» Dann muß man irgendwie, na, zu einem gehen und sagen: «Du, Julie, das tat mir aber echt leid und so. Wollen wir nicht jetzt noch mal zusammensein? Das können wir ja dann noch mal besprechen, warum wir das gemacht haben» – oder irgendwie so.*

Aus Tanjas Äußerung wird sehr schön deutlich, daß die Motivation zur Aufrechterhaltung der Beziehung (*«Das fehlt einem dann irgendwie doch, 'ne Freundin»)* zum Bereden des Problems und zum Kompromißschließen führen kann. Tanja sagt nicht nur einfach «Entschuldigung», sondern verweist darauf, daß sie es auch ehrlich meint (*«tut mir echt leid»)*.

Wie Tanja erwähnen drei weitere Mädchen ausdrücklich das «**Bereden**» als Konfliktlösungsmöglichkeit. Ein Junge, André, 10, zitiert seine Lehrerin: «*Frau L. hat gesagt, wenn man weggeht, dann ist es natürlich doof. Mit Reden kann man's ja auch machen.*»

Zwei Jungen sagen auf Befragen, daß sie nicht darüber reden, sondern den Streit einfach vergessen.

I.: *Und redet ihr auch über die Gründe, warum ihr euch gestritten habt?* – Stefan, 12: *Eigentlich nicht. Ist dann eigentlich immer vergessen.* – I.: *Was tut ihr denn, damit der Streit wieder aufhört?* – St.: *Manchmal laden wir uns auch selbst ein zu einem Eis oder so.*

Auch Carsten feiert die Versöhnung mit seinem Freund, indem sie etwas Schönes zusammen machen:

I.: *Und was passiert dann, ihr habt Streitgespräche, und später?* – Carsten, 12: *Später versöhnen wir uns dann wieder. Dann ist alles vergessen... Wir versuchen, uns wieder zu versöhnen und zusammen baden gehen.* – I.: *Und redet ihr dann über den Streit?* – C.: *Wir reden nicht mehr über den Streit. Haben wir vergessen.*

Die am häufigsten von den älteren Kindern genannte Möglichkeit der Streitbeendigung besteht darin, daß sie sich auf eine **Lösung** einigen, die **dem Willen beider** entspricht.

Michael, 12: *Daß sie einen Mittelweg finden. Zum Beispiel, wenn einer sagt: «Nein, wir tun es nicht!» Der andere sagt: «Wir tun es doch!», daß sie sagen: «Okay, dann tun wir's eben morgen!»*

Regina schlägt vor, wenn beide etwas Unterschiedliches wollen: «*Beides machen, das zusammenbringen. Wir bringen das so zusammen, daß wir dann so spielen und gleichzeitig bauen.*»

Holger, der als Streitursache «*eben verschiedene Meinungen*» nennt, gibt als Lösung an: «*Wir einigen uns irgendworauf... Vielleicht einen anderen Vorschlag, wo beides drin ist.*»

Feststellen, wer recht hatte, häufig verbunden mit der Forderung, daß der Schuldige sein Unrecht auch einsieht und zugibt, ist eine weitere von sechs Zwölfjährigen genannte Möglichkeit der Streitbeilegung.

Juliane, 12: *Wenn ich jetzt zum Beispiel in der Matheaufgabe nicht recht gehabt habe, dann würde ich das auch einsehen und mich wieder mit ihr vertragen und mich entschuldigen.*

Auch für Sven ist der Streit beendet, wenn der andere einsieht und zugibt, daß er unrecht hatte.

Sven, 12: *Na ja, ich würde ihm erst mal die Meinung sagen, und wenn er dann selber sagt: «Okay, das war nicht richtig von mir», dann würde ich mich wieder mit ihm vertragen.*

Sven erkennt aber auch, daß das Sich-Vertragen nicht einseitig ist.

I.: *Kann denn einer alleine sich vertragen wieder?* – S.: *Einer alleine?* – I.: *Hm.* – S.: *Mit sich selber? Nee, das geht nicht, müssen schon immer zwei sein. Nämlich alleine, wenn man sich einredet, ja, also, jetzt hab ich mich wieder vertragen und den Anlaß gar nicht ausgesprochen, na, dann bildet der sich nur was ein.* – I.: *Hm.* – S.: *Dann ist das nur Einbildung.*

Zwei Mädchen versichern sich bei der Versöhnung, daß sie beide etwas recht hatten, so Astrid:

Astrid, 12: *Wenn ich das dann blöde finde, daß ich mich mit ihr streite, dann gehe ich dahin und sage: «Wollen wir uns nicht wieder vertragen?» Und die ist dann auch relativ vernünftig, und dann sagt sie auch: «Na, o. k., vertragen wir uns wieder!» Dann sagt der eine: «Eigentlich hattest du ja recht!» – «Aber eigentlich du auch!» Und dann sprechen wir eigentlich darüber. Einmal wußten wir gar nicht mehr, warum wir uns gestritten haben!* (lacht) *Das war so blöde!*

Indem beide sich gegenseitig recht geben bzw. sich Schuld zusprechen, stellen sich beide auf eine Stufe, umgehen Vorwürfe und vermeiden, daß eine das Gesicht verliert.

Die meisten älteren Kinder erkennen also, daß beide einen Beitrag zur Streitbeendigung zu erbringen haben und daß der andere in irgendeiner Form zu besänftigen ist. Mit zunehmendem Alter wird Freundschaft als zweiseitige Beziehung gesehen und Konfliktlösung als ein **Aushandlungsprozeß**, der von beiden Beteiligten und **zur beiderseitigen Zufriedenheit** zu leisten ist.

Schlußbemerkungen

Die hier vorgestellten Ergebnisse stimmen gut überein mit einer Befragung amerikanischer Kinder, die der Psychologe Selman durchgeführt hat, dessen Interviewmethode wir ja übernommen haben. Er stellte bei Kindern drei Stufen der Konfliktlösefähigkeiten im Rahmen von Freundschaftsbeziehungen fest:

Niveau 0: körperliche Konfliktlösungen
Kinder dieser Stufe können den Unterschied zwischen innerpsychischen Erfahrungen und konkreten, äußerlich beobachtbaren Verhaltensweisen nicht bewußt wahrnehmen. Ihre Vorschläge zur Lösung von Konflikten sind äußerlich: Weggehen von der Quelle des Konflikts (nach dem Motto: Aus den Augen, aus dem Sinn) oder körperliche Gewalt («Hau sie k. o.!»).

Niveau 1: einseitige Konfliktlösung
Auf dieser Stufe können die Kinder zwischen Handlungen und den dahinterstehenden Absichten und Gefühlen des anderen unterscheiden und den Blickwinkel des anderen berücksichtigen. Allerdings gelingt es den Kindern jeweils nur, <u>eine</u> Person bzw. <u>einen</u> Blickwinkel bewußt wahrzunehmen. Konflikte entstehen nach Auffassung dieser Kinder dann, wenn die Handlung eines Beteiligten den Unmut des anderen verursacht, d. h., die Ursache des Konflikts wird nur bei einem einzelnen gesehen. Konfliktlösungsmöglichkeiten bestehen darin, die problematische Handlung zurückzunehmen oder in irgendeiner Weise ungeschehen zu machen bzw. denjenigen, der sich geärgert hat, durch bestimmte Gesten, wie Geschenke, wieder zu versöhnen.

Niveau 2: kooperative Konfliktlösung
Auf dieser Stufe ist das Kind zu selbstreflexivem Denken fähig und erkennt, daß auch der andere über diese Fähigkeiten verfügt. Es kann nun gleichzeitig die Perspektive des anderen mitberücksichtigen und erkennt, daß an einem Konflikt zwischen Freunden beide beteiligt sind und daß auch beide an einer Lösung aktiv mitwirken müssen.

Die Antworten unserer Kinder lassen sich gut in dieses Modell einordnen. Die Fünf- bis Achtjährigen haben Lösungen auf dem Niveau 0 und 1 parat, die Zehn- und Zwölfjährigen auf dem Niveau 1 und 2. Allerdings fehlen bei unseren Kindern Antworten vom Typ Beschwichtigen des Freundes durch Geschenke. Auch bei den Mechanismen zur Freundschaftsbildung war von den deutschen Kindern das Beschenken nicht erwähnt worden. Demgegenüber tauchen in unserer Stichprobe drei interessante Arten von Antworten auf, von denen bei Selman nicht die Rede ist.

Erstens: Die Fünf- und Sechsjährigen berichten, daß sie häufig erwachsene Erziehungspersonen einschalten, die den Streit stellvertretend für die Kinder schlichten sollen. Eine Erklärungsmöglichkeit dafür wäre, daß amerikanische Kinder dazu neigen, ihre Konflikte untereinander selbst zu lösen, und von Erwachsenen unabhängiger sind. Eine allerdings schon etwas ältere Untersuchung deutet in diese Richtung. Boehm (1957) hatte festgestellt, daß amerikanische im Vergleich zu Schweizer Kindern eine größere Unabhängigkeit von Erwachsenen aufwiesen. Man mag sich auch fragen, ob deutsche Eltern häufiger direktiv bei Konflikten zwischen Kindern eingreifen und eine stärkere Kontrolle ausüben.

Zweitens: Die Achtjährigen betonen die Bedeutung von sprachlichen und gestischen Ritualen des Sich-Vertragens, vor allem das «Sich-die-Hand-Geben». Das Ende der meist tätlich verlaufenden Auseinandersetzungen bzw. der «Waffenstillstand» wird durch das Händeschütteln besiegelt, was gleichzeitig Nichtaggressivität und Gesprächsbereitschaft signalisiert.

Drittens: Bei den zwölfjährigen Kindern spielt bei der Konfliktbeilegung die Feststellung, wer recht hatte, eine große Rolle. Aus dem Streit geht dann derjenige siegreich hervor, der im Recht war – dies ist sicherlich schon eine fortschrittlichere Lösung gegenüber dem «Recht des Stärkeren» oder Überlegenen. Wer im Unrecht war, muß dies einsehen und akzeptieren. Es ist unmittelbar einleuchtend, daß diese Art der Aushandlung für die geistige Entwicklung der Kinder förderlich ist: «Der Beweis ist aus der Diskussion entstanden», wie Piaget betont.

Zum Abschluß sei noch darauf verwiesen, daß die vorliegenden Beobachtungsstudien an deutschen Kindern die Entwicklungsabfolge und die Altersabhängigkeit der von unseren Kindern genannten Konfliktlösungsmuster bestätigen. Nickel/Schmidt-Denter (1980) stellten fest, daß Vorschulkinder ihre Streitigkeiten am häufigsten durch aggressive Durchsetzungstechniken einerseits und Rückzugsverhalten oder das Hinzuziehen eines Erwachsenen andererseits beenden. Konstruktive Lösungsformen (definiert als: Lösungsvorschläge machen, erklären, sachlich ablehnen, zustimmen) traten nur höchst selten auf. Nickel/ Schmidt-Denter interpretieren ihre Ergebnisse aus der Sicht von Erwachsenen, die eine Konfliktlösung nach dem Prinzip der «niederlagelosen Methode» und des beiderseitigen Interessenausgleichs betrachten. Sie bezeichnen deshalb die bei ihren Kindern beobachteten Formen der Konfliktlösung als Vermeidungsverhalten und als nicht wünschenswerte bzw. unangemessene Lösungsform: «Sie kommt einer Niederlage gleich bzw. einem Sieg des Konfliktgegners, der sich mit in der Regel aggressiven Mitteln durchgesetzt hat» (S. 42).

Was hier aus Erwachsenensicht als unangemessen bezeichnet wird, ist aber – wenn man die Auffassungen der Kinder über Streit berücksichtigt – durchaus angemessen und sinnvoll: Jüngere Kinder betrachten Streit als momentane körperliche Auseinandersetzung, die man eben am besten dadurch beendet, daß man mit dem Schlagen aufhört. Dies ist aus Kindersicht eine pragmatische und höchst einleuchtende Lösung. Wenn Nickel/ Schmidt-Denter feststellen, daß «alle aggressiven Merkmale… mit deutlich überwiegender Wahrscheinlichkeit eine erneute Konfliktreaktion des Gegners hervor(rufen)» (S. 42), so erscheint die Ansicht der Kinder, einer allein könne den Streit beenden, nämlich indem er aufhört oder weggeht, durchaus als vernünftig. Offenbar wird von den jüngeren Kindern bei ihrem Nachdenken über den Streit die Situation nicht nach dem Gewinner-Verlierer-Prinzip interpretiert.

Oswald/Krappmann (1988) beobachteten ebenfalls einen Altersunterschied in der Streitbeilegung. Jüngere Kinder zeigten häufiger Lösungen, in denen die Interessen des anderen nicht berücksichtigt wurden. Mit zunehmendem Alter erstrebten die Kinder Verständigung durch den Austausch von Argumenten, berücksichtigten beide Seiten und orientierten sich am Grundsatz der Gleichheit der Freunde.

Der Vergleich mit diesen Beobachtungsstudien läßt die Folgerung zu, daß die von uns befragten Kinder in ihren Selbstauskünften über Streit und Konfliktlösung durchaus ein realistisches Bild ihres Verhaltens zeichnen können. Gleichzeitig machen die Äußerungen der Kinder deutlich, daß wir vor allem jüngeren Kindern nicht gerecht werden, wenn wir ihr Streit- und Konfliktlösungsverhalten aus dem Blickwinkel von Erwachsenen deuten und bewerten. Was zivilisierten Erwachsenen wahrscheinlich irritierend und befremdlich erscheint, ist für Kinder aufgrund ihrer Sichtweise und ihrer Auffassung von sozialer Beziehung höchst plausibel und angemessen: Für sie ist die körperliche Auseinandersetzung eine natürliche, selbstverständliche Art der Selbstbehauptung, und für sie gilt eine Moral der strengen Vergeltung: «Wie du mir – so ich dir» oder «Auge um Auge». Eltern und Pädagogen, die sich darüber vielleicht entrüsten, mögen bedenken, daß solche Auffassung offenbar eine notwendige Voraussetzung für die Weiterentwicklung zu einer abwägenden moralischen Einstellung ist, die auch die Perspektive des anderen einbezieht und die zu der Erkenntnis verhilft, die auch die Heldin in Margaret Atwoods Roman «Katzenauge» aufgrund der leidvollen Erfahrungen mit ihrer Freundin schließlich gewinnt: «Auge um Auge führt nur zu noch mehr Blindheit» (1990, S. 473).

Renate Valtin und Sabine Walper:

«Klären Sie es – Schlagen ist sinnlos!»

Was Kinder über Strafe denken

«Wo Eltern und Lehrer schlagen, dort wachsen Rosen», so lautet ein türkisches Sprichwort. Aber auch deutsche Sprichwörter wie: *«Wer nicht hören will, muß fühlen»*, oder: *«Kinder, die was wollen, kriegen was auf die Bollen»,* belegen, daß «empfindliche» Strafen durchaus zum Katalog gängiger Erziehungsmaßnahmen gehören. Körperliche Bestrafungen sind allerdings heftig umstritten. Beleg dafür ist auch die kontrovers geführte Diskussion um Schläge in der Erziehung, die sich über mehrere Ausgaben der Zeitschrift «Eltern» hinzog (1990 und 1991). Körperliche Züchtigungen sind in einigen Ländern (z.B. Großbritannien, Deutschland) zumindest in der Schule, in anderen (Schweden) selbst in der Familie verboten. In der Mehrheit der Länder gelten Schläge allerdings als selbstverständliches Erziehungsmittel, das nicht nur faktisch an der Tagesordnung, sondern auch religiös bzw. kulturell-normativ sanktioniert ist. So werden etwa in der Türkei Schläge gegen Kinder und Frauen unter Berufung auf den Koran als «Gabe des Himmels» befürwortet.

Nun sind Strafen in ihrer Form und Ausgestaltung ein weites Feld. Im pädagogisch-psychologischen Sinne bedeutet Bestrafung den Einsatz verschiedenartiger Erziehungsmittel. Zu ihnen gehören einerseits die Zufügung unangenehmer, als schmerzhaft empfundener Reize – seien sie eher physisch-direkt (Schläge) oder verbal (Tadel, Ausschimpfen, die berühmte «Predigt») –, andererseits auch ein Entzug von Privilegien (Fernsehverbot, Stubenarrest, kein Nachtisch). Bloßstellungen können ebenfalls als Strafe eingesetzt werden, allerdings empfinden Kinder sie erst von einem gewissen Alter an als schmerzlich oder angsteinflößend.

Das Nachdenken über die Wirksamkeit und Angemessenheit von Strafen, besonders von körperlichen Strafen, ist so alt wie die Pädagogik selbst. Von den einen werden sie als Allheilmittel gepriesen: Der störrische Eigenwille des Zöglings sei zu brechen und die Befolgung moralischer Regeln sei ihm «einzubleuen». Von den anderen werden sie als Angriff auf die Würde des Menschen abgelehnt: Das Kind soll aus den «natürlichen» Folgen seiner Missetaten lernen – so die seit Rousseau bekannte aufklärerische Version des Strafkonzepts.

Wir wollen uns hier nicht aus der Sicht von Erwachsenen mit dem Für und Wider von Strafen in der Erziehung auseinandersetzen, sondern die «Betroffenen», d. h. die Kinder, befragen was sie selbst über Strafen denken: Erwartet ein Kind nach begangener Missetat Strafen von den Eltern? Soll es sich den Eltern offenbaren? Oder sich lieber den Eltern und der zu erwartenden elterlichen Strafe durch Geheimhaltung des Delikts entziehen? Soll ein Freund eingeweiht werden? Darf es vom Freund Verschwiegenheit erwarten? Und insbesondere: Wie verändern sich diese Erwartungen mit dem Alter der Kinder? Hierbei betrachten wir zunächst die von den Kindern genannten Strafen, gehen danach auf die sozialen Konsequenzen der Missetat ein, nämlich Beeinträchtigungen des Ansehens des Täters bzw. der Täterin in den Augen anderer, und befassen uns schließlich mit den «moralischen» Reaktionen Gleichaltriger, also Disziplinierungen der Kinder durch Kinder, sowie mit dem schlechten Gewissen der Missetäter.

Einige Forschungsergebnisse zur Beurteilung von Strafe durch Kinder

Schon in den zwanziger Jahren wurden Untersuchungen zum Thema Schulstrafen im Urteil von Betroffenen durchgeführt. Droege (1926) befragte Kinder nach Schulstrafen und nach ihren Gründen, warum sie eine Strafe als schwer oder leicht empfinden. Seine Untersuchung umfaßt einerseits ein «Massenexperiment», in dem über 1400 Kinder im Alter von neun bis fünfzehn Jahren schriftlich befragt wurden, und eine Einzelbefragung , wobei er übrigens auch mit einem Metermaß arbeitete, so daß die Kinder die Schwere einer Strafe in Zentimetern angeben konnten (Sitzenbleiben kam auf 98 cm, der Stock auf 66 cm und der strafende Blick des Lehrers auf knappe 1 cm). Als Gründe für die Schwere einer Strafe nannten die Kinder vor allem die Furcht vor den Eltern. Bei den Knaben spielte noch der körperliche Schmerz und bei den Mädchen die Scham vor den Mitschülern eine Rolle. Überhaupt berücksichtigten die Mädchen häufiger Personen ihrer Umgebung. Droege berichtet von starken geschlechtsspezifischen Unterschieden: Jungen waren mehr an den handfesten bzw. pragmatischen Folgen von Schulstrafen orientiert, sie beklagten den körperlichen Schmerz bei Stockschlägen, den Nachteil schlechter Zensuren für den späteren Lebensweg und die Mühsal bei der Anfertigung von Strafarbeiten. Den Mädchen standen eher die sozialen Folgen ihrer Bestrafung vor Augen, sie sorgten sich um den Eindruck, den sie auf wichtige Bezugspersonen machen würden. Droege bescheinigt ihnen daraufhin ein «größeres Ehrgefühl». Diese Interpretation ist sicherlich diskutabel. Tatsächlich haben Mädchen, so zeigen neuere Untersuchungen (vergl. Horstkemper 1987), bei regelwidrigem Verhalten in der Schule auch mehr zu verlieren als Jungen. Mädchen, die aus der Rolle fallen, werden in der Gleichaltrigengruppe und auch vom Lehrer abgelehnt, Jungen können durch Regelverletzungen Draufgängertum, Mut und «Männlichkeit» beweisen und ihren Status unter den Mitschülern verbessern. Wir vermuten, daß Mädchen diesen Sachverhalt realistisch einschätzen und deshalb stärker sensibilisiert sind für die sozialen Folgen der Bestrafung. – Jenseits dieser geschlechtsspezifischen Unterschiede kommt Droege zu dem Schluß, daß die von ihm befragten Kinder «pädagogisch denken», da sie einen dreifachen Zweck mit der Schulstrafe verbinden: Vergeltung, die jedoch mit zunehmendem Alter in den Hintergrund tritt, sowie Abschreckung und Besserung, die vor allem von den älteren Kindern genannt werden.

Eine andere wichtige Untersuchung zu unserem Thema stammt von Piaget (1986, ursprünglich 1932). Er befragte Kinder nach der Berechtigung verschiedener Strafarten und dem Verhältnis zwischen den Taten und ihrer Vergeltung. Dabei konfrontierte er Kinder mit Geschichten, in denen ein Missetäter verschiedene Strafen zu gewärtigen hatte, und fragte, welche die gerechteste sei.

Hier ein Beispiel: Ein kleiner Junge wird von der Mutter gebeten,

Brot zu kaufen. Er trödelt aber herum, vergißt es, und schließlich ist zum Abendessen kein Brot da. Wie soll man ihn strafen? Welche Strafe soll der Vater wählen? 1. dem Jungen verbieten, am nächsten Tag auf dem Jahrmarkt Karussell zu fahren, wozu er große Lust hat, 2. ihm nichts zu essen geben oder 3. ihm bei nächster Gelegenheit ebenfalls eine Gefälligkeit verweigern. Als der Junge einmal nicht allein seine Spielsachen vom Schrank holen kann, verweigert der Vater ihm die Hilfe mit der Begründung, das Kind sei der Mutter auch nicht gefällig gewesen (vgl. Piaget, 1986, S. 244/5).

Piaget beobachtete zwei unterschiedliche Auffassungen von Strafe:

- Strafe wird – vor allem von jüngeren Kindern – als Vergeltung betrachtet, das heißt, sie wird als gerecht und notwendig angesehen, und sie ist wirksam insofern, als das Kind durch den fühlbaren Schmerz zum Gehorsam gebracht wird. So argumentiert Fil (6 Jahre): «*...Wenn ich also ein Kämmerchen hätte, würde ich ihn bis zum Abend hineinstecken und ihm eine tüchtige Ohrfeige geben. Und wenn ich einen Stock hätte, würde ich nichts anderes tun als ihn hauen.*» Von den drei Strafen wählt er die erste, weil «*er gern Karussell fahren würde, das würde ihn dann sehr ärgern*» (Piaget, 1986, S. 255).
  Für die jüngeren Kinder gehört Strafe so unweigerlich zu Regelübertretungen, daß sie ein Konzept der «immanenten Gerechtigkeit» vertreten, demzufolge die Strafe der Übertretung auf dem Fuße folgt. So sind Kinder der festen Überzeugung, daß ein Knabe – Akteur einer weiteren Geschichte von Piaget – nur deshalb von einer morschen Brücke fällt, weil er einen Diebstahl begangen hat.
- Andere Kinder, dies sind in der Mehrzahl ältere von etwa neun Jahren an, betrachten die Vergeltung nicht als moralisch notwendig. Ihr Konzept von Strafe ist auf Gegenseitigkeit gegründet: Die Strafe wird dann als gerecht angesehen, wenn sie dem Missetäter in ähnlicher Weise das antut und somit vor Augen führt, was er verbrochen hat. Dies sind beispielsweise Strafmaßnahmen, die eine Wiedergutmachung beinhalten, dem Schuldigen die Folgen seiner Missetat spürbar machen, ihn die Bedeutung seines Vergehens verstehen oder den Bruch der sozialen Bindung fühlen lassen. In den Augen der Kinder reichen hierbei Erklärungen oder auch Tadel aus.
  Hier ein Ausschnitt aus dem Gespräch mit Nus (11 Jahre):

Er meint zwar spontan: «*Ich hätte ihn verhauen*», vertritt aber im Verlauf des Interviews eine andere Meinung.

I.: *Der Papa dachte an drei Strafen ... Welche hältst du für die gerechteste?* – N.: *Ihm auch keinen Gefallen zu tun.* – I.: *Hältst du dies für gerechter als hauen oder für weniger gerecht?* – N.: *Gerechter.* – I.: *Warum?* – N. (zögernd): *Weil man ihm ungefähr dasselbe tut, was er getan hat.* – I.: *Und welches ist die gerechtere von den beiden anderen?* – N.: *Ihm kein Brot zu geben.* – I.: *Warum?* – N.: *Weil er keins geholt hat* (Piaget, 1986, S. 261).

In einer weiteren Befragung ging es Piaget darum festzustellen, ob Kinder auch von der Berechtigung und dem **pädagogischen Nutzen** der Strafe überzeugt seien. Hier eine der Geschichten, die Piaget den befragten Kindern erzählte:
(A) Ein Junge nimmt heimlich aus Vaters Schreibtisch Papier, um zeichnen zu können, während der Vater bei der Arbeit ist. Nach seiner Rückkehr entdeckt der Vater die Unordnung und das Fehlen des Papiers und gibt, da er sehr ärgerlich ist, seinem Jungen eine ordentliche Tracht Prügel.
(B) Es handelt sich um dasselbe Vergehen von einem anderen Jungen. Dessen Vater reagiert jedoch mit einer Erklärung: «*Wenn du nicht da bist, wenn du zur Schule gehst, wenn ich dir dann alle deine Spielsachen aus dem Schrank stehlen würde, wärest du nicht zufrieden. Wenn ich also nicht da bin, darfst du auch nicht mein Papier stehlen. Das ist nicht nett mir gegenüber.*» Nun spielt nach einigen Tagen jeder von den beiden Jungen in seinem eigenen Garten. Der, welcher bestraft, und der, welcher nicht bestraft worden war. Da fanden sie beide einen Bleistift, den ihr Papa verloren hatte. Doch sagten sie sich, daß niemand je etwas davon erfahren würde, wenn sie den Bleistift stehlen würden, und daß es keine Strafe geben würde.

Nun hat einer der beiden Jungen den Bleistift für sich behalten, und der andere hat ihn seinem Papa zurückgebracht. Rate, welcher ihn zurückgebracht hat (Piaget, 1986, S. 264/5)?

Fast alle Sechs- und Siebenjährigen und die Hälfte der älteren Kinder waren von der Wirksamkeit der Strafe überzeugt. Dazu das Beispiel eines Achtjährigen:

I.: *Welcher hat den Bleistift zurückgegeben, der, der bestraft worden ist, oder der, welcher nicht bestraft worden ist?* – Bol: *Der, welchen man bestraft hatte.* – I.: *Was hat er sich gesagt?* – B.: *Er hat sich gesagt: «Ich will nicht mehr bestraft werden.»* (!) – I.: *Und was hat der andere sich gesagt?* – B.: *Er hat sich gesagt: «Da man mich vorher nicht bestraft hat, wird man mich diesmal auch nicht bestrafen.»* – I.: *Welcher von den beiden Papas war gerechter?* – B.: *Der, welcher straft.* – I.: *Wenn du Papa wärest, hättest du gestraft?* – B.: *Ich hätte gestraft.* – I.: *Hättest du gehauen?* – B.: *Ich hätte ihn ins Bett gesteckt.* -I.: *Welcher von den beiden Papas war der feinere Kerl?* – B.: *Der, welcher nicht gestraft hat.* – I.: *Welcher von den beiden Jungen war der nettere?* – B.: *Der, den man bestraft hat.* – I.: *Wenn du gestohlen hättest, möchtest du, daß man dich strafte oder daß man es dir erklärte?* – B.: *Daß man mich strafte.* – I.: *Muß man strafen?* – B.: *Ja.* – I.: *Geht es um so besser, je mehr man straft?* – B.: *Das bessert* (Piaget, 1986, S. 267/8).

Zu beachten ist an diesen Aussagen, daß das Kind die Folgsamkeit mit der Furcht vor weiteren Strafen begründet. Dies offenbart nach Kohlberg (1974) ein niedriges moralisches Niveau (Stufe 1).

Die älteren Kinder waren eher der Meinung, auf das Vergehen eines Schuldigen sollten die Eltern nicht mit Strafe antworten, sondern mit Erklärungen und einer Aussprache, die an die Gegenseitigkeit der Beziehung appelliert. Diese Kinder waren auch überzeugt, derartige Erklärungen seien wirksamer zur Vorbeugung neuer Vergehen als die Strafe. Dazu als Beispiel die Antworten eines Neunjährigen:

I.: *Welcher hat es (den Bleistift) zurückgegeben?* – C: *Der, welchem der Papa es erklärt hat.* – I.: *Warum?* – C.: *Weil man ihn nicht bestraft hatte.* – I.: *Und was hat der andere sich gesagt?* – C.: *Ich kann es wohl nehmen. Papa wird nichts merken.* – I.: *Welcher von den beiden Papas war der gerechtere?* – C.: *Der, welcher nicht bestraft hat.* – I.: *Was ist gerechter, strafen oder nicht strafen?* – C.: *Nicht strafen.* – I.: *Aber im allgemeinen, wer ist netter zu seinem Vater, der, den man oft straft, oder der, den man nicht straft?* – C.: *Der, welchem man es erklärt hat.* – I.: *Ist es besser, die Kinder zu bestrafen oder es ihnen zu erklären?* – C.: *Erklären.* – I.: *Warum?* – C.: *Weil man es nachher nicht mehr tut.* – I.: *Was ist besser, erklären und dann bestrafen oder erklären und verzeihen?* – C.: *Erklären und dann verzeihen* (Piaget, 1986, S. 271).

Piaget führt die beiden Arten der Einstellung zur Strafe auf unterschiedliche Moraltypen zurück: Das Konzept der Sühne entspricht der Moral der Heteronomie und der reinen Pflicht, die durch den moralischen Zwang der Erwachsenen geformt wird; das Kind nimmt die Vorschriften der Erwachsenen an und befolgt sie aus Gehorsam, aber ohne inneres Pflichtgefühl. Der Begriff der auf Gegenseitigkeit beruhenden Strafen entspricht der Moral der Autonomie und gegenseitigen Achtung. Beziehungen, die durch gegenseitige Achtung, Gleichheit und Wechselseitigkeit charakterisiert sind (für Piaget sind dies im wesentlichen die Beziehungen unter gleichaltrigen Kindern), rufen im Individuum das innerliche Bedürfnis hervor, den anderen so zu behandeln, wie man selbst behandelt werden möchte. Als Konsequenz auf ein Vergehen reicht es aus, den Schuldigen spüren zu lassen, daß er das Band der Solidarität verletzt hat.

In zahlreichen Nachuntersuchungen wurden Piagets Ergebnisse im wesentlichen bestätigt. Mit zunehmendem Alter sprechen sich Kinder gegen **Vergeltung** und Sühne und für Strafen des Typs **Wiedergutmachung** und Gegenseitigkeit aus. Dieser Entwicklung entspricht eine Abnahme des Glaubens an die immanente Gerechtigkeit, wobei allerdings kultur- und religionsspezifische Einflüsse deutlich werden. (Der Glaube, daß Gott die Sintflut oder Krankheiten, wie die Pest, zur Bestrafung der sündigen Menschheit schickt, war ja auch in unserem Kulturkreis unter Erwachsenen durchaus weit verbreitet.)

Bislang kaum untersucht wurde, welche handlungsmotivierende Bedeutung die Strafe und die Straferwartung für Kinder hat, d. h. wie Handlungsstrategien nach einem Vergehen durch die jeweilige Erwartung von Bestrafungen beeinflußt werden.

Fragestellung der Untersuchung

In unserer Untersuchung wollen wir feststellen, wie Kinder über den Umgang mit Missetätern denken und welche Rolle dabei die von den Eltern zu erwartende Strafe spielt. Hierzu wurden Kinder mit Geschichten konfrontiert, in denen ein Kind seinem Freund eine Missetat gesteht (Geld aus Mutters Portemonnaie nehmen und sich dafür ein Eis kaufen, Feuer in einer Garage anzünden), um die Reaktionen der Befragten auf diese hypothetischen Situationen zu erfassen. Dabei geht es um Fragen wie: Soll die Missetat den Eltern mitgeteilt oder lieber verheimlicht werden? Erwarten die Kinder eine Strafe durch die Eltern? Soll der Missetäter ungeschoren davonkommen? Oder zur Wiedergutmachung und/oder Einsicht in die Schlechtigkeit seines

Verhaltens gebracht werden? Denken die Kinder über soziale Folgen der Regelübertretungen nach? Spielen für sie Schuldgefühle des Missetäters eine Rolle?

Wie in der bisherigen Forschung zum moralischen Urteil üblich, behandeln wir Vorstellungen und Überlegungen, die Kinder uns über das Verhalten in *hypothetischen* Situationen mitteilen, nicht deren *reales* Verhalten. Es liegt jedoch die Annahme nahe, daß die Situationsdeutung eines Kindes auch Auswirkungen auf sein tatsächliches Verhalten haben wird: Je nachdem, ob Kinder z. B. Strafe als gerecht oder ungerecht ansehen, werden sich daraus unterschiedliche Konsequenzen für ihr Verhalten ergeben, zum Beispiel Gestehen oder Vertuschen einer Missetat.

Methode

Die hier geschilderte Untersuchung ist Teil eines umfassenderen Projekts zur Erforschung der Entwicklung der Begriffe «Geheimnis» und «Petzen» bei Kindern. Dabei ging es uns um die Erfassung von Stellungnahmen zu hypothetischen Situationen, in denen die Freundschaftsnorm der Verschwiegenheit in Konflikt steht mit dem Aufrichtigkeitsgebot den Eltern gegenüber. Den Kindern wurden Geschichten erzählt, wobei die Akteure der Geschichte, die zusätzlich auf Fotos zu sehen waren, das gleiche Geschlecht wie die Befragten aufwiesen. Hier der Inhalt in der Fassung für Mädchen: Christiane erzählt Eva, daß sie heimlich ihrer Mutter Geld aus dem Portemonnaie gestohlen habe, um sich ein Eis zu kaufen (Dilemma A), bzw. ein Feuer in einer leeren Garage gemacht habe (Dilemma B). Evas Mutter kommt hinzu. Auf ihre Frage: *«Habt ihr was angestellt?»* teilt Eva ihr sofort das Vergehen der Freundin mit.

Es handelt sich um eine Einzelbefragung, die von einer geschulten Interviewerin (Kindergärtnerin und Lehrerin) durchgeführt wurde. Die Interviews wurden auf Tonband aufgenommen und abgeschrieben. Nach Darlegung der Geschichte wurde zunächst durch verschiedene Fragen sichergestellt, daß die Kinder die Geschichte verstanden hatten (was in der Regel der Fall war). Dann wurden sie gefragt, wie sie den Vorgang bewerten, wie sie selbst in dieser Situation gehandelt hätten und warum, ob ein Geheimnis in dieser Geschichte besteht und ob eine Freundin bzw. ein Freund, die/der später hinzugekommen ist, davon in Kenntnis gesetzt werden solle. Zwischen den beiden hier geschilderten Dilemmata wurden die Kinder zu einer Geschichte befragt, in der es um die Geheimhaltung einer Überraschung für Mutters Geburtstag ging. Damit sollte eine mögliche Fixierung auf kindlichen Ungehorsam vermieden werden.

Die Stichprobe umfaßt 100 Berliner Schüler, je 10 Mädchen und 10 Jungen der Altersstufen 5, 6, 8, 10 und 12. Die Kinder stammen aus einer Grundschule (die in Berlin sechs Jahrgangsklassen umfaßt) mit schichtmäßig ausgewogener Zusammensetzung.

Zur Datenauswertung

Die Auswertung umfaßte fünf Schritte, in denen geprüft wurde,

1. wie viele Kinder bei jedem der beiden Dilemmata der Meinung sind, die Missetat des Freundes bzw. der Freundin müsse den Eltern offenbart bzw. verheimlicht werden, und welche Rolle die Strafe der Eltern dabei spielt.
2. wie häufig im Gesamtinterview von den Kindern Strafe als elterliche Reaktion auf die Normüberschreitungen (Geld stehlen, Feuer machen) genannt wird, welche Art Strafen dies sind und wie die Betroffenen darauf reagieren.
3. wie häufig Kinder im Gesamtinterview soziale Strafen thematisieren und welche Rolle die Antizipation sozialer Strafen in ihren Argumentationen spielen.
4. wie Kinder mit dem Missetäter umgehen: ob er ungeschoren davonkommen soll und welche Methoden der Wiedergutmachung sie vorschlagen. In diesem Zusammenhang ist auch interessant, wie sie über die Schuld des Missetäters denken. Daher wurde in einem weiteren Auswertungsschritt analysiert,
5. in welchen Begriffen Kinder über Gewissen und Schuld reden und welche Methoden der «Gewissensentlastung» sie vorschlagen.

Für jede Fragestellung wurde geprüft, ob sich Alters- und Geschlechtsunterschiede ergeben.

Ergebnisse

1. Gestehen oder verheimlichen der Missetat?

Betrachten wir zunächst die Antworten der Kinder auf die Fragen: *«Was hättest du getan, wenn dein Freund (deine Freundin) dir erzählt hätte, er (sie) hätte Geld gestohlen bzw. ein Feuer gelegt? Meinst du, daß die Eltern das wissen sollen?»* Alle Kinder hatten verstanden, daß die Akteure der Geschichte (Christian bzw. Christiane) etwas Falsches getan hatten.

Im Vergleich der beiden Delikte (Diebstahl, «Zündeln») unterscheiden sich die Reaktionen der Kinder nicht wesentlich voneinander. Bedeutsam sind jedoch die Altersunterschiede in der Entscheidung für Verschweigen oder Gestehen der jeweiligen Regelübertretung: Während jeweils etwa drei Viertel der jüngeren Kinder (Fünf- und Sechsjährige) für eine Offenlegung der beiden Vergehen den Eltern gegenüber eintreten, sprechen sich jeweils zwei Drittel der älteren Kinder (Acht-, Zehn- und Zwölfjährige) für ein Verschweigen aus.

Die Kinder setzen sich aus höchst unterschiedlichen Erwägungen für das Verheimlichen bzw. das Gestehen der Missetat ein. Betrachten wir zunächst, ob und wie häufig die Kinder bei ihrer Begründung auf eine zu erwartende Strafe durch die Eltern verweisen, so finden sich noch keine Altersunterschiede: Bei knapp der Hälfte der Befragten auf jeder Altersstufe ist das der Fall. Die Reaktionen auf diese drohende Strafe sind jedoch alterstypisch: Die jüngeren (fünf- und sechsjährigen) Kinder sind trotz erwarteter Strafe für ein Gestehen der Missetat, während sich die älteren (acht-, zehn- und zwölfjährigen) Kinder in der Mehrzahl für die Geheimhaltung des Vergehens entscheiden. Die Tabelle gibt für beide Geschichten (Diebstahl und Feuer) getrennt an, wieviel Prozent der Kinder eine Strafandrohung thematisieren und für welche Strategie – Geheimhaltung oder Gestehen – sich diese Kinder entscheiden.

Tabelle: Prozentzahl der Kinder, die eine Strafandrohung thematisieren, und ihre Reaktion (bezogen auf Dilemma Diebstahl und Feuer)

	Thematisierung der Strafandrohung		**Geheimhaltung**		**Gestehen trotz der Strafandrohung**	
Dilemma	Diebstahl	Feuer	Diebstahl	Feuer	Diebstahl	Feuer
Altersgruppen						
Jüngere	40	38	15	18	25	20
Ältere	53	40	45	33	8	7
Gesamt	48	39	33	27	15	12

Insgesamt befürwortet knapp ein Drittel derjenigen Kinder, die auf eine zu erwartende Strafe hinweisen, das Vergehen vor den Eltern offenzulegen. Die Begründungen dafür lassen sich in zwei unterschiedliche Kategorien einordnen, die im nächsten Auswertungsschritt näher betrachtet werden sollen.

2. Zur Rolle der Strafe in den Argumentationen der Kinder

Um Aufschluß darüber zu gewinnen, welche Rolle eine möglicherweise von den Eltern zu erwartende Strafe in den Argumentationen der Kinder spielt, wurden nicht nur die Gründe für die gewählte Strategie berücksichtigt, sondern alle Äußerungen der Kinder im Verlauf des Interviews zu den beiden Dilemmata Diebstahl und Feuerlegen. Hierbei zeigt sich, daß die Strafandrohung als Argument für die individuelle Entscheidung, ob die Missetat des Freundes zu gestehen oder zu verheimlichen sei, nur von knapp der Hälfte der befragten Kinder in jeder Geschichte erwähnt wurde (s. obige Tabelle). Im Gesamtinterview wurden Strafen jedoch sehr viel häufiger thematisiert, z. B. dergestalt, daß der Missetäter selbst Angst vor der elterlichen Strafe habe.

Da sich die Reaktionen der Kinder auf die Dilemmata nicht statistisch bedeutsam unterscheiden, wollen wir als Einheit dieser Auswertung das einzelne Kind nehmen und fragen: Wie viele Kinder erwähnen überhaupt eine Strafe, um welche Art von Strafe handelt es sich, und welche Rolle spielt die Strafe für die Handlungsentscheidung der Betroffenen? Insgesamt thematisieren zwei Drittel der Kinder (n = 68) Strafen als Reaktion der Eltern auf das Vergehen, wobei sich keine Unterschiede zwischen den Altersstufen ergeben. Die genannten Strafarten lassen sich wie folgt einordnen (die jeweilige Anzahl der Nennungen ist in Klammern angegeben, wobei einige Kinder auch zwei Strafen nennen):

- unspezifisch: «Ärger kriegen», «bestraft werden», Mutter wird «böse» (n = 31)
- verbale Strafen: «schimpfen», «Mecker» bzw. «Ausmecker kriegen» (n = 37)
- körperliche Strafen: «Haue, Haue», «Kloppe», «Dresche», «Hintern vollkriegen» (n = 17)
- Stubenarrest, ins Bett schicken (n = 8)
- Polizei, Gefängnis, Kinderheim (n = 4).

Psychologisch gesehen überwiegen bei den von den Kindern genannten Strafen solche des Typs «Zufügen aversiver Reize». Strafen vom Typ «Entziehen von Privilegien» werden sehr selten genannt. Übrigens sind keinerlei geschlechtsspezifische Unterschiede zu verzeichnen. Die Erwartung, daß Jungen häufiger von körperlichen Strafen betroffen seien und sie folglich auch häufiger thematisieren, bestätigt sich hier also nicht. Daß insgesamt «nur» ein Sechstel der Kinder von körperlichen Strafen spricht, mag vielleicht als erfreuliches Anzeichen einer liberaleren Erziehungspraxis der Eltern heute gedeutet werden.

Welche Rolle spielt nun diese Strafandrohung in der Argumentation der Kinder zu den hypothetischen Situationen? Die Betroffenen gehen keineswegs einheitlich mit der Strafandrohung um. Während sich die meisten für ein Verheimlichen des Vergehens entscheiden, gibt es für die Offenlegung der Tat vor den Eltern zwei unterschiedliche Motive: das Gestehen und die Entgegennahme der Bestrafung als «gerechter» oder «verdienter» Strafe und das Geständnis als strafmildernder Akt, der allerdings häufig aus taktischen Gründen erfolgt: Die eigene Offenheit den Eltern gegenüber erspart oder mindert den Ärger, man hat sozusagen den Bonus der Ehrlichkeit. Betrachten wir die beiden Reaktionsarten näher.

a) Die «gerechte Strafe»

Die folgenden Interviewausschnitte zum Dilemma «Diebstahl» verdeutlichen beispielhaft die Argumentation der Kinder, die die Strafe als verdiente Reaktion auf ein Vergehen betrachten.

Dennis (6 Jahre)
I.: *Fandest du es richtig, daß der Thomas es seiner Mutter sagte* (daß Christian Geld gestohlen hat)? – D.: *Ja ... Damit die Mutter von dem Thomas die Mutter von dem Christian anrufen kann.* – I.: *Warum soll sie das machen?* – D.: *Damit sie Bescheid weiß, was er gemacht hat.* – I.: *Warum soll sie das wissen?* – D.: *Wenn die nach Hause kommt und dann schimpft die Mutter mit ihm ... Der Christian soll ausgeschimpft werden.* – I.: *Warum denn?* – D.: *Weil er das gemacht hat.* – I.: *Was hättest du gesagt, wenn du die Mutter gewesen wärest?* – D.: *Hätt' ich gesagt, dann hätt' er Stubenarrest gekriegt.* – I. (etwas irritiert): *Was würdest du sagen als Mutter?* – D.: *Daß er gleich 'nen Po vollkriegt.*

Hier handelt es sich um ein aufschlußreiches Mißverständnis zwischen Interviewerin und Kind. Die Interviewerin fragt zweimal nach, worüber bzw. wie die Mutter mit dem Missetäter schimpfen würde. Dennis selbst ist offenbar der Meinung, die Interviewerin fände die Bestrafung nicht streng genug, und reagiert mit einer Steigerung der Strafen – vom Schimpfen über Stubenarrest zu «Po voll kriegen».

Milana (6 Jahre)
I.: *Was soll die Mutter dann machen?* – M.: *Ein bißchen schimpfen mit ihr.* – I.: *Warum denn?* – M.: *Na, weil sie das nicht tun durfte.*

Stefan (6 Jahre) findet, die Mutter solle vom Feuerlegen des Sohnes unterrichtet werden.

I.: *Warum denn?* – St.: *Dann hätte er Ärger gekriegt von seiner Mutter.* – I.: *Ja, und das findest du richtig?* – St.: *Ja ... Dann könnte er nicht mehr raus.*

Während einige Kinder – so lassen die Interviews vermuten – die Strafe als folgerichtige Reaktion auf eine Missetat ansehen und für sie die Sache mit Entgegennahme der Strafe offensichtlich bereinigt ist, verbinden einige Anhänger dieses Konzepts der gerechten Strafe aber auch explizit eine pädagogische Funktion mit der Strafe: nämlich die Vorbeugung weiterer Missetaten.

Kora (5 Jahre): *Hätte ich das ihrer Mutter gesagt, und dann müßte sie ihr den Po vollhauen ... weil sie das sonst noch mal wegnimmt.*

Michael (6 Jahre): *Das finde ich so richtig, daß die Mutter das weiß.* –

I.: *Warum denn? Was soll sie denn machen?* – M.: *Schimpfen … Das dürfen Kinder nicht machen … Und dann hätte der Christian sagen müssen: «Na gut, ich mach das dann halt nicht mehr.» Dann soll er es auch nicht mehr machen.*

In diesen Äußerungen der Kinder deutet sich ein Strafkonzept an, das Strafe durch die Abschreckung als Mittel zur Verhinderung weiterer Vergehen ansieht. Dazu noch ein weiteres Zitat von **Rico (8 Jahre)**, dem einzigen Kind der höheren Altersstufe, bei dem das Konzept der verdienten Strafe auftaucht:

Rico: *Ich hätte es auch gesagt, damit der Christian nicht mehr stiehlt. Na ja, damit er sich das merkt, dann kriegt er ja erst mal Ausmecker, und dann merkt er sich ja das dann.*

Die Strafe als Merkhilfe ist in der «schwarzen Pädagogik» wohlbekannt. Der pädagogische Zweck der Strafe liegt in der Abschreckung und Unterlassung weiterer Vergehen – nicht in der Besserung des Missetäters. Dieser Gedanke, der Missetäter müsse zur Einsicht der Unrechtmäßigkeit seines Tuns geführt werden, wird erst auf späteren Altersstufen von den Kindern ausgeführt – aber die Kinder sehen die Strafe nicht als geeignetes Mittel zu diesem Zweck an.

Ein weiterer Gesichtspunkt beim Konzept der verdienten Strafe ist interessant: Die Kinder zählen recht ungerührt die Strafen auf, die der Missetäter zu gewärtigen habe: Stubenarrest, Po oder Hintern voll, ins Bett geschickt werden, ausmeckern und Schimpfe. In den Fällen, in denen die Interviewerin nachfragte, waren die Kinder dennoch sehr wohl in der Lage, sich in die Rolle des Betroffenen zu setzen und dessen Ängste und Sorgen zu teilen.

So findet es **Andrea (5 Jahre)** richtig, daß die Mutter mit der Missetäterin schimpft, und begründet dies mit dem Hinweis darauf, daß dann weiterer Schaden verhindert werden könne.

Auf die Frage der Interviewerin: «*Und wie fühlt sich dann die Christiane?*» antwortet Andrea: «*Ganz traurig, weil, dann bekommt sie ja auch Ärger und wahrscheinlich auch 'n Po voll und so.*»

Auch **Patrick (6 Jahre)** ist dafür, «*daß er dann den Po vollkriegt und so*». – I.: *Und wie fühlt sich der Christian jetzt?* – P.: *Er ist traurig.*

Diese Kinder wenden hier eine moralische Regel an, die einen anderen empfindlich trifft, und sind auch zur Empathie mit den Betroffenen fähig. Da sie die Bestrafung jedoch als verdient ansehen, die sich der Missetäter selbst zuzuschreiben hat, führt ihre Empathie nicht zur

«Begnadigung» des Täters. Das Primat der Vergeltung steht für sie im Vordergrund. Erst die älteren Kinder beginnen hier abzuwägen. Während die hier beschriebenen Kinder der Ansicht sind, der Missetäter müsse seiner verdienten Strafe zugeführt werden, sind die Kinder der anderen Gruppe darüber völlig anderer Meinung.

b) Das Verheimlichen der Missetat aus Furcht vor Bestrafung des Freundes

Die Kinder, die zu dieser Gruppe gehören, sind der Meinung, daß verbotene oder gefährliche Taten keinesfalls mitgeteilt werden dürften. Solche Reaktionen sind zwar auf allen Altersstufen zu beobachten, kommen jedoch häufiger bei den Älteren vor. Hierzu einige Zitate:

Uta (6 Jahre): *Ich würde* (der Mutter) *sagen: «Nö, wir haben nichts angestellt.* – I.: *Warum?* – U.: *Damit man keinen Ausmecker bekommt, einfach. Na, wenn ich das jetzt gesagt hätte, meiner Mutter, daß ich Geld gestohlen hätte, dann hätte die mir nämlich den Hintern vollgehauen.*

Uta pocht auf ihr «Recht auf Strafvermeidung», das auf ihre eigene Person bezogen ist.

Florian (12 Jahre) hat sich eine Regel zurechtgelegt: «*Alles, was verboten ist, darf man nicht* weitersagen – ***das ist so 'ne Regel****, finde ich… Dann kriegt der* (Übeltäter) *Ärger.»*

Auch **Christian (10 Jahre)** ist gegen das Ausplaudern: «*weil ich es* ***ungerecht*** (!) *finde, dann kriegt er Ausmecker».*

Bei Florian ist nicht deutlich, ob der Schutz sich selbst oder dem Freunde gilt, die übrigen vertreten die Auffassung: Es ist erlaubt und gerechtfertigt, den Freund vor der drohenden Strafe zu schützen. Bei ihnen steht die Wahrung des Geheimnisses und die Solidarität unter Freunden im Mittelpunkt ihrer Argumentation. Sie erklären sich ausdrücklich dazu bereit, die Mutter anzulügen, um das Vergehen des Freundes zu vertuschen.

Dazu **Mario (10 Jahre):** «*Die Mutter anzulügen ist besser, als das Geheimnis des Freundes zu verraten.»* Die Missetaten des Freundes geraten angesichts der Freundespflicht, dichtzuhalten, aus dem Blickfeld bzw. werden bagatellisiert.

Martin (12 Jahre) hätte die Mutter angelogen: «*weil, ich wüßte ja, meine Mutter würde bei der Mutter anrufen , und der würde dann* ***wegen mir*** (!) *Ärger kriegen, und das wollte ich nicht.»*

Norbert (12 Jahre) meint: «*Wenn Thomas da eigentlich wegen 'ner*

Lappalie (Geld stehlen!) *seinen Freund verrät, das ist eigentlich nicht richtig.»*

Wie wir noch später sehen werden, haben trotzdem die meisten der Kinder, die sich für eine Geheimhaltung des Fehlverhaltens aussprechen, das Empfinden, daß die Tat gesühnt werden müsse, z. B. durch Wiedergutmachung oder durch Belehrung des Missetäters (siehe dazu die Ausführungen unter Punkt 4).

c) Die taktische Offenheit

Kinder, deren Argumentationen unter diese Kategorie fallen, haben offenbar zwei Erfahrungen im Laufe ihrer Erziehung gemacht:

1. Die Wahrheit kommt häufig genug ans Licht, und
2. der Ärger fällt noch größer aus, wenn die Eltern merken, daß die Kinder ihr Vergehen vertuscht haben.

Aus diesen Erfahrungen ziehen sie die taktische Konsequenz: Die eigene Offenheit den Eltern gegenüber erspart oder mindert den Ärger. Auch in der Strafjustiz wirkt sich das Geständnis des Delinquenten ja schuldmindernd aus. Folgende Beispiele verdeutlichen, daß einige der Kinder das Geständnis als taktisches Manöver verwenden:

Patrik (6 Jahre): *«Dann hätte er nicht so dolle Schimpfe gekriegt, wenn er es selber gesagt hätte.»*

David (10 Jahre): *«Jetzt meckert die Mutter nicht, jetzt weiß sie es»* (daß er den Diebstahl begangen hat).

Daniel (12 Jahre): *«Wenn er es seiner Mutter sagt, da ist ja nichts mehr Schlimmes an sich. Na schlimm doch, aber nicht mehr soviel da dran. Dann weiß es ja seine Mutter auch.»*

Offenheit ist anscheinend schon eine Art Entschuldigung. Ein anderer zwölfjähriger Junge, der wohl die Verständnisbereitschaft von Eltern überschätzt, meint in bezug auf das Delikt des Feuerlegens: *«Wenn er es selber sagt, sind ja die Eltern auch fröhlich.»*

Ein weiteres, spezifisches Argument für die Offenheit den Eltern gegenüber wird von einem älteren Kind angeführt: *«Wenn einer von der Familie das sagt* (Beispiel Geld stehlen), *ist es leichter, als wenn ein Fremder das sagt. Da schämt sich auch die Mutter und wird dann sauer.»* Hier werden offenbar auch Besonderheiten der Beziehung zwischen Eltern und Kindern – das innerfamiliäre Ehrlichkeitsgebot und die Abgrenzung der Familie nach außen – berücksichtigt.

Betrachten wir die Altersverteilung der Argumentationen für Offenheit trotz Straferwartung, so ergibt sich ein klarer Trend: Das Konzept der «verdienten» Strafe taucht nur bei den jüngeren Kindern auf. Die Achtjährigen sprechen sich – bis auf einen Anhänger der verdienten Strafe – für das Verheimlichen der Missetat des Freundes aus. Die im wesentlichen taktisch begründete Offenheit findet sich – mit der einen Ausnahme eines Sechsjährigen – nur bei den Zehn- und Zwölfjährigen.

3. Vermeidung sozialer Strafen

Als weiteres Motiv für das Verschweigen der Missetat – neben der Vermeidung elterlicher Strafen – wird von einigen Kindern das Vermeiden sozialer Reaktionen der anderen, die das Fremd- bzw. Selbstbild des Schuldigen betreffen, genannt. Die soziale Strafe, die zu einer Beeinträchtigung des «Gesichts» des Schuldigen bei Bekanntwerden seines Vergehens führt, kann unter zwei Gesichtspunkten betrachtet werden, einmal aus der Perspektive des Dritten, der vom Vergehen erfährt und mit Mißbilligung reagiert, zum anderen aus der Perspektive des Missetäters, der bei der Bloßstellung Scham und Peinlichkeit empfindet. Das Begreifen dieses Konzepts der sozialen Strafe setzt ein gewisses Maß an Selbstreflexion voraus, deshalb ist es nicht verwunderlich, daß nur ältere Kinder, nämlich vierzehn zehn- und zwölfjährige, hiervon sprechen. Es handelt sich um vier Jungen und zehn Mädchen. Dabei ergeben sich interessante geschlechtsspezifische Unterschiede in bezug darauf, wessen Perspektive eingenommen und in welcher Ausführlichkeit die Situation geschildert wird. Drei Jungen und ein Mädchen berufen sich auf das Fremdbild und würden die Information über das Vergehen des Freundes einem Dritten gegenüber zurückhalten, wobei die Begründung der Jungen lautet: weil *«man nicht weiß, was der andere über ihn denkt»* (Tim, 10 Jahre) bzw. der *«andere denkt schlecht über ihn»* (Nikolas, 12 Jahre). Das zehnjährige Mädchen argumentiert: *«Eva soll es nicht sagen, damit die Mutter keinen schlechten Eindruck von der Freundin bekommt»*, bzw. meint, die Freundin solle es selber sagen, denn wenn *«sie es selber sagen würde, dann würde die Mutter vielleicht keinen schlechten Eindruck von ihr haben, weil sie es ja dann sagen würde von sich aus»*. Diese Argumentation, daß ein Geständnis schuldmindernd wirkt, haben wir schon kennengelernt. Zwei weitere Mädchen berücksichtigen beide Perspektiven. Hier die Überlegungen der zwölfjährigen **Natalie**: Sie würde es der Mutter *«nicht im Beisein von der Christiane sagen… Der Mutter das einfach mal so kurz unter die Nase schieben, im Beisein von Christiane, das finde ich nicht gut… Wenn sie nicht dabei wäre, die Christiane, dann wäre es hinterm Rücken, aber das ist auch gemein.»* Sie würde es verschweigen, denn sonst *«wird die Mutter ja auch einen schlechten Eindruck von der Christiane kriegen.»*

Die übrigen Kinder, acht Mädchen und ein Junge, versetzen sich bei ihrer Argumentation in die Lage der/des Schuldigen. Der Junge meint (auf Befragen), dem Missetäter sei es *«peinlich»*. Auch hier sind die Argumentationen der Mädchen wieder ausführlicher:

Anuschka (12 Jahre) findet, Christiane würde es *«peinlich»* sein, wenn ihre *«Schandtat»* bekannt würde.

Fatma (12 Jahre) meint, Christiane würde sich *«erniedrigt»* fühlen, weil sie nun vor der Mutter *«wie eine Diebin»* dastehen würde. Wenn sie selbst so etwas angestellt hätte, *«wäre es ihr peinlich»*, aber sie könnte schon mit ihrer Freundin darüber *«direkt»* reden. Mit ihrer Mutter könne sie zwar auch *«über solche Sachen»* reden, aber *«irgendwie nur so stockend»*.

Ein weiteres Beispiel liefert **Gisela (10 Jahre):**
I.: *Fandest du es richtig, daß Eva es ihrer Mutter sagte?* – G.: *Vielleicht nicht, wo die Mutter grade dabei war, weil da blamiert man sich ja.* – I.: *Wen blamiert man?* – G.: *Die Freundin.* – I.: *Du sagtest, du hättest es der Mutter eventuell doch gesagt?* – G.: *Sonst bedrückt mich das irgendwie.*

In der letzten Äußerung deutet sich ein weiteres Konzept an, das in einem späteren Teil erörtert werden soll: sich durch Aussprechen erleichtern. Gisela und ein weiteres Mädchen würden es der Mutter zwar *«nicht im Beisein»* der Freundin, jedoch etwas später mitteilen, um der Freundin die Peinlichkeit zu ersparen. Diese Strategie des Gesichtswahrens der Freundin ist also ganz situativ bezogen. Andere Mädchen – wie Natalie (s. o.) – sind sich ebenfalls der Peinlichkeit für die Freundin bewußt, finden es aber *«hinterhältig»*, hinter dem Rükken der Freundin zu sprechen. Dazu ein weiteres Beispiel: **Diana (12 Jahre)** ist der Auffassung, die Sache mit dem Geldstehlen müsse mit der Mutter *«geklärt»* werden: *«Daß es dann geklärt würde mit der Mutter. Das ist doch viel besser, wenn es so ist.»* Allerdings berücksichtigt sie, daß es der Freundin *«auch ein bißchen unbehaglich ist»*, wenn ihr Vergehen ans Licht kommt, will es aber trotzdem in deren Beisein sagen, *«sonst ist es ja hinterhältig, einfach hinter dem Rücken zu sagen, was die* (Betroffene) *eigentlich gar nicht will».*

Insgesamt scheinen die Mädchen unserer Stichprobe ein sehr viel feineres Gespür für das Peinlichkeits- und Schamempfinden der bloßgestellten Missetäter zu haben als die Jungen. Hierin läßt sich einerseits eine Bestätigung der Konzeption einer «weiblichen Moral» von Carol Gilligan (1984) sehen, verdeutlichen diese Mädchen doch ein Verantwortungsbewußtsein, das durch die Fürsorge für die Freundin gekennzeichnet ist, während die Jungen, sofern sie den möglichen schlechten Eindruck der Missetat des Freundes thematisieren, auf Ansehen und Prestige ausgerichtet sind. Im ersten Fall steht eher die Perspektive der betroffenen Missetäterin, im zweiten eher die der urteilenden Autorität im Mittelpunkt.

Neben dieser «mädchenfreundlichen» Deutung ist jedoch auch eine andere Interpretationsmöglichkeit denkbar: Daß Mädchen dieser Altersphase, in der Vorpubertät, häufiger Strategien der Gesichtswahrung thematisieren, mag mit einer größeren Sorge um ihr Selbstbild begründet sein, das allerdings in Abhängigkeit von der Meinung und dem Urteil wichtiger Bezugspersonen gesehen wird. Belegt das Fehlen der selbst- und fremdbildorientierten Argumente der Jungen nun aber ein starkes, autonomes Selbstbewußtsein?

Wir sind eher der Meinung, daß auch Jungen dieser Altersstufe viel Wert auf die Bestätigung ihres Selbstwertgefühls durch andere legen, daß aber die Delikte des Feuerlegens und Stehlens für sie nicht ähnlich «gesichtsschädigende» Wirkungen haben wie für Mädchen. Dafür spricht, daß drei der von uns befragten Jungen durchaus auch Bewunderung für die Taten aufbringen. Zwei äußern zum Feuerlegen: *«Der hat ja was Tolles gemacht»* bzw. *«Das war ganz schön mutig, ne?»* Und der dritte meint, Christian könne sich mit seiner Tat unter Gleichaltrigen brüsten: *«daß er es als Erfolgsbotschaft so selbst verkünden möchte».* Die von uns gewählten Delikte, die immerhin noch als Wagemut, Risikobereitschaft und Abenteuerlust gedeutet werden können, sind für Jungen in der Vorpubertät vermutlich weitaus weniger peinlichkeitserzeugend als für Mädchen. Dieser Interpretation entsprechen auch Befunde von Döbert/Nunner-Winkler (1980). Sie stellten fest, daß männliche Jugendliche viel häufiger als weibliche kleinere Delikte (z. B. Eltern ein wenig Geld stehlen, Kaufhausdiebstahl) begangen hatten und dies im allgemeinen als «nicht weiter schlimm» beurteilten. Es liegt nahe, daß für männliche Jugendliche andere Normübertretungen peinlich sind, und zwar solche, die männlichen Rollenstereotypen eher zuwiderlaufen.

Ergebnisse aus unserem Gesamtprojekt bestätigen diese Vermutung. Die Kinder wurden ebenfalls befragt, wie sie reagieren würden, wenn ihr Freund/ihre Freundin bzw. sie selbst sich in der Schule in die Hose gemacht hätten. In diesem Fall sind es die Jungen, die in größerem Ausmaß die Peinlichkeit thematisieren und die Situation des Bloßgestellten höchst anschaulich schildern können. Hierzu ein Beispiel:

Florian (12 Jahre) meint, dieses Ereignis würde er seinem Freund nicht erzählen: *«Na, wäre mir zu peinlich!… Der wird es weitererzählen. Das würde ich, glaube ich, auch machen… Na, zumindest würde ich mich fast kaputtlachen darüber, wenn das meinem Freund passiert wäre… Und der schämt sich in Grund und Boden… Der Freund wird es weitererzählen und lachen… Und da würden wir alle vielleicht rumschreien: ‹Ääh, Christian hat sich in die Hosen gemacht!›»*

Die Jungen unserer Stichprobe sind also durchaus in der Lage, Scham- und Peinlichkeitsempfinden eines anderen nachzuvollziehen (*«er schämt sich in Grund und Boden»)*, und zwar in «ehrenrührigen» Situationen, die das männliche Selbstbild bedrohen, wie hier in bezug auf den Verlust an Körperkontrolle. Allerdings scheint nun die männliche Solidarität zu versagen; die Jungen befürchten, durch den Freund bloßgestellt zu werden. Wenn sie sich in die Hose gemacht hätten, würden es über drei Viertel der befragten Jungen sogar vor ihrem Freund geheimhalten, von den Mädchen würde ein Drittel das Mißgeschick verschweigen, die übrigen würden es der Freundin mitteilen, weil sie sich auf deren Diskretion verlassen können.

Die hier vorgelegten Daten bestätigen die These von Döbert (1988), daß bei der Frage nach der Existenz «weiblicher» bzw. «männlicher» Moralen der Inhaltsbereich des moralischen Urteils bedeutsam ist. Je größer die persönliche Betroffenheit, desto größer ist die Ausführlichkeit der Argumentation und die Berücksichtigung konkreter situativer Bedingungen. Allerdings lassen die von uns befragten Mädchen in peinlichen Situationen eine größere Rücksichtnahme gegenüber den Betroffenen erkennen, während für Jungen der «Unterhaltungswert» des Mißgeschicks zu dominieren scheint. Dies mag durchaus im Sinne von Gilligans (1984) These der weiblichen Moral zu deuten sein.

4. «Moralische» Reaktionen der Kinder auf die Missetat des Freundes

Bei den bisherigen Ausführungen sind nur die Reaktionen derjenigen Kinder berücksichtigt worden, die sich aus Angst vor elterlicher Strafe oder aus Sorge vor sozialen Strafen (Vermeidung von Mißbilligung sowie Scham und Peinlichkeit) für ein Verschweigen des Fehlverhaltens gegenüber den Eltern oder anderen Leuten aussprechen. Die berichteten Ergebnisse könnten leicht den Eindruck entstehen lassen, daß ältere Kinder recht «unmoralisch» argumentieren, da sie bedenkenlos das Vergehen des Freundes verschweigen würden, im Konflikt zwischen Freundschaftsnormen und Ehrlichkeitsgebot die Eltern belügen bzw. die Aufrichtigkeit den Eltern gegenüber allenfalls aus taktischen Gründen zwecks Strafminderung wählen würden. Dieses Verhalten betrifft allerdings ausschließlich die *Reaktion auf die Strafandrohung*. Die kindliche Moral scheint in diesem Punkt zu lauten: Strafvermeidung ist als Akt der Verteidigung des Freundes gerechtfertigt.

Das heißt aber nicht, daß alle Kinder den Missetäter «ungeschoren» davonkommen lassen wollen. Von den Kindern, die sich dafür aussprechen, die Missetaten zu verheimlichen, ist doch die Mehrheit der Ansicht, daß die Angelegenheit in irgendeiner Weise zu bereinigen sei. Die Kinder nennen dazu verschiedene Wege. Die **Wiedergutmachung** des Schadens ist einer davon. Dies wird vor allem im Dilemma Geldstehlen gefordert, da beim Dilemma Feuerlegen die Rücknahme der Handlung nicht möglich ist. Drei Kinder der jüngeren und 17 Kinder der älteren Altersgruppe (der Zehn- und Zwölfjährigen) fordern, daß der Missetäter das Geld heimlich in Mutters Portemonnaie zurücklegt oder daß er es ihr offen wiedergibt.

David (10 Jahre) hat zwei zusätzliche Vorschläge: daß man der Mutter einen Brief schreibt: *«‹Du, ich hab Dir das und das geklaut. Ich gebe es Dir wieder zurück. Das will ich auch wiedergutmachen›…Das kann der machen oder die beiden Freunde zusammen. Die können was basteln und es so wiedergutmachen.»* Dieser «**Ausgleich**» kann auch anders aussehen. Er könnte *«Geschenke basteln, und wenn er die Geschenke hat, geht er damit zur Mutter und sagt: ‹Das wollte ich nicht›»*.

Die Wiedergutmachung, gekoppelt mit einer **Entschuldigung**, wird auch von zwei weiteren Jungen befürwortet.

Vier weitere Kinder sprechen sich dafür aus, daß die Sache *«geklärt»* werden und *«ins reine kommen»* muß, wobei allerdings nicht klar wird, mit welchen Methoden das geschehen soll.

Als eine weitere Methode des Umgangs mit dem Missetäter empfehlen die Kinder die **Belehrung des Schuldigen**. Diese Belehrung besteht in der Regel darin, daß der Missetäter sich sagen lassen muß: *«Das darfst du nicht* (wieder) *machen.»* Es geht also im wesentlichen um eine Verhinderung weiterer Delikte, wobei sich eine altersmäßige Differenzierung feststellen läßt: In der Gruppe der jüngeren (fünf- bis achtjährigen) Kinder erwähnt nur ein Fünftel die Belehrung des Freundes, in der Gruppe der älteren (zehn- bis zwölfjährigen) Kinder tut dies über die Hälfte. Zudem werden für die moralische Belehrung unterschiedliche Instanzen gewählt: Bei den Jüngeren sollen es häufiger die Mütter sagen, bei den Älteren der Freund bzw. die Freundin. Dazu einige Zitate:

Christian (12 Jahre): *«Okay, behalten wir's für uns, sagen wir nichts weiter. Das lassen wir* (!) *aber in Zukunft. Das machen wir* (!) *nicht mehr.»*

Martin (12 Jahre) würde sagen: *«Mach das nicht noch mal, ist nicht gerade auch das Feinste* (Geldstehlen).»

Thomas (12 Jahre) schlägt vor: *«Mit ihm erst mal reden, ob es richtig war, was er sich dabei gedacht hat.»*

Bei zwei Mädchen ist ein stärkerer Tadel zu spüren:

Inka (12 Jahre): *«Au weia, was hast du angestellt? Bist du verrückt?»*

Fatma (12 Jahre): *Ich würde sie warnen: Noch einmal, ich würde es wirklich verpetzen!*

5. Das schlechte Gewissen des Missetäters

Neben Wiedergutmachung, Bereinigung und der Belehrung nennen die von uns befragten Kinder noch einen weiteren Aspekt des Fehlverhaltens, der allerdings direkt auf den Missetäter zurückfällt: Dem Schuldigen werden belastende gefühlsmäßige Reaktionen auf sein Fehlverhalten zugeschrieben, mit denen er fertig werden muß. Zwölf Kinder (sechs Zehnjährige und sechs Zwölfjährige) sprechen in dem Interview von Gefühlen, die mit Schuld und Gewissen zu tun haben (*«bedrückt sein», «Reue fühlen», «einen Stein auf dem Herzen haben»* bzw. *«sich gut fühlen»*, nachdem die Tat den Eltern gestanden wurde). Drei Kinder sprechen von einem *«schlechten Gewissen»*, zwei als Reaktion auf das Stehlen, ein Junge jedoch als Reaktion auf die Verletzung der Freundschaftsnorm (*«ich hätte ein schlechtes Gewissen, wenn ich den Freund verpfiffen hätte»*). Ein Mädchen meint, ein größeres Publikum würde die Schuldgefühle noch vergrößern: *«Sie fühlt sich noch schuldiger, weil alle es wissen.»*

Die beiden Mittel, die die von uns befragten Kinder empfehlen, um mit den Schuldgefühlen fertig zu werden, sind uns schon begegnet: die Wiedergutmachung und die Aussprache. Beide Reaktionen bezwekken also nicht nur eine Art Ausgleich durch den Täter, um das Opfer zu besänftigen und somit die Angelegenheit «faktisch» zu bereinigen, sondern entlasten den Täter auch psychologisch.

Melanie (12 Jahre) meint: *«Klauen tut man nicht, und wenn man es tut, dann hat man ein schlechtes Gewissen, und dann versucht man's wieder gutzumachen.»*

Neun andere Kinder wählen die Aussprache bzw. Beichte als Mittel zur Gewissensentlastung. Dazu exemplarisch die Ausführungen von **Norbert (12 Jahre):**

«Dann würde ich das irgendwann mal ***beichten*** (das Feuer), *wenn ich Christian wär. Ich meine, das ist wahrscheinlich eine* ***unheimliche Überwindung*** *für ihn... Aber das muß dann irgendwie sein... Dann hätt ich gehofft, daß er selbst sich* ***das Herz leichter macht****, indem er das verrät. Weil das muß ja 'ne* ***unheimliche Belastung*** *sein für den, wenn er solche Geheimnisse mit sich rumträgt... Denn wenn man so was Schweres angestellt hat, dann muß man sich irgendwann mal* ***freisprechen****... mit irgend jemanden darüber reden. Also, wenn überhaupt verraten wird, dann soll der es selber machen, damit er* ***sich das Herz erleichtert****, damit er* ***nicht mehr soviel Schuld auf sich spürt****... Man muß sich irgendwann mal* ***freisprechen, vor sich selbst****, sonst hat man immer 'n* ***schlechtes Gewissen****, und hoffentlich, hach, ist da niemand, der das bemerkt... Irgendwann muß man das mal jemandem sagen, sonst hat man* ***immer Angst*** *vor irgend etwas, was da kommen wird.»*

Norbert hat auch ein feines Gespür dafür, daß das Geständnis erfolgen muß, bevor die Tat entdeckt wurde:

«Wenn es zu spät ist, dann kann man irgendwann mal nicht mehr...

also sich freisprechen» und *«daß er sich selbst praktisch schämen muß, weil er selbst es versäumt hat, sich rechtzeitig freizusprechen.» – «Vor allem die Mutter hätte viel mehr Verständnis dafür, wenn Christian das selbst sagen würde.»*

Die Last, die als Schuldgefühl auf der Seele liegt, wird nicht nur durch das Geständnis den Eltern gegenüber genommen, auch der Freund kann Adressat der Beichte sein. So ist **David (12 Jahre)** der Meinung, Christian hätte seinem Freund aus folgendem Grund von dem Geldstehlen berichtet:

«Hatte vielleicht auch ein bißchen Angst, da wollte er sich vielleicht auch ein bißchen ausreden. Vielleicht hat der Christian ein schlechtes Gewissen und wollte sich ein bißchen ausreden, also befreien.»

Marcus (12 Jahre) argumentiert, daß eine Aufteilung des Wissens auf drei Freunde auch zu einer Verminderung der Seelenlast führen würde:

«Dann fühlt er sich ***nicht so bedrängt****, weil, er weiß ja, daß die drei Freunde sind. Und Freunde behalten das ganze Zeug und sagen es nicht so durch die Gegend.»*

Die hier zitierten Kinder vertreten also ein **therapeutisches Konzept von Offenheit** (Erleichterung durch Aussprache) bzw. ein **seelsorgerisches Konzept von Beichte** (Befreiung durch das Gespräch). Tatsächlich verwenden vier Kinder den Ausdruck Beichte, ein achtjähriges spricht von Geständnis.

6. Altersunterschiede im Überblick

Beim Nachdenken über die hypothetische Situation, in der ein Kind dem Freund eine Missetat gesteht, empfehlen die **Fünf- und Sechsjährigen** in der Mehrzahl der Fälle, das Fehlverhalten solle den Eltern mitgeteilt werden. Dabei spielt einerseits der Gedanke eine Rolle, die Missetat solle bestraft werden, aber auch die Überzeugung der Kinder, die Eltern müßten alles wissen. «Die Mutter soll es wissen, weil es verboten ist oder weil es gefährlich ist», lautet eine häufige Argumentation. Für ein Verheimlichen des Fehlverhaltens sprechen sich nur ein Viertel der jüngeren Kinder aus.

Ganz anders bei den **Achtjährigen**, die überwiegende Mehrzahl ist für ein Verschweigen ohne Wenn und Aber, und zwar vorwiegend, damit der Freund der drohenden elterlichen Strafe entgeht. Nur drei

Achtjährige meinen, das Kind müsse durch den Freund belehrt und auf die Falschheit des Verhaltens hingewiesen werden.

Bei den **Zehn- und Zwölfjährigen** finden sich sehr vielfältige Arten des Umgangs mit dem Missetäter, nicht zuletzt, weil die veränderten Freundschaftsnormen – Vertrauen, Verschwiegenheit, aber auch gegenseitige Verantwortung und Kontrolle – die Konfliktsituation einerseits erschweren, andererseits jedoch auch neue Lösungsstrategien eröffnen. Die Perspektive des Täters zu übernehmen bedeutet nicht mehr, ihm bedingungslosen Schutz vor negativen Sanktionen zu gewähren, sondern ist deutlich stärker mit einer Forderung nach Ausgleich verbunden, sei es in Richtung auf das Opfer oder zur Stützung der verletzten Normen im Bewußtsein des Täters. Zwar überwiegt die Empfehlung, das Fehlverhalten vor den Eltern geheimzuhalten, aber der Missetäter soll nicht – wie bei den Achtjährigen – völlig ungeschoren davonkommen. Die Wiedergutmachung (das Zurückgeben des Geldes) und die Belehrung bzw. der Tadel sind zwei Methoden, den Missetäter das Unrechtmäßige seines Tuns spüren zu lassen. Daß die älteren Kinder dem Missetäter Gefühle des Unbehagens, der Schuld und der Peinlichkeit zuschreiben und ihn mit emotionalen Reaktionen belasten, kann als sehr subtile Form der Bestrafung gedeutet werden.

Die Kinder, die für eine Offenheit den Eltern gegenüber plädieren, tun dies aus höchst unterschiedlichen Motiven. Offenheit wird einerseits aus taktischen Gründen empfohlen, damit die zu erwartende Strafe gemindert wird, andererseits aus therapeutischen Gründen nahegelegt, damit der Missetäter sich durch die Aussprache befreien und entlasten kann.

Schlußfolgerungen

Im Umgang mit der elterlichen Strafandrohung haben wir im wesentlichen vier Argumentationsmuster der von uns befragten Kinder entdecken können:

a) Das Vergehen ist den Eltern mitzuteilen und die Strafe entgegenzunehmen. Die Strafe ist verdient, als Konsequenz der Missetat zu akzeptieren und soll der Vorbeugung weiterer Vergehen dienen. Weitere psychologische Konsequenzen der Bestrafung, die über die Funktion einer «Gedächtnishilfe» hinausgehen – etwa eine subjektive Entlastung des Täters – spielen hierbei jedoch keine Rolle. Nach Piaget entspricht dies einer heteronomen Moral, da die Kinder vor allem bekräftigen, was sie als die elterliche Strafpraxis erleben. Allerdings bleibt durchaus offen, ob es sich nur um eine Wiederholung elterlicher Einstellungen zur Strafe handelt oder ob die entsprechenden Einstellungen der Kinder nicht vielmehr eine frühe Konzeption ausgleichender Gerechtigkeit widerspiegeln, in der die Regelüberschreitung negative Sanktionen als folgerichtige Antwort geradezu erfordert, soll nicht die Norm per se in Frage gestellt werden.

b) Sich der Strafe zu entziehen wird wie ein Akt der Notwehr bzw. der Selbstverteidigung betrachtet und als durchaus gerechtfertigt angesehen. Deshalb wird das Vergehen den Eltern gegenüber vertuscht. Wenn die Kinder – in einigen Fällen explizit und scheinbar bedenkenlos – zur Lüge bzw. zur «Notlüge» greifen, so jedoch vor allem, um den Freund zu schützen, also das Gebot der Geheimhaltung zu wahren. Ob sie die Lüge zum Eigenschutz für gleichermaßen gerechtfertigt halten, muß an dieser Stelle dahingestellt bleiben. (Die Ergebnisse einer weiteren Untersuchung zu Lügen und Notlügen, die im vorletzten Kapitel dargestellt werden, zeigen, daß einige der jüngeren Kinder Lügen zum Selbstschutz durchaus für gerechtfertigt halten.)
Zwar wollen diese Kinder den Freund vor Bestrafung schützen, doch haben die meisten hierbei durchaus auch ein Gespür für die Normübertretung und die Notwendigkeit der Wiedergutmachung bzw. der Belehrung des Freundes, um weiteren Delikten vorzubeugen. Der Freund übernimmt sozusagen als moralische Instanz die Belehrung des Missetäters, damit weitere Delikte vermieden werden. Insgesamt werden diese Strategien zur Vermeidung einer Auseinandersetzung mit den Eltern eher von den älteren Kindern gewählt.

c) Wiederum geht es darum, Strafe zu vermeiden, jedoch diesmal durch die entgegengesetzte Strategie: Offenheit den Eltern gegenüber wird aus taktischen Gründen befürwortet, da Aufrichtigkeit Ärger ersparen oder mindern hilft, indem man den Bonus der Ehrlichkeit für sich reklamieren kann. Diese Strategie wird vor allem von den älteren Kindern genannt.

In Einzelfällen scheinen jedoch nicht nur eigene Vorteile bei der Befolgung des Ehrlichkeitsgebots eine Rolle zu spielen, sondern auch die Gefahr einer Bloßstellung der Familie (quasi als «kollektive soziale Strafe»), wenn das Vergehen nicht vom Kind selbst eingestanden, sondern erst durch Außenstehende ans Licht gebracht wird. Welches relative Gewicht hierbei «egoistische» und «soziale» Motive in der Entscheidung für Offenheit gegenüber den Eltern haben – nämlich der eigene Schutz vor noch größeren Sanktionen der Eltern einerseits und eine Vermeidung von Peinlichkeiten für die Eltern andererseits –, läßt sich allerdings kaum ausmachen.

d) Sich den Eltern zu offenbaren, kann jedoch auch aus Gewissensgründen von den Kindern befürwortet werden, nämlich um sich durch eine Beichte zu erleichtern und entlasten zu können. Das schlechte Gewissen wird von diesen Kindern wie eine Kraft aufgefaßt, die sie spüren läßt, daß sie falsch gehandelt haben. Wird das Wissen um die Missetat mit anderen geteilt, so verringert sich der subjektive Druck, der durch die «einsame» Fehlhandlung entstanden ist.

Ein weiterer Aspekt dieser Untersuchung scheint uns bedeutsam, nämlich der Einfluß des Freundes. Die Befürchtung vieler Eltern, Freunde seien verschworene Komplizen, die sich gegenseitig bei der Vertuschung von Vergehen decken, ist nur eine Seite der Wahrheit. In den meisten der hier thematisierten Fälle würde der Freund als moralische Instanz auftreten und den Missetäter tadeln oder belehren, damit weiteren Vergehen vorgebeugt wird. Freunde überwachen somit die Einhaltung von Normen und wirken «sozialisierend».

Mit pädagogischen Ratschlägen an Eltern und Erzieher soll hier nur sparsam und vorsichtig umgegangen werden. Zunächst möchten wir darauf verweisen, was die befragten Kinder selbst den Eltern als Reaktion auf die kindliche Missetat empfehlen. Im Verlauf des Interviews finden sich dazu einige bedenkenswerte Äußerungen, wie die folgenden:

Jasmin (10 Jahre): Die Mutter sollte *«zu Christiane sprechen, daß sie* ***keine Angst haben*** *soll und daß es vielleicht von ihrem Taschengeld abgehoben wird, was sie gestohlen hat... Dann wird sich Christiane bestimmt gut fühlen.»*

Allerdings befürchtet sie eher, daß die Mutter bei Entdeckung des Vergehens meckern wird:

I.: *«Wie kommst du darauf?»* – J.: *«Wie so Eltern sind, die meckern ja wegen jedem bißchen.»* Deshalb würde sie der Mutter sagen: *«daß sie* ***nicht*** *mit ihr* ***meckern*** *soll, denn sie könnte es mit ihr besprechen».*

David (10 Jahre) rät der Mutter des Missetäters: *«Also* ***immer lokker*** *bleiben. Nicht daß die Mutter dann so wütend wird.»*

Mario (10 Jahre) versteht, daß Christian nach Bekanntwerden seines Vergehens *«große Angst»* hat, denn er selbst würde *«große Angst»* haben, nach Hause zu gehen, weil er *«Dresche»* oder *«Stubenarrest»* erwartet. Er spricht sich jedoch dafür aus, daß die Mutter mit Christian die Sache *«regelt»*:

«Wenn ich die Mutter von Thomas wäre, dann hätte ich angerufen und gesagt: ‹Also, der Christian hat in einer leeren Garage ein Feuer angezündet. Sie sollen es mit ihm klären, aber schlagen ist sinnlos!›»

Wir sehen in diesen Äußerungen nicht nur den Wunsch, Strafen – also Nachteile für die Täter – zu vermeiden, sondern auch Empfehlungen, die sich Eltern zu Herzen nehmen können, um größere Offenheit und Vertrauen seitens ihrer Kinder zu fördern und zu erhalten: *«Nicht wegen jedem bißchen meckern»* und sich um eine möglichst angstfreie Erziehung der Kinder kümmern. Implizit finden sich die Kinder hier im Einklang mit Hoffman (1970), der darauf hingewiesen hatte, daß durch Strafe die Aufmerksamkeit der Kinder von den nachteiligen Folgen ihres Handelns (z. B. für die Opfer) abgelenkt und eine nur auf Strafvermeidung gerichtete moralische Orientierung gefördert wird. Er plädiert für ein vernünftiges Argumentieren und für «Induktion», eine Erziehungstechnik, die dem Kind die Folgen seines Fehlverhaltens für den Geschädigten und dessen seelisches Leid vor Augen führt und ihm gleichzeitig ein Gefühl der Verantwortung für seine Taten in bezug auf seine Mitmenschen vermittelt. Ob dies bei kleinen Kindern allerdings auf fruchtbaren Boden fällt, mag bezweifelt werden. Ebenfalls ist fraglich, ob bei allzu großer Verständnisbereitschaft auch mit mehr «moralischer» Offenheit der Kinder zu rechnen wäre, die primär durch das Bedürfnis nach Ausgleich und Bereinigung der Missetat motiviert ist, oder ob dies nicht doch zu lediglich taktischer Offenheit führt. Wird auf das Geständnis hin schon die bedingungslose Absolution erteilt, ohne auf die Folgen des Normverstoßes zu verweisen, oder bleibt den Kindern nur die Verheimlichung der Missetat aus

Angst vor elterlicher Mißbilligung und Strafe, so fördert dies die Entwicklung einer verinnerlichten Moral vermutlich gleichermaßen wenig. Die Suche nach dem richtigen Ton, der die Kinder wirklich erreicht, und die Gratwanderung zwischen allzu häufigen Zurechtweisungen und Strafen einerseits und allzu nachgiebigem Erziehungsverhalten andererseits bleibt also nicht erspart.

Festzuhalten bleibt, daß die Reaktionsweisen der Kinder auf die elterliche Strafandrohung in aller Eindeutigkeit und Klarheit das belegen, was einige Pädagogen und Entwicklungspsychologen schon immer betont haben: die Fragwürdigkeit, wenn nicht Sinnlosigkeit bzw. Schädlichkeit vor allem körperlicher, aber auch starker verbaler Strafe. Clara und William Stern stellten schon 1931 fest: Die Strafe soll «abschrecken… Aber oft schreckt sie nur davor ab, die erfolgte Wiederholung zu bekennen. Der ganz natürliche Selbsterhaltungstrieb des Kindes läßt es zu dem einzigen Mittel greifen, das ihm in seinen Ängsten vor neuer Strafe zur Verfügung steht: zur Lüge» (Stern 1931, S. 247).

Renate Valtin und Sabine Walper

«Lügen darf man nur, wenn's notfällig ist»

Was Kinder über Lügen und Notlügen denken

Lügen sind – so scheint es – salonfähig geworden. Wir erfahren nicht nur fast täglich durch unsere Politiker, daß Lügen zum Schutz des Ansehens der eigenen Partei oder sogar des Parlaments für gerechtfertigt gehalten werden. Auch die Forschung belegt, daß Lügen guttun. So schließen etwa Snyder/Higgins (1988) aus ihren Untersuchungen, daß alle Arten von Ausreden, zu denen auch Lügen zählen, das Selbstbewußtsein stärken und der seelischen Gesundheit förderlich sind: Man kann Verantwortung und Schuld auf andere abschieben und sich entlasten.

Wie Kinder über Lügen denken, ob und unter welchen Umständen sie sie für gerechtfertigt halten und wie sich ihre Vorstellungen von gerechtfertigten Notlügen im Entwicklungsverlauf verändern, ist Gegenstand dieses Beitrags. Zunächst sollen einige grundlegende Überlegungen von Moralphilosophen dargestellt werden, um einen Interpretationsrahmen für die Einschätzung der Kinderantworten zu erhalten. Dann werden bisherige Untersuchungen zu Lügen bei Kindern aus pädagogischer und psychologischer Sicht vorgestellt. Im Anschluß hieran berichten wir von unserer eigenen empirischen Studie, die die Argumente von Kindern und Jugendlichen für und gegen Lügen behandelt.

Sichtweisen in der Moralphilosophie

Die Frage, ob es von der Pflicht zur Wahrheit und Wahrhaftigkeit Ausnahmen geben könne, war schon immer ein wichtiges Thema von Theologen und Moralphilosophen. Über Jahrhunderte war dabei die Position der Kirchenväter Augustinus und Thomas von Aquin maßgebend. Sie definierten Lüge als eine unwahre Aussage, die mit der Absicht, den anderen zu täuschen, vorgebracht wird – womit sie vom Irrtum abzugrenzen sei. Der Lügner, so Augustinus (1925, S. 409), «trägt etwas anderes im Herzen verborgen, als was ihm auf der Zunge liegt». Da der Zweck des Sprachgebrauchs in der Gedankenmitteilung liege, sei jede sprachliche Äußerung zum Zwecke der Täuschung anderer eine Sünde. Immer und unter allen Umständen wird Lügen als Sünde und verwerflich angesehen, wenn es auch, je nach Gesinnung und Absicht des Lügners, «verschiedene Grade der Sündhaftigkeit gibt» (Augustinus 1925, S. 407). Auch eine Notlüge in gefährlichen Situationen ist Sünde ebenso wie eine Lüge zum Schutze des anderen. Die edle Absicht, einen anderen zu schützen, könne niemals eine sündige Tat rechtfertigen, denn – so argumentiert Augustinus scharfsinnig und folgerichtig – ein Ehebruch bleibt ja auch dann Sünde, wenn der Gatte sich einer anderen Frau, die sich vor Sehnsucht nach ihm verzehrt, zuwendet, um diese vor dem sicheren Liebestod zu retten (Augustinus 1925, S. 415).

Thomas von Aquin teilte diese Auffassung von der absoluten Verwerflichkeit von Lügen. Er unterschied aber drei Arten von Lügen, wobei in seinen Augen nur die boshaft-arglistigen Schadenlügen eine Todsünde sind und die übrigen, die gefälligen und hilfreichen Nutzenlügen sowie die im Scherz ausgesprochenen Lügen, als etwas weniger verabscheuungswürdig gelten.

Ein ebenso großer Gegner der Rechtfertigung von Lügen war Kant. Für ihn ist die Wahrhaftigkeit eine «unbedingte Pflicht ... die in allen Verhältnissen gilt» (Kant: Über ein vermeintliches Recht...1956, S. 641). «Die Lüge ... (macht den Lügner) in seinen eigenen Augen zum Gegenstand der Verachtung und verletzt die Würde der Menschheit in seiner eigenen Person ... Die Lüge ist Wegwerfung und gleichsam Vernichtung seiner Menschenwürde» (Kant: Von der Lüge, 1914, S. 429). Eine Unwahrheit aus bloßer Höflichkeit ist nach Kant ebensowenig gerechtfertigt wie eine Lüge gegenüber einem «mit Mordlust

Umgehenden», der fragt, «ob der von ihm Angefeindete zu Hause sei» (Kant 1956, S. 639).

Gerade für dieses Problem, ob nämlich jeder ein Recht auf die Wahrheit habe, hatten Kants Zeitgenossen eine andere Lösung parat. So schreibt Bernd 1733: «Heutiges Tages … erkennet man gar wohl, daß man keine Obligation habe, zu allen Zeiten und gegen alle Menschen die Wahrheit zu reden» (zitiert nach Bien 1980, S. 538). Im Aufklärungszeitalter ist eine neue Bewertung und eine neue begriffliche Fassung von Lüge erkennbar. Wie Bien (1980) nachweist, wird eine Unwahrheit bzw. eine Falschrede nur dann als Lüge bezeichnet, wenn sie dem Sprechenden selbst oder einem anderen zum Schaden gereicht.

Die eher pragmatisch orientierte Moralphilosophie der Aufklärung, die sich in der politischen Klugheitslehre des 18. Jahrhunderts und in Maximen für das alltägliche Leben niedergeschlagen hat, fand also Rechtfertigungen für bestimmte Arten von Lügen, z. B. für die Nutzlüge, die Staats- und Notlüge (vgl. Bien 1980, S. 538).

Auch heute ist uns die Unterscheidung zwischen mehr oder minder gerechtfertigten Lügen geläufig. So differenzieren einige katholische Moraltheologen (Häring 1980) zwischen bewußter Lüge und Falschrede, wobei letztere unter besonderen Umständen gerechtfertigt sein kann, wenn z. B. die Verbergung eines Sachverhalts eine Pflicht der Nächstenliebe ist – wie im Fall, wenn Nonnen erbkranke Kinder vor Hitlers Schergen versteckten.

Eine weitere begriffliche Unterscheidung der Rechtfertigungen von Lüge aus der Sicht der Gegenwart liefert Bok (1980). Sie unterscheidet vier Prinzipien, die von Erwachsenen am häufigsten benutzt werden, um Lügen zu verteidigen: Schaden vermeiden, Gutes tun, der Gerechtigkeit dienen und das Vertrauen anderer in die eigene Wahrhaftigkeit sichern (Bok 1980, S.100). Zum ersten Typ, dem das utilitaristische Prinzip der Schadensvermeidung zugrunde liegt, gehören Lügen in großen Krisensituationen, die etwa dem eigenen Überleben oder der Rettung anderer dienen (z. B. Irreführung von Folterern). Beim zweiten Typ wird der Altruismus zur Rechtfertigung herangezogen (z. B Lügen zur Schonung und Ermunterung eines Kranken). Bei der Berufung auf ausgleichende Gerechtigkeit, dem dritten Typ, geht es um das Prinzip der Heimzahlung oder der Reziprozität. Der Lügner bezieht sich darauf, daß der Belogene nur das bekommt, was er verdient, und daß gewisse Leute (Feinde, Lügner) keinen Anspruch auf Wahrheit hätten. Beim vierten Prinzip, Lügen im Dienste der Wahrhaftigkeit, wird die Lüge durch Berufung auf höhere Werte gerechtfertigt: Politiker lügen, um dem Allgemeinwohl zu dienen und das Vertrauen der Bevölkerung in die Regierung aufrechtzuerhalten (schon Plato sprach von dieser «edlen Lüge»), Forscher belügen ihre Versuchspersonen über den Zweck des Experiments, um dem Fortschritt der Wissenschaft zu dienen, Ehegatten belügen einander, um den Schein der Anständigkeit aufrechtzuerhalten. Man lügt also paradoxerweise, «um das zu schützen, was man für ein gerechtfertigtes Vertrauen in die eigene Wahrhaftigkeit hält ... Zugunsten der Wahrheit zu lügen – das ist sicher die paradoxeste aller Entschuldigungen» (Bok 1980, S. 110).

Die bisherigen begrifflichen Unterscheidungen in bezug auf die Rechtfertigung von Lügen beziehen sich vor allem auf die Motivation des Lügners. Situative Randbedingungen sind hierbei zwar implizit einbezogen, werden jedoch nicht zur Grundlage der Klassifikation gemacht. Unberücksichtigt bleiben somit Faktoren wie die Bedeutsamkeit und die Reichweite der Situation – gelten in einem sogenannten Bagatellfall die gleichen Regeln wie in einer Krisensituation? – und Fragen von Anstand und Sitte, die nicht selten zumindest höfliches Schweigen, mitunter aber auch höfliche Lügen nahelegen. Eine ähnlich eingeschränkte Orientierung verfolgt die bisherige entwicklungspsychologische und pädagogische Forschung, um die es im folgenden Abschnitt geht.

Kinderlügen: Entwicklungspsychologische Perspektiven

Schon zu Beginn dieses Jahrhunderts entstanden zahlreiche Arbeiten von Pädagogen und Psychologen zur Lüge des Kindes (vgl. Klara und William Stern 1904 sowie die Diskussion in der Zeitschrift für Pädagogische Psychologie im Jahre 1905 zur Frage, ob Kinder unter vier Jahren überhaupt zur Lüge fähig seien). Für unsere Fragestellung sind vor allem drei größere empirische Erhebungen von Interesse: Baumgarten 1917, Bühler/Haas 1924, Reininger 1927. Da diese Arbeiten weitgehend in Vergessenheit geraten sind, wollen wir sie zunächst darstellen. Leider werden die Daten dieser Studien nur unvollständig dokumentiert, so daß ein Vergleich der Befunde nur begrenzt möglich ist.

Angeborene oder erworbene Verlogenheit der Kinder? – Die Studie von Baumgarten (1917)

Franziska Baumgarten war die Vorsitzende einer «Sektion zur Erforschung des Charakters des Kindes» innerhalb der polnischen Gesellschaft für Kinderforschung, die 1912 in Lodz gegründet wurde. Ausgangspunkt ihrer Erhebung war die Frage, ob das Kind von Natur verlogen sei oder es erst im Laufe des Lebens werde. Daß Kinder verlogen seien, war für sie eine Tatsache: «Schon bei einer oberflächlichen Betrachtung der Kinder», so schrieb sie, «muß man Verlogenheit – und zwar nicht selten in hohem Grade feststellen» (S. 1).

In einem kurzen Überblick über die Lüge in der Pädagogik verweist sie auf drei unterschiedliche Positionen zur Natur des Kindes:

1. Lüge sei eine angeborene Eigenschaft des Kindes – eine These, die vor allem im Mittelalter ihre Anhänger hatte. So war der heilige Augustinus der Ansicht, «unschuldig ist nur die Schwäche der zarten Glieder des Kindes, aber nicht sein Herz» (zit. nach Baumgarten, S. 1). Auch bei Luther ist zu lesen: «Es ist in eines jeglichen Kindes Herzen törlich Vornehmen; aber die Rute mag das alles austreiben». Und Pestalozzi war der Meinung, «der Mensch neige von Natur zur Entartung und Verwilderung» (zit. nach Baumgarten, S. 4).
2. Auf der anderen Seite gibt es aber auch Verfechter der ursprünglichen Unschuld des Kindes. Erst eine falsche Erziehung mache das Kind zum Lügner, so die Positionen von Rousseau oder Fröbel.
3. Eine Mittelstellung nehmen Pädagogen ein, die sowohl Anlagen- als auch Umwelteinflüsse annehmen bzw. nicht von vornherein von der Bösartigkeit bzw. der Unschuld des Kindes ausgehen.

Baumgarten ordnet sich selbst der letzten Position zu. Ihrer Meinung nach beruht vieles, was als Lügen kleiner Kinder aufgefaßt wird, auf einer falschen Deutung und gehört zu den Scheinlügen, die durch Suggestivfragen provoziert oder durch Fabulierlust hervorgerufen werden.

Eigentliche Lügen sind für Baumgarten nur die beabsichtigten und bewußten Lügen, bei denen die Kinder ihre Eltern, Lehrer und Kinder täuschen möchten. Um über die Motive zu diesen Lügen Aufschluß zu erlangen, führte sie eine schriftliche Befragung an 553 Kindern und Jugendlichen im Alter von acht bis achtzehn Jahren in Schulen in Lodz durch. Die Fragen lauteten u. a.: Hast du irgendwann einmal zu Hause (in der Schule) gelogen? Gib Beispiele deines Lügens! Hast du dich bei deinen Lügen geschämt bzw. sie bedauert?

Dabei analysierte sie über 1000 Beispiele für Lügen, die sich je zur Hälfte auf Lügen zu Hause und in der Schule bezogen. Als Motive, zu Hause gegenüber den Eltern zu lügen, dominierten vor allem Nascherei, Furcht vor Strafe, wenn elterliche Befehle und häusliche Pflichten nicht erfüllt worden waren, aber auch die Vertuschung kleinerer Vergehen. Bei jüngeren Kindern handelte es sich häufig um Mißgeschikke, bei größeren um heimliche Lektüre, verbotene Spiele, Kinobesuch, den Wunsch, sich auf der Straße herumzutreiben, und das heimliche Treffen mit Freunden des anderen Geschlechts. Jugendliche verwiesen häufig auf mangelndes Verständnis der Eltern und drohende Zwistigkeiten über unterschiedliche Ansichten und Standpunkte als Anlaß zu lügen, während nur zehn Kinder angaben, aus Liebe zu den Eltern gelogen zu haben. Auch Lügen aus Schamgefühl und aus Ehrgeiz wurden genannt, durch welche Hänseleien vermieden oder Mißerfolge vertuscht werden sollten. Die Gründe für Schullügen ließen sich im wesentlichen auf zwei Motive zurückführen: die Furcht vor schlechten Noten (eine Standardausrede war hier die Behauptung, man habe das Heft vergessen) und die Angst vor dem Lehrer bzw. der Lehrerin. Die meisten Kinderantworten sind ein schwerer Vorwurf für die Lehrkräfte. Die Kinder beklagten sich darüber, daß die Lehrer zu streng, ungerecht und verständnislos seien, und gaben dies als Grund für Lügen an.

Neben Lügen zu Hause und in der Schule, die sich im wesentlichen auf Erwachsene bezogen, gab es eine weitere große Rubrik: Lügen in den Beziehungen der Kinder untereinander. Baumgarten unterscheidet dabei unkollegiale Lügen (von Scherzlügen auf Kosten anderer bis zur Abwälzung von eigener Schuld auf Unbeteiligte), kollegiale Lügen aus Solidarität der Kinder untereinander, Lügen aus Ehrgeiz, durch die verletztes Selbstwertgefühl verteidigt wird, Prahlereien und Lügen aus Lust am Phantasieren.

Auf die Frage, ob die Kinder ihre Lügen bedauert hätten, gaben knapp ein Drittel Antworten, «die von großem Leid zeugen, das die Kinder nach dem Lügen empfanden, und von den sie quälenden Gewissensbissen» (Baumgarten, S. 59). 40 Prozent antworteten jedoch mit Nein, und der Rest unterschied je nach der Situation. Die von Baumgarten gelieferten Beispiele lassen vermuten, daß es vor allem die Zwölf- bis Sechzehnjährigen sind, die von Gewissensbissen nach

Lügen sprachen. Daß Lügen verwerflich oder eine Sünde sei, wurde aber nur von vier Jugendlichen erwähnt. Lügen wurden vor allem dann bedauert, wenn sie keine Vorteile gebracht hatten. Aber auch soziale Gesichtspunkte spielten eine Rolle: Lügen wurden bedauert, wenn sie gegenüber sympathischen und geliebten Personen erfolgten und wenn sie jemandem geschadet hatten. Etliche Kinder äußerten auch Scham als Reaktion auf die Lüge. Nur vier jedoch schämten sich der Lüge um ihrer selbst willen, weil sie (im Kantschen Sinne) eine Erniedrigung des Menschen hervorruft. Die meisten schämten sich erst <u>nach</u> der Entdeckung der Lüge, da sie sich dadurch in der Meinung der anderen herabgesetzt fühlten. Auch die Persönlichkeit des Belogenen spielte bei Schamgefühlen eine Rolle. Kinder schämten sich eher, wenn sie geliebte, vertraute Personen angelogen hatten.

Das Gesamtbild der Untersuchung, so folgerte Baumgarten (S. 90), «beweist einem Ethiker das niedrige moralische Niveau des Kindes». Und mit dem Alter wird es noch schlimmer, Häufigkeit und Anlässe des Lügens nehmen zu: Ein kleines Kind lügt zumeist aus Angst vor Strafe wegen Ungehorsams, z. B. weil es genascht hat. Bei den Jugendlichen werden die Gründe für das Lügen mannigfaltiger, da widerstreitende Werthaltungen, Glaubensfragen und das sich entwickelnde Sexualleben neue Anlässe bieten. Nur bei einem kleinen Teil der 12- bis 15jährigen tauchte der Vorsatz auf, nicht mehr lügen zu wollen.

Unterschiede zwischen Mädchen und Jungen konnte Baumgarten sowohl in der Häufigkeit als auch in der Art des Lügens feststellen: Mädchen gaben häufiger als Jungen an, noch nie gelogen zu haben, und logen häufiger aus Naschhaftigkeit, während bei Jungen die Verheimlichung von kleineren Delikten (Diebstähle, Rauchen und ähnliches) im Vordergrund stand. Andererseits gaben Mädchen insgesamt mehr Lügenbeispiele als Jungen. Ob dies als Anzeichen größerer Verlogenheit oder größerer Aufrichtigkeit anzusehen ist, konnte Baumgarten nicht entscheiden.

Einflüsse auf die «Lügenhaftigkeit» des Kindes

Den wichtigsten Einfluß auf die Lügenhaftigkeit des Kindes schreibt Baumgarten der Umgebung zu, wobei sie vor allem auf restriktive Erziehungseinflüsse («je kleiner die Freiheit ... desto häufiger die Lüge», S. 83), die Strenge der Erziehung und die Strafe der Eltern verweist. Furcht vor Strafe wurde als wichtigstes Motiv für die Lügen zu Hause genannt, mit denen sich die Kinder gegen Zwänge und Verbote ihrer

Eltern wehren und ihren eigenen Willen und ihre Interessen durchsetzen. Auch die Schullügen sollen vor allem der drohenden Lehrerstrafe vorbeugen, die sich in schlechten Noten niederschlagen und auch die Meinung der Mitschüler ungünstig beeinflussen kann. «Der Haß auf die Lehrer ist so allgemein, daß, während viele Kinder von dem Bedauern schreiben, das ihnen die den Eltern gegenüber begangenen Lügen verursachen, es kein einziges Kind gibt, das die den Lehrern gegenüber begangenen Lügen bereut oder sich deren schämt» (S. 87), muß Baumgarten feststellen, die immerhin fast 400 Beispiele von Schullügen ausgewertet hat. Ihrer Meinung nach spielt die Persönlichkeit des Erziehers die wichtigste Rolle bei den Schullügen der Kinder: einen sympathischen Lehrer belügt man nicht gern. Heutzutage, so hoffen wir, haben sich die schulischen Verhältnisse und die Beziehung zwischen Lehrer und Schüler entscheidend verbessert!

Auch der Einfluß der Mitschüler, so lassen einige Kinderäußerungen vermuten, kann sich negativ auswirken und wird insgesamt als «verderblich» bezeichnet. Ein 17jähriger Junge berichtet: *«In meinem 15. Lebensjahr geriet ich in eine Gesellschaft, welche mich demoralisierte. Als die Eltern davon erfuhren, verboten sie mir unter Androhung schwerer Strafe dort hinzugehen. Aber die Worte der Eltern prallten an mir ab wie von einem Felsen und hatten gar keine Wirkung* (es war schon zu spät), *infolgedessen sank ich immer tiefer, bis ich endlich dazu kam, daß ich ein Raucher wurde ...»* (Baumgarten, S. 90). Die Verhältnisse in den Schulen werden von Baumgarten als so verheerend eingeschätzt, daß sie schreibt: «Öffentliche Schulen sind Sitz und Brutstätte des Lasters» (S. 90 f).

Der Einfluß der materiellen Verhältnisse auf die Häufigkeit des Lügens wird von Baumgarten ebenfalls hervorgehoben. Kinder armer Eltern logen insgesamt häufiger, um etwa Diebstähle, heimliche Ausflüge, unterlassene Kirchgänge zu verbergen oder prahlten mit vorgetäuschtem Besitz von Gegenständen.

Baumgarten kommt zu dem beruhigenden Schluß, daß das Kind nicht von Natur aus lasterhaft und verlogen ist, sondern daß die Umgebung den größten Einfluß auf die bewußten Lügen ausübt: «Sympathische oder unsympathische Erzieher, gutgesinnte oder schlechtgesinnte Mitschüler, schlechtere oder bessere materielle Verhältnisse, größere oder kleinere persönliche Freiheit rufen sofort eine Änderung in dem Verhältnis des Kindes zu seiner Umgebung und damit in seiner Wahrhaftigkeit hervor» (S. 93). Ihrer Meinung nach ist das

Kind nicht verantwortlich zu machen für eine bewußte Lüge, «da die Notwendigkeit es dazu drängt. Diese Notwendigkeit ist in den fatalen Familienverhältnissen, in denen kleine Kinder immer noch als Objekte, und in einem noch schlimmeren Schulsystem, in dem die Kinder nur eine Nummer sind, begründet. Infolgedessen befindet sich das Kind ununterbrochen unter einer Gewalt, die ihm gegenüber das Recht der Strafe besitzt. Solange also innerhalb dieser beiden Institutionen keine radikalen Veränderungen eintreten werden, solange werden wir das pädagogische Ideal – der absoluten Wahrhaftigkeit nie erlangen können. Die bewußten Lügen der Kinder sind, wie die der Erwachsenen, meist sozialer Natur, und sie können nicht durch rein pädagogische, sondern nur durch soziale Mittel ausgerottet werden» (S. 104).

Ratschläge für Eltern und Lehrer

Gleichwohl hat Baumgarten aber auch Ratschläge für Eltern und Lehrer. Der erste betrifft die Strafpraxis: Kinder, die Eltern ihre Missetaten gestehen, sollten aufgrund dieses Schuldeingeständnisses, wenn überhaupt, dann nur milde bestraft werden. In seinem Krebsbüchlein, in dem der Philanthrop Salzmann ironisch «Anweisung zu einer unvernünftigen Erziehung der Kinder» gibt, nennt er auch Mittel, die Kinder das Lügen zu lehren: Strafe deine Kinder, wenn sie die Wahrheit sagen, d.h., freiwillige Geständnisse von geringfügigen Vergehen sollen mit harter Strafe belohnt werden.

Der zweite Ratschlag von Baumgarten bezieht sich auf eine größere Toleranz der Eltern den Schulnoten ihrer Kinder gegenüber. Der Zwang der Eltern auf die Kinder, gute Noten zu bekommen (in Lodz gab es damals nur sehr wenige Gymnasien, so daß der Konkurrenzkampf entsprechend hart war), wird von Baumgarten als unerschöpfliche Quelle von Lügen identifiziert: «Die Note ist der Giftpilz des Haus- und Schullebens» (S. 82).

Den Lehrern wird angeraten, ihren Schülern mehr Vertrauen entgegenzubringen. Baumgarten belegt dies durch ein hübsches Beispiel: Der englische Pädagoge Arnold habe «eine verlogene Schule dadurch völlig regeneriert, indem er jedem aufs Wort glaubte. Bald hieß es: ‹Arnold zu belügen, ist gemein›» (S. 87).

«Sittliche Unerzogenheit des Kindes» – die Studie von Bühler/Haas

Einige Jahre später legten Bühler und Haas (1924) eine pädagogisch-psychologische Untersuchung zur Rechtfertigung von Lügen vor. Schüler und Schülerinnen des zweiten bis fünften Schuljahres in Wien beantworteten schriftlich die Frage: «Gibt es Fälle, in denen man lügen muß?» Die Auswertung bezog sich auf 187 Lügenbeispiele von 97 Knaben und 125 Lügenbeispiele von 95 Mädchen. Nur 10 Prozent der Befragten lehnten die Notwendigkeit von Lügen ab, wobei vor allem drei Gründe gegen Lügen genannt wurden: die Furcht vor Strafe allgemein, religiös begründete Furcht vor Strafe (etwa aufgrund dieser Sünde in die Hölle zu kommen) sowie Furcht vor Entdeckung.

Die Gründe, mit denen die Kinder die Lügen rechtfertigten, waren fast vorwiegend praktischer und nicht moralischer Natur. Nur ein Fünftel der Kinder, die Lügen in bestimmten Fällen für gerechtfertigt hielten, faßten das «Muß» im Sinne «moralischer Nötigung, sittlicher Notwendigkeit» auf. Mädchen gaben häufiger (zu 32 Prozent) als Jungen (zu 18 Prozent) moralisch motivierte Lügenbeispiele. Von diesen Kindern heißt es, sie hätten «bereits soviel sittliches Verantwortungsgefühl, daß sie nur in einer sittlich wertvollen Absicht die Rechtfertigung für die Lügen erblicken» (S. 15).

Zur Kategorisierung der Rechtfertigungsmotive nahmen Bühler und Haas eine phänomenologische Einteilung der Lügen vor, die in einer späteren Untersuchung auch von Reiniger (1927) übernommen wurde. Die Autorinnen unterschieden 1. soziale Lügen, die aus sozial positiver Einstellung, aus Hilfsbereitschaft, Liebe, Freundschaft, Rücksichtnahme, Schonung usw. heraus geschehen, 2. asoziale Lügen, bei denen das Ich im Mittelpunkt des Erlebnisses steht und Motive der Abwehr von Unangenehmem (Furcht) oder der Beschaffung von Angenehmem (Gier) verfolgt werden, und 3. antisoziale Lügen, zu denen prinzipiell das Wissen um die Schädigung oder Übervorteilung eines anderen gehört. Es fällt allerdings schwer, bei einigen der gelieferten Beispiele die Unterscheidung zwischen asozialen und antisozialen Motiven nachzuvollziehen. Die Antwort: «Es gibt noch einen Fall, wo man lügen muß, z. B. ich stehle irgendwo einen Gegenstand einem Menschen» (S. 21), wird als asoziale Lüge bezeichnet, die weitere Antwort: «Wenn man etwas gestohlen hat, so lügt man dann», wird demgegenüber als antisoziale Lüge bezeichnet (S. 27).

Zusätzlich zu diesen drei großen Lügenkategorien gibt es zwei Zwischenformen. Als Übergang zwischen sozialer und asozialer Lüge werden die Verlegenheitslügen oder Ausreden sowie die Phantasielügen bezeichnet. Als Zwischenform zwischen der asozialen und der antisozialen Lüge werden die Schullüge und der Betrug gegenüber einer Behörde eingeordnet.

In Tabelle 1 wurden nach den Angaben von Bühler/Haas einige Ergebnisse, getrennt nach Alter und Geschlecht der Kinder, zusammengestellt.

Tabelle 1: Verteilung der Lügenarten nach Geschlecht und Alter (in Prozent), zusammengestellt nach Angaben von Bühler/Haas (1924)

	Geschlecht		*Alter in Jahren*		
	Knaben	**Mädchen**	**7–8**	**8–10**	**10–12**
I. Soziale Lüge:					
Geheimnis wahren Schonung anderer Freude bereiten	18	32	42	25	21
Übergang:					
Verlegenheitslüge	5	14			
Phantasie	1	–			
			33	46	48
II. Asoziale Lüge:					
Furcht, Notwehr, Scham, Gier	40	31			
Übergang: Schullüge Behördenbetrug	9	6			
III.Antisoziale Lüge:			25	28	30
Verheimlichung von Schäden, Übervorteilung, Verleumdung	27	17			
Gesamt	100	100	100	100	100

Während der Anteil der antisozialen Lügen gleichbleibt, nehmen die sozialen Lügen mit dem Alter ab, und die asozialen nehmen zu. Eine plausible Erklärung dafür wird nicht geliefert.

Daß die Mädchen insgesamt weniger Beispiele für Lügen gaben (bei Baumgarten war dies übrigens anders) und häufiger als Jungen soziale und seltener antisoziale Lügen nannten, scheint Bühler/Haas zu erstaunen. Sie verweisen – wie Baumgarten (1917, S. 76) – auf die allgemein verbreitete Meinung, daß Frauen häufiger lügen, und stellen fest: «Es gibt gewiß sehr viele Formen kleinlicher und feiger Lügen, bei denen das weibliche Geschlecht häufiger vertreten ist» (S. 16). Zur Erklärung dieser geschlechtsspezifischen Unterschiede ziehen die Autorinnen diverse Interpretationen heran, mal den «großen Erfindungsgeist» der Knaben, mal ihre größere Aufrichtigkeit (S. 16), mal entsprechende Anlagen des Kindes (Naschhaftigkeit der Mädchen, S. 46), mal die Hypothese, daß sich Mädchen weniger klar über die Motive ihres Handelns seien (S. 21). Warum aber bei Begierdelügen, die von Mädchen häufiger genannt wurden, die Motiverkennung «gröber und einfacher ist» (S. 25) als bei den Furchtlügen, die von den Jungen häufiger genannt werden, ist nicht einsichtig. Zudem verhindert das Fehlen konkreter Zahlenangaben (Bühler/Haas weisen die Ergebnisse für Alter und Klassenstufe nur in einem graphischen Schaubild mit Prozentangaben aus, ohne daß die absoluten Zahlen für die Größe der Gruppen genannt werden), die statistische Bedeutsamkeit der Unterschiede zumindest nachträglich zu prüfen.

Interessant ist eine weitere Auswertung der Lügenbeispiele nach dem Altersstatus des Lügners: Kind oder Erwachsener. Die Hälfte der von den Kindern genannten Beispiele bezog sich auf lügende Kinder, die andere Hälfte auf bei Erwachsenen beobachtete oder von Erwachsenen veranlaßte Lügen. Bei den Kinderlügen standen als Motive Begierde und Furcht im Vordergrund, bei den Erwachsenenlügen Nutzen und Schaden durch die Übervorteilung anderer.

Bühler/Haas gewannen aufgrund ihrer Erhebung ein ebenso negatives Bild wie Baumgarten und stellten fest: «Man muß sagen, daß sogar für einen nüchternen Beurteiler die unverhüllt zutage tretende sittliche Unerzogenheit und Gleichgültigkeit als Gesamteindruck erschreckend ist» (S. 44); und: «Nur ein kleiner Prozentsatz von Kindern schien überhaupt das Bewußtsein des Unerlaubten, Unmoralischen bei der Lüge zu haben» (S. 47). Was die Frage «Anlage oder Milieu» beim Lügen betrifft, so nahmen zwar auch Bühler/Haas an, daß der Einfluß eines ungünstigen Milieus sehr groß ist. Allerdings machten sie für die Furcht-, Begierde- und Verheimlichungslügen «doch auch entsprechende Anlagen des Kindes» (S. 47) verantwortlich und nahmen generell «eine verschiedene Veranlagung der einzelnen Völker und Volksstämme für geringe oder große Wahrhaftigkeit» an (S. 13).

So wurde von ihnen z. B. der Nordgermane als durchschnittlich weit aufrichtiger als der Romane und der Türke als «berühmt ehrlich» angesehen.

Gute Gründe zu lügen – die Studie von Reininger

Einige Jahre später wiederholte Reininger (1927) ebenfalls in Wien die Untersuchung von Bühler/Haas (1924) mit derselben Fragestellung, wobei er eine größere Stichprobe (1948 Kinder und Jugendliche im Alter von 8–18 Jahren) und Schulen aus zwei verschiedenen Milieus einbezog. Genauere Zahlenangaben in bezug auf Anzahl der Beispiele und Größe der Untergruppen fehlen leider. Ebenso sind die Ergebnisse nur unvollständig durch Zahlenmaterial dokumentiert.

Abweichend von Bühler/Haas fand Reininger eine Zunahme der sozialen Lüge mit dem Alter, wobei gleichzeitig die asozialen Lügen abnehmen. Wie bei Bühler/Haas war der Prozentsatz der antisozialen Lüge in allen Altersgruppen gleichbleibend, wenn auch in dem sozial ungünstigen Milieu jeweils doppelt so hoch wie in dem sozial günstigen.

Reininger erklärte das Überwiegen der asozialen Lüge bei jüngeren Kindern mit deren Egozentrismus, d. h. der Betonung von ichbezogenen Bedürfnissen und Werten. Ihre Rechtfertigungsgründe stehen im Zeichen der Ich-Befriedigung. Das Kind will sich gegen störende Eingriffe von außen sichern (Furchtlügen) oder Dinge, die der Ich-Befriedigung dienen (Begierdelügen), erreichen. Mit dem Schulalter – wir würden heute sagen: mit der zunehmenden Fähigkeit zum Perspektivenwechsel – lernt das Kind die soziale Verbundenheit mit anderen bewußt schätzen und strebt soziale Werte wie Hilfsbereitschaft und Rücksichtnahme an, die soziale Lügen motivieren. Sozial begründete Rechtfertigungen für Lügen hängen auch nach Reiningers Befunden mit dem Geschlecht und dem Milieu zusammen: Sie wurden häufiger von Mädchen und von Kindern aus sozial günstigem Milieu vorgebracht.

Ähnlich wie Baumgarten und Bühler/Haas stellte auch Reininger fest, daß die Ablehnung der Lüge aufgrund praktischer Erwägungen und Erfahrungen erfolgte: Angst vor Strafe und Entdeckung wurden am häufigsten genannt, vor allem von Kindern aus sozial ungünstigem Milieu. Allerdings gaben die 12- bis 14jährigen Jungen, die unter günstigeren Bedingungen aufwuchsen, immerhin zu einem Viertel einen weiteren wichtigen Grund für die Ablehnung von Lügen an: Lügen wurde mit Feigheit, Schwäche, Charakterlosigkeit und Unmännlichkeit gleichgesetzt, was Reininger (S. 363) auf die «heldenhaften, ritterlichen Ideale(n) in der Zeit unmittelbar vor der Pubertät» zurückführte. Bühler/Haas hatten die Hoffnung geäußert, daß wenigstens in der Pubertät die Jugendlichen häufiger für «die Wahrheit aus Mut» eintreten würden. Dies ist also in Reiningers Stichprobe zumindest bei den Jungen aus oberen sozialen Schichten der Fall. Die Mädchen waren allerdings von den heldenhaften Idealen weniger angetan und argumentierten häufiger aus sozialen Gründen gegen die Lüge. Nach dem 12. Lebensjahr lehnte ein Drittel der Mädchen die Lüge aufgrund ihrer «gemeinschaftsstörenden Wirkung» ab: «Die Lüge bringt Verdruß, macht ein gutes Zusammenleben unmöglich. Sie zerstört das Vertrauen» (S. 364). Nur 10 bis 20 Prozent der älteren Jungen brachte dieses Argument.

Als lügenverursachende Milieufaktoren wurde von Reininger vor allem die «menschliche Umwelt» genannt. Mehr als die Hälfte der Lügenbeispiele der von ihm befragten Kinder war direkt (durch Befehl) oder indirekt (durch Beobachtung und Nachahmung) von Erwachsenen veranlaßt. Der Einfluß der Gleichaltrigen, der in Baumgartens Erhebung so katastrophal negativ war, erwies sich in Reiningers Untersuchung als eher geringfügig: Nur 5 bis 9 Prozent aller Lügen waren von «Kameraden» veranlaßt. Reininger hatte also keinen Grund, wie Baumgarten, an den öffentlichen Schulen zu verzweifeln. Sein Fazit: Die «so oft mit Entrüstung festgestellte Lügenhaftigkeit der Kinder erweist sich zum größten Teil als Spiegel des Verhaltens der Erwachsenen» (S. 390). Folgerichtig gehen seine pädagogischen Ratschläge dahin, daß sich der Erzieher seiner Vorbildfunktion bewußt wird, daß den natürlichen Bedürfnissen des Kindes Rechnung getragen und die «nicht selten endlosen Gebote und Verbote» (S. 393) aufzuheben sind. Verständnisvolles Eingehen auf die «Entgleisungen» des Kindes sollen eine vertrauensvolle Beziehung zwischen Kindern und Erwachsenen ermöglichen. Die «oft brutalen Strafmethoden» und einengenden Erziehungspraktiken im sozial ungünstigen Milieu führen nach Reininger nur dazu, daß Kinder und Jugendliche auf einen Verteidigungsstandpunkt gedrängt werden und Lügen als geeignetes Mittel zum Selbstschutz ansehen.

Während diese drei bisher referierten Untersuchungen in der neueren Literatur keinerlei Erwähnung mehr finden und offensichtlich in Vergessenheit geraten sind, werden in der Entwicklungspsychologie nach wie vor die Arbeiten von Piaget (1986, Original 1932) als grundlegend angesehen.

Piagets Studien zur Moral der objektiven und subjektiven Verantwortlichkeit

Piaget (1986) zeigte in seinen Studien zum moralischen Urteil auch für die Bewertung von Lügen eine Entwicklung vom «moralischen Realismus» zu einer Sichtweise subjektiver Verantwortlichkeit auf. Richtet das Kind zunächst die Aufmerksamkeit auf sichtbare äußere Ereignisse und Strafen, so werden später auch zunehmend die Absichten des Lügners berücksichtigt. Piagets Beobachtungen gründen sich auf Befragungen von 6- bis 12jährigen Kindern, denen Geschichtenpaare zum Vergleich vorgelegt wurden. Eine der beiden Geschichten behandelte entweder einfache Übertreibungen oder Fabulierungen («Ich habe einen Hund gesehen, der war so groß wie eine Kuh»), die andere Betrügereien (behaupten, man habe eine gute Zensur erhalten). Weiterhin waren eine Reihe von Geschichten zu beurteilen, in denen durch die Lüge mehr oder minder große Ungeschicklichkeiten verborgen werden sollten. Die Befunde verdeutlichen, daß zunächst als Lüge aufgefaßt wird, «was der Wahrheit nicht entspricht, unabhängig von den Absichten des Subjektes» (1986, S. 188). Im Sinne des moralischen Realismus und der damit einhergehenden Moral der objektiven Verantwortlichkeit schätzen die Kinder Lügen als um so schlimmer ein, je größer der materielle Schaden ist, mit dem sie verbunden sind, und je unwahrscheinlicher, d. h. je unglaubwürdiger die Behauptung ist. Irrtum und Lüge werden erst mit 8 Jahren klar in den Urteilen der Kinder auseinandergehalten. Daß die Kleineren dazu neigen, beides gleichzusetzen, ist nach Piaget allerdings nicht so sehr auf einen Mangel an geistiger Unterscheidungsfähigkeit zurückzuführen: «Nicht aus Mangel an Psychologie haben sie die Lüge nach den Kriterien der objektiven Verantwortlichkeit bewertet, sondern weil die Absicht ihnen vom Gesichtspunkt der Moral aus keine Rolle zu spielen schien» (1986, S. 191). Erst wenn aus der Perspektive subjektiver Verantwortlichkeit die mit der Lüge verfolgte Absicht an Bedeutung gewinnt, beurteilen die Kinder «Flunkern» aus Spaß günstiger als betrügerische Lügen und schätzen Lügen als um so weniger schlimm ein, je offensichtlicher sie sind – ganz entgegen den Wertmaßstäben objektiver Verantwortlichkeit.

Obwohl die Argumente objektiver Verantwortlichkeit im Schnitt von jüngeren Kindern vorgebracht wurden als die Argumente subjektiver Verantwortlichkeit (Altersdurchschnitt: 7 vs. 10 Jahre), sah Piaget beide Typen der Moral nicht als eigentliche Stadien, sondern führte sie vor allem auf unterschiedliche Bildungsprozesse zurück. Der erste ist der moralische Zwang der Erwachsenen, der den kindlichen Egozentrismus in intellektueller und moralischer Hinsicht verstärkt und zur Heteronomie, zur «einseitigen Achtung», führt: «Gut sein heißt, dem Willen der Erwachsenen zu gehorchen. Schlecht sein, nach seinem eigenen Kopf zu handeln» (1986, S. 237). Entsprechende Argumente der Kinder verurteilen Lügen vor allem dann, wenn sie bestraft werden, während ungestrafte Lügen günstiger eingeschätzt werden. Der zweite Prozeß ist die Zusammenarbeit, die auf den Prinzipien der Gegenseitigkeit beruht und zur Autonomie führt: In der Kooperation erfahren die Kinder die Notwendigkeit, die Wahrheit zu sagen, als «Moral des inneren Gesetzes» gegenseitiger Achtung (1986, S. 213). Argumente gegen die Lügen berufen sich dann nicht mehr auf Strafe, sondern auf den Mißbrauch gegenseitigen Vertrauens.

Daß zunächst der Zwang und die moralische Autorität der Erwachsenen das Urteil der Kinder bestimmen, zeigte sich auch darin, daß es jüngere Kinder schlimmer fanden, Erwachsene zu belügen, während Lügen gegenüber Gleichaltrigen eher akzeptiert wurden. Ältere Kinder argumentierten demgegenüber umgekehrt und lehnten Lügen gegenüber Gleichaltrigen stärker ab, wie etwa ein Zwölfjähriger: «Einen Großen zu belügen, wird man manchmal fast gezwungen, aber bei einem Kameraden ist es nicht anständig» (1986, S. 211).

Neuere Studien

Eine neuere amerikanische Studie von Peterson, Peterson und Seeto (1984) untersucht altersabhängige Veränderungen in der Bewertung verschiedener Arten von Lügen, darunter Lügen aus Selbstschutz (Leugnen eines Mißgeschicks), eine Gefälligkeitslüge (Kompliment über eine Frisur) und eine altruistische Lüge (Schutz eines kleinen Kindes vor einem Angreifer). Kinder im Alter von 5 bis 11 Jahren beurteilten die Lüge aus Selbstschutz im Vergleich zur Gefälligkeits- und zur altruistischen Lüge als schlimmer. Die Frage, ob Lügen immer falsch sei, wurde mit wachsendem Alter zunehmend verneint. Der entsprechende Anteil der Kinder stieg von 8 Prozent bei den Fünfjährigen bis zu 72 Prozent bei den Elfjährigen. Zwar wurde in dieser Studie auch danach gefragt, ob Lügen manchmal gut sein könne, die Antworten darauf wurden jedoch nicht mitgeteilt.

Auf die Frage: «Was passiert, wenn Leute Lügen erzählen?» fanden sich vier Antworttypen der Kinder: 1. Strafen und Sanktionen, 2. Verlust von Vertrauen, 3. Schuldgefühle und 4. weiß nicht. Etwa Dreiviertel der Fünf-, Acht- und Neunjährigen nannten Bestrafung als Konsequenz der Lüge, während das nur bei etwa einem Viertel der Elfjährigen der Fall war. Die Elfjährigen erwähnten demgegenüber häufiger – etwa zur Hälfte – den Vertrauensverlust als Folge einer Lüge und jeweils zu gleichen Anteilen Bestrafung und Schuldgefühle. Bei der Diskussion ihrer Ergebnisse werteten Peterson et al. die Antworten zu den Folgen der Lüge als Begründung für eine Ablehnung von Lügen (S. 1535). Dies ist sicherlich nicht gerechtfertigt.

Eine Befragung zu den Gründen, die gegen das Lügen vorgebracht werden, haben Peisach/Hardemann (1983) vorgenommen. Auf die Frage: «Warum ist es falsch zu lügen?» wußten 10 Prozent der Sechsjährigen keine Antwort, die Antworten der übrigen Kinder wurden in folgende Kategorien eingeteilt: Orientierung an Bestrafung (19 Prozent), soziale Mißbilligung des Belogenen bzw. von Autoritäten (12 Prozent), Schädigung des Belogenen (14 Prozent), Belastung der Beziehung (4 Prozent) und stereotype Antworten: Es ist eine Regel (14 Prozent), es ist ungezogen, nicht nett (25 Prozent). Diese Daten zeigen, daß schon einige sechsjährige Kinder in der Lage sind, bei moralischen Argumentationen auch die Auswirkungen des Verhaltens auf den Adressaten zu berücksichtigen und sich nicht nur am Prinzip Gehorsam orientieren.

Zusammenfassung und Fragestellung

Die Ergebnisse liefern ein uneinheitliches Bild. Einig sind sich die Forscher und Forscherinnen in folgenden Punkten:

- Das bewußte Lügen, also die absichtliche falsche Aussage zur Täuschung eines anderen, taucht erst im späten Vorschulalter auf. Viele Kinderäußerungen, die als Anzeichen für Lügen gedeutet werden, sind bedingt durch noch nicht voll entwickelte sprachliche Fähigkeiten, überschießende Phantasie, Übertreibungen der Kinder oder durch Suggestivfragen von Erwachsenen.

- Das zuerst auftauchende Motiv für bewußte Lügen ist die Furcht vor elterlicher Strafe.
- Die Angst vor Strafe und vor der Entdeckung spielt auch als Motiv für die Ablehnung der Lüge eine große Rolle. Mit zunehmendem Alter ändern sich die Gründe, die Kinder gegen Lügen vorbringen; steht zunächst die Auswirkung auf die eigene Person im Mittelpunkt, werden mit wachsendem Alter die Folgen der Lüge für die Beziehung zum Angesprochenen berücksichtigt.
- Während fünf- und sechsjährige Kinder Lügen streng verurteilen, steigt mit dem Alter der Prozentsatz der Kinder, die Lügen in manchen Situationen als gerechtfertigt ansehen.

Uneinigkeit besteht in folgenden Bereichen:
- Ergibt sich mit dem Alter eine Zunahme der antisozialen Lügen (Bühler/Haas) oder eine Zunahme der prosozialen Lügen (Reininger)? Werden Lügen zum Selbstschutz stärker verurteilt als altruistische Lügen, und gibt es hier eine altersbedingte Veränderung?
- Gibt es geschlechtsspezifische Unterschiede? Falls überhaupt, wurden Unterschiede zugunsten von Mädchen beobachtet, die Lügen häufiger durch prosoziale Motive rechtfertigen. Dies könnte jedoch Anzeichen sowohl von größerer Aufrichtigkeit als auch von größerer Verlogenheit bzw. Unkenntnis der eigenen Motive sein, argumentieren die Forscher.

Im folgenden sollen die Argumentationen untersucht werden, die Kinder nicht nur gegen Lügen, sondern vor allem auch als deren Rechtfertigung vorbringen. Gefragt wird zum einen, ob angesichts der veränderten Sozialisationspraktiken (vgl. Preuss-Lausitz et al. 1983) die Strafe bei jüngeren Kindern überhaupt noch eine wichtige Rolle in der Beurteilung von Lügen spielt. So ließe sich vermuten, daß mit der zunehmenden Kindzentriertheit der Erziehung – der Orientierung an Bedürfnissen der Kinder – die Furcht vor Strafe in den Hintergrund tritt. Zum anderen soll geklärt werden, welche Rolle prosoziale Motive in der Befürwortung von Lügen spielen. In unserer Untersuchung geht es somit um folgende Fragestellungen, wobei wir jeweils auf Alters- und Geschlechtsunterschiede achten:
1) Was verstehen Kinder unter Lügen?
2) Aus welchen Gründen werden Lügen abgelehnt?
3) Mit welchen Argumenten sehen Kinder Lügen manchmal als gerechtfertigt an?

4) In welchem Alter taucht der Begriff «Notlüge» auf, und in welchem Bedeutungszusammenhang wird er verwendet?

Die hier vorgestellten Daten wurden im Rahmen einer größeren Studie erfaßt, die das Verständnis und die Bewertung höflicher Lügen in unterschiedlichen Situationen behandelte. Befragt wurden insgesamt 108 Kinder und Jugendliche, hierunter 73 Grundschulkinder im Alter zwischen 6 und 11 Jahren sowie 35 Jugendliche zwischen 13 und 17 Jahren. Die GrundschülerInnen (35 Jungen und 38 Mädchen) wurden zu drei annähernd gleich großen Altersgruppen zusammengefaßt: Sechs-, Acht- und Zehnjährige, die jeweils mehr als 20 Kinder umfassen. Die Gruppe der Jugendlichen besteht etwa zu gleichen Teilen aus Jungen und Mädchen, die aus den Klassenstufen 8 und 9 eines Gymnasiums (n = 17) und einer Hauptschule (n = 18) stammen. Da das Alter der Jugendlichen im Bereich von 13 bis 17 Jahren deutlich variiert, wurden für einige Analysen zwei Altersgruppen gebildet, wobei 21 Jugendliche zu den Dreizehn- und Vierzehnjährigen gehören und die restlichen 14 die Altersgruppe der Fünfzehn- bis Siebzehnjährigen bilden. Die Befragten stammen aus Schulen mit einem schichtmäßig ausgewogenen Einzugsbereich (von oberer Unterschicht bis zu oberer Mittelschicht, Extremgruppen fehlen).

Die Untersuchung wurde mittels strukturierter Einzelinterviews zu vier Bildergeschichten durchgeführt. Die Geschichten handelten davon, daß ein Kind eine andere Person mit einer höflichen Lüge tröstet, um ein Mißgeschick («Der mißlungene Kuchen») bzw. einen sozialen Makel («Der häßliche Pullover») zu überspielen (s. das nächste Kapitel). Die Kinder wurden nach den möglichen Motiven des Sprechers und nach ihrer Bewertung seiner Äußerung gefragt. Hieran schlossen sich allgemeine Fragen zu den Bereichen Lügen und Höflichkeit an. Die folgenden Auswertungen beziehen sich auf die Lügen. Was Kinder über höfliche Lügen und den Zusammenhang von Lügen und Höflichkeit denken, ist Gegenstand des folgenden Kapitels.

Die im Anschluß an die Bildergeschichten gestellten allgemeinen Fragen lauteten:

1.) Was ist Lügen?
2.) Warum darf man nicht lügen?
3.) Kannst du dir vorstellen, daß man manchmal doch lügen darf? – Warum (nicht)?
4.) Kam in den Geschichten Höflichkeit vor? – Falls ja: Wo war das?

Ergebnisse

1) Definition von Lüge und Lügenbeispiele

Auf die Frage: «Was ist Lügen?» geben neun der 108 Kinder keine oder unklare Antworten. Drei von ihnen verwechseln Lügen mit Petzen, haben also keine klare Vorstellung von diesen Begriffen. Piaget stellte fest, daß Fünf- und Sechsjährige Lügen gleichsetzten mit «häßlichen Worten» bzw. «Worten, die man nicht sagen darf»; in diesem Sinne ist die Verwechslung von Lügen und Petzen verständlich. Dreiviertel aller Befragten (n = 81) verwenden eine Definition, die auf eine Nichtübereinstimmung von Aussage und Sachverhalt verweist. Einerseits geben sie allgemeine Definitionen wie: *«Wenn man nicht die Wahrheit sagt»* (das entspricht der Antwort: *«Lügen ist etwas, das nicht wahr ist*», die Piaget bei den Sechs- bis Zehnjährigen ebenfalls beobachtete), oder: *«Lügen ist, wenn man innerlich eine andere Meinung hat als das, was man ausspricht»* (was der Definition von Augustinus nahekommt). Andererseits werden konkrete Beispiele geliefert: *«Wenn ich sage, daß ich ein Fahrrad habe, und es stimmt gar nicht.»*

Erst bei den älteren Kindern (ab 10 Jahren) tauchen differenziertere Antworten auf. Sieben der insgesamt 61 älteren Kinder verwenden – ganz im Sinne Piagets – die Täuschungsabsicht als definierendes Merkmal und grenzen Lügen von Irrtum, Scherz, Vergeßlichkeit und «Schusseligkeit» ab. Zehn weitere Kinder liefern eine spontane Bewertung der Schwere verschiedener Lügen. Einige Zitate verdeutlichen, daß der Anlaß der Täuschung und der Adressat hierbei entscheidend sind:

Felix, 10 Jahre: *Wenn man Mutter Geld klaut, da darf man nicht lügen. Wenn man dem Bruder Spielzeug geklaut hätte, wäre das Lügen nicht ganz so schlimm.*

Nina, 10 Jahre: *Wenn man was sagt, das nicht stimmt. Es kann auch 'ne gute Lüge sein oder 'ne schlechte Lüge. Man kann die Lüge gebrauchen, um irgend etwas nicht so schlimm zu machen, man kann aber auch durch die Lüge etwas besser machen, wie bei der Bildergeschichte, wo die Petra dem armen Kind sagt: «Dein Pullover ist schön.» Da find ich's echt gut, wenn man lügt.*

Carmen, 13 Jahre, Gymnasium: *Das kommt auf die Situation drauf an. Also eine Notlüge wäre: Ich komme zu spät zur Schule, weil ich noch jemand getroffen und mich unterhalten habe, und sage dann: «Ich habe verschlafen», das wäre für mich eine Notlüge. Eine richtige Lüge wäre, wenn ich meiner Mutter sage: «Ich war in der Schule», wenn ich nicht da war.*

Betrachtet man **Art** und **Anlaß** der von den Kindern gelieferten Lügen-Beispiele näher, so zeigen sich deutliche Altersunterschiede. Zwölf Kinder, sechs Jungen und sechs Mädchen, der Altersgruppe I (Sechsjährige) nennen Beispiele, wobei fünf von den vorgegebenen Geschichten inspiriert sind und als Lügen bezeichnen, wenn man etwas nicht gut findet, aber das Gegenteil behauptet (4 Mädchen, 1 Junge). Die übrigen sieben Kinder geben fast ausschließlich Beispiele für Prahlereien, vier von ihnen bezüglich attraktiver Besitztümer (nach dem Muster: «*Ich sage, ich habe etwas – z. B. eine Katze, einen Walkman, was Schönes –, und es stimmt gar nicht.*»). Eine weitere Angeberei bezieht sich auf vorgebliches Wissen. Nur ein Lügenbeispiel hebt die schlichte, offensichtliche Falschaussage hervor. (Stefan: «*Wenn ich ein ferngesteuertes Auto habe und alle fragen: ‹Was ist das?›, und ich sage‹Ein Kassettenrecorder›. Dann ist das falsch, das ist lügen.*»)

Die Lügenbeispiele von Kindern dieser Altersgruppe beziehen sich auf einen konkreten Gegenstand, über den man eine falsche Behauptung trifft. Kinder der Altersgruppe II (Achtjährige), die 18 Beispiele liefern – zwölf stammen von Jungen, sechs von Mädchen –, nennen demgegenüber eher Handlungen. Knapp zur Hälfte, nämlich achtmal, werden prosoziale Lügen genannt, wobei wiederum drei Beispiele aus den vorherigen Geschichten stammen und die restlichen fünf ähnlich gelagert sind (etwas nicht gut finden, aber sagen, daß es einem gefällt): So meint Juliane: «*Wenn du jetzt 'nen Zopf hast mit 'ner Spange und ich sag: Das sieht gut aus – aber in echt sieht das nicht gut aus.*»

Prahlereien mit Besitz (Fahrrad, Radio) finden sich bei den Achtjährigen nur zweimal, während sieben Beispiele Selbstschutz thematisieren. Vier von diesen lassen sich als Lügen zum Selbstschutz im engeren Sinne bezeichnen, durch die ein eigenes Vergehen vertuscht werden soll – dreimal geht es um Geld, das der Mutter heimlich weggenommen wurde, einmal um Schulschwänzen –, und drei weitere sind von Jungen vorgebrachte Bequemlichkeitslügen, durch die man sich vor Unannehmlichkeiten (aufdringlichen Freunden) oder lästigen Pflichten (dem Zähneputzen) schützen möchte. Nur ein Beispiel entspricht der abschreckenden Geschichte, die Erwachsene häufig Kindern vorhalten, um sie von der schädlichen Wirkung von Lügen zu überzeugen: ohne Anlaß um Hilfe rufen – und damit die Glaubwürdigkeit für den Ernstfall zu verlieren.

Etwa die Hälfte der von den Achtjährigen aufgezeigten Lügen ist also auf die eigene Person bezogen (Prahlerei, Selbstschutz, Bequemlichkeit), während die andere Hälfte dem Schutze anderer dient, also prosozial motiviert ist. Der Unterschied zu den Sechsjährigen liegt vor allem in der Art selbstbezogener Motive: Steht bei den Kleinen noch die Prahlerei im Vordergrund, so sind die Älteren eher darum bemüht, Missetaten zu vertuschen.

Die Kinder der Altersgruppe III (Zehnjährige) liefern 13 Beispiele (sieben von Mädchen, sechs von Jungen). In mehr als der Hälfte der Fälle, nämlich achtmal, geht es darum, Delikte abzustreiten und sich dadurch zu schützen. (Man hat sich gekloppt, der Mutter Geld weggenommen, das Schulbrot weggeschmissen oder allgemein: man hat was angestellt.) Nur eines dieser Beispiele ist eine Schullüge, wie Baumgarten sie als Standardausrede beobachtete. (Die Aufgaben in Mathe sind nicht gemacht, und der Schüler behauptet, er habe das Heft vergessen.) Eine zweite Lüge zu schulischen Belangen gehört zu den einzigen beiden Bequemlichkeitslügen, die von Kindern dieser Altersgruppe vorgebracht wurden. (Man streitet der Mutter gegenüber ab, daß man Hausaufgaben aufhabe; man sagt der Freundin, man sei im Schwimmbad gewesen.) Neu hinzu tritt eine Verleumdung, wobei allerdings unklar bleibt, ob sie nicht auch dem Selbstschutz dient (das Kind hat der Mutter Geld weggenommen und beschuldigt den Bruder). Wie schon bei den Achtjährigen, stehen Prahlereien ganz im Hintergrund. Sie finden sich nur einmal (man könne Auto fahren). Auch prosoziale Lügen werden kaum genannt, da diese – wie wir noch sehen werden – von den älteren Kindern als gerechtfertigt betrachtet und somit nicht mehr zu den prototypischen Lügen gerechnet werden. Nur zwei Kinder beziehen sich auf Lügen, in denen jemandem vorgespielt wird, man würde sie/ihn gern haben, ohne daß dies stimmt.

Die 35 Jugendlichen (Altersgruppe IV) liefern nur noch zwölf Beispiele, wobei in acht Fällen der Selbstschutz im Vordergrund steht (viermal soll vertuscht werden, daß sie etwas «angestellt» haben, zweimal soll ein verbotener Besuch und zweimal eine Sechs bzw. ein Tadel in der Schule gegenüber den Eltern verborgen werden). Verleumdungen mit ausdrücklich antisozialen Zielen werden zweimal vorgebracht. Prahlerei wird nur einmal genannt, und das einzige Beispiel für eine prosoziale Lüge stammt aus den zuvor behandelten Geschichten.

Wesentliches Motiv zu lügen ist also bei den jüngeren Kindern die **Prahlerei**, bei den älteren der **Selbstschutz**, sei es bei Delikten oder aus Bequemlichkeit. Für Jugendliche ist die **Auseinandersetzung mit Autoritäten** ein wichtiger Anlaß zu lügen. Im Vergleich zu den von Baumgarten berichteten Lügenarten sind große Unterschiede zu konstatieren: Was in den Antworten unserer Kinder völlig fehlt, sind Begierdelügen, Lügen zur Vertuschung von Naschhaftigkeit und Ungeschicklichkeiten sowie Lügen, die die Nichterfüllung häuslicher Pflichten oder elterlicher Befehle verbergen sollen. Auch Schullügen werden nur in zwei Beispielen genannt, was hoffen läßt, daß die Angst vor schlechten Noten abgenommen hat.

Sofern die Adressaten der beispielhaft genannten Lügen genannt bzw. deutlich werden, ist folgendes festzustellen: Die sechsjährigen Kinder nennen fast ausschließlich Lügen gegenüber Gleichaltrigen. Bei den Achtjährigen sind fast drei Viertel der Lügen an Kinder gerichtet. Von den Zehnjährigen und den Jugendlichen sind über die Hälfte der Lügenbeispiele an die Adresse von Autoritäten, zumeist die Eltern, gerichtet. Indirekt bestätigt sich damit Piagets These, daß jüngere Kinder es nicht so schlimm finden, andere Kinder zu belügen – wohl aber Erwachsene, während ältere Kinder es ablehnen, Gleichaltrige zu belügen, weil sie das für nicht anständig halten. Scheinen sich die früher und heute von Kindern bevorzugten Adressaten für Lügen nicht zu unterscheiden, so gilt dies nicht für die beispielhaft genannten Lügner. Nur zweimal tauchen Erwachsene als Lügner auf, alle anderen Beispiele stammen aus der Lebenswelt der Kinder. In den Studien von Bühler/Haas und Reininger wurden demgegenüber auch viele Lügenbeispiele von Erwachsenen genannt.

2) Gründe gegen das Lügen

Die Antworten der Kinder auf die Frage «Darf man lügen? – Warum nicht?» lassen sich in fünf Kategorien einteilen (wobei 3 Antworten nicht zuzuordnen waren):

(1) Fehlende und tautologische Begründungen (*«weil es nicht schön ist», «weiß nicht»)* werden von 18 Prozent der Kinder gegeben.

(2) **Normative Argumente**, die sich zumeist auf eine religiös begründete Wahrheitsnorm beziehen, bringen 16 Prozent der Kinder vor.

Einige Beispiele dazu lauten:

- *«Es ist von den 10 Geboten ein Gebot.»*
- *«Ist was Schlechtes, steht schon in der Bibel.»*
- *«Aus religiösen Gründen, weil, dann müßte ich ja theoretisch beichten gehen – nur beichte ich nicht gerne.»*
- *«Bei Christen ist das so, da darf man nicht lügen, weil das gegen den Glauben ist.»* (Interviewerin: *«Und wenn einer ungläubig ist?»)* *«Dann dürfte er auch nicht lügen, könnte dies aber besser. Eigentlich dürften beide nicht lügen, aber leichter fällt es dem, der nicht glaubt.»*

(3) **Pragmatisch-utilitaristische Erwägungen** nennen 19 Prozent der Kinder, wobei zwei Argumente unterschieden werden können:

a) **Angst vor Entdeckung** bzw. Angst vor **negativen Handlungsfolgen** führen 11 Prozent der Kinder an. Ein sechsjähriger Junge behauptet etwa mit Bestimmtheit, man dürfe nicht lügen, *«weil's strengstens verboten ist, dann kommt man ins Altersheim!»* – Die älteren Kinder befürchten Ärger mit den Eltern, wenn herauskommt, daß sie gelogen haben.

b) Daß die **Glaubwürdigkeit** des Sprechers leiden könnte (*«Irgendwann glaubt mir keiner mehr»*), geben 8 Prozent der Kinder als Grund gegen das Lügen an.

(4) Auf den Adressaten bezogene Gegenargumente bringen 25 Prozent der Kinder vor. In diese Kategorie fallen alle Äußerungen, die **nachteilige Konsequenzen** der Lüge **für den Angesprochenen**, d. h. für den Belogenen, hervorheben. Teils äußern sich die Kinder unspezifisch (*«Das ist nicht gut für ihn», «... nicht schön für ihn»)*, teils werden handlungsbezogene kognitive und emotionale Folgen berücksichtigt: Der Adressat kann sich bei falscher Ortsangabe verirren; er weiß dann nicht richtig Bescheid; er kann wütend werden, wenn's nicht stimmt bzw. enttäuscht sein über den Lügner etc.

(5) Nachteile für die **Beziehung** zwischen Lügner und Belogenem sprechen 19 Prozent der Kinder an. Etwa die Hälfte von ihnen befürchten eine Belastung bzw. Beendigung der Beziehung (*«Die*

Freundschaft könnte zerbrechen», «Man kriegt keine Freunde»); die andere Hälfte spricht ausdrücklich davon, daß durch Lügen das Vertrauen schwindet.

Dazu Carmen, 13, Gymnasiastin: *«Das hat mit dem Gewissen zu tun; es sollte Offenheit herrschen und Vertrauen. Man sollte dem anderen vertrauen können, denn wenn man dauernd angelogen wird, dann kann man kein Vertrauen aufbauen, und das Vertrauen muß dasein.»*

Das von Carmen beschriebene Ideal wird im Ernstfall jedoch nicht verwirklicht, denn auf die Frage: «Darf man manchmal lügen?» antwortet sie:

«Ja. Na z. B., sagen wir mal, ich habe einen Freund, und der kann das überhaupt nicht ab, wenn er weiß, daß ich schon davor einen Freund gehabt hab, wenn ich dann sage: ‹nein, ich hatte noch keinen›, aber ich weiß, daß der die Leute nicht kennt – darauf kommt's an, sonst kann man's vergessen, die reden vielleicht darüber, oder… –, dann würd ich vielleicht schon lügen, dem anderen zuliebe.»

Betrachten wir die Ergebnisse getrennt nach Geschlecht und Alter, so finden sich keinerlei Unterschiede zwischen Jungen und Mädchen, wohl aber hochsignifikante Altersunterschiede (s. dazu Tabelle 2).

Tabelle 2: Prozentuale Häufigkeit der Argumente gegen Lügen je Altersgruppe

	Altersgruppen			
Argumente	**I**	**II**	**III**	**IV**
tautol., weiß nicht	50	23	20	0
normativ	8	11	15	26
pragmatisch (Fokus: Selbstschutz)	8	8	0	23
Schutz des Adressaten	25	58	40	14
Schutz der Beziehung	8	–	25	37
Gesamt	100	100	100	100

Anmerkung: Abweichungen der Spaltensumme von 100 Prozent beruhen auf Rundungsfehlern.

Während die tautologischen und «Ich-weiß-nicht»-Antworten mit steigendem Alter abnehmen, ist eine deutliche Zunahme der Begründungen zu verzeichnen, die sich auf den Schutz der Beziehung zwischen Sprecher und Adressaten richten. Der hohe Anteil der pragmatischen Erwägungen in der Altersgruppe IV geht fast ausschließlich auf das Konto der dreizehn- und vierzehnjährigen Hauptschüler. Ihre Argumentationen lauten zumeist: *«Lügen bringt nichts»* bzw. *«Man handelt sich nur Ärger mit den Eltern ein, wenn es herauskommt.»* Bei den Gymnasiasten ist die häufigste Antwortkategorie der Vertrauensverlust.

3) Gerechtfertigte Lügen aus Sicht der Kinder

Die Frage: «Kannst du dir vorstellen, daß man manchmal lügen darf?» wird von immerhin 13 Kindern – es sind vorwiegend die Sechsjährigen – verneint. Weitere 16 Kinder, wieder fast alle zu den jüngeren zählend, wissen keine Antwort auf die Frage, und ein Kind verwechselt Lügen mit Petzen. Oder umgekehrt: Über die Hälfte der Sechs- und Achtjährigen können Gründe für die Rechtfertigung von Lügen angeben. Von diesen 78 Kindern und Jugendlichen werden folgende Argumente vorgebracht, die in der Reihenfolge ihrer Häufigkeit aufgeführt sind (der prozentuale Anteil steht in Klammern, wobei sechs Kinder mehrere Gründe nennen):

- **Prosoziale Lügen** zum Schutz des Adressaten vor negativen Gefühlen (49 Prozent): Dabei kann beispielsweise Mitleid und Fürsorge im Zentrum stehen: *«Ärzte, die dürfen lügen, wenn die sagen: ‹Ja, wir kriegen Sie gesund›, obwohl sie wissen, daß die den nie mehr gesund kriegen, und er dann nicht 'n halbes Jahr daliegt und denkt ‹Ach, ich werde sowieso sterben›»*. Ähnlich argumentiert Markus, ein sechzehnjähriger Hauptschüler: *«Wenn derjenige aus gesundheitlichen Gründen oder aus psychischen das nicht verkraften kann, dann muß man auf jeden Fall lügen.»* Auch Neid und Enttäuschung bei Ungleichbehandlung sollen durch Lügen vermieden werden. So würde Fabian nicht erzählen, daß Oma ihm 100,— DM geschenkt hat, denn *«sonst sind die anderen, die nichts kriegen, traurig»*.
  Ebenfalls prosozial motiviert sind Lügen aus Höflichkeit, wobei die Kinder Fragen der Anstands- und der Höflichkeitsnormen ausdrücklich thematisieren: *«Aus Anstand, wenn man höflich ist, ist Lügen gerechtfertigt, aber nicht in so Fällen, wo's einem selber nützt»* (Eva, 11).

- **Selbstschutz-Lügen**, um Vergehen bzw. Verbrechen zu vertuschen und der Strafe zu entgehen (19 Prozent). Mord und Diebstahl sind die am häufigsten genannten Delikte, die laut Meinung dieser Kinder eine Lüge rechtfertigen. Dazu als Beispiel Frederick, 8: *«Manchmal muß man sogar lügen. Verbrecher, also, wenn die Polizei fragt: ‹Haben Sie den Tresor geknackt?›, dann lügen Verbrecher natürlich, weil, sonst kommen sie ja ins Gefängnis.»* Auch Lena ist dieser Meinung: *«Sonst kommt man ins Gefängnis, wenn man Räuber ist, wenn man was geklaut hat.»* Während sich etwa die Hälfte der Beispiele in dieser Kategorie auf Räuber und Verbrecher bezieht, geht es in den übrigen Beispielen um den Schutz des Kindes vor Strafe, wobei die Straftaten Diebstahl (z.B. aus Nachbars Garten Steine klauen) oder Beschädigung fremden Eigentums (Scheibe einschlagen) umfassen. Rico (8) vertritt ebenfalls die Überzeugung, *«im Notfall»* dürfe man lügen: *«Beim Mordanschlag, bei Geld- oder Schmuck-Klauen.»*
- **Verlegenheitslügen** und **Ausreden** (17 Prozent), z. B.: jemanden am Telefon verleugnen und sagen, daß Vater nicht da ist; sich herausreden, wenn man eine Verabredung vergessen oder einen Termin verpaßt hat.
- **Lügen aus gerechtfertigter Notwehr** (8 Prozent): *«Wenn Juden im Krieg geleugnet haben, Juden zu sein, das wäre gerechtfertigt.» – «Feinden gegenüber darf man lügen, weil man Freunde nicht im Stich lassen darf.»*
- **Schul- und Behördenlügen** (6 Prozent), z. B. wenn man die Schularbeiten vergessen hat oder absichtlich getrödelt hat und behauptet, man habe verschlafen. Das Beispiel einer Behördenlüge taucht einmal auf: Die Mutter hat sich krank schreiben lassen, weil sie nicht arbeiten wollte.
- **Lügen aus Scherz** (flunkern, Quatsch reden) (4 Prozent): *«Beim Sportunterricht den Jungen sagen, es wären noch Mädchen in Unterhosen in der Umkleidekabine, und die Jungen versuchen, was zu sehen»* (Annika, 8). Ein zehnjähriges Mädchen meint: *«Ohne Lügen, ich glaube, dann wär es auch nicht so lustig! Wenn einer im Hort zu spät gekommen ist, haben wir gesagt, daß er vom Auto überfahren wurde. Unser Erzieher hat immer gesagt: ‹Das ist nicht schön, wenn man das sagt›. Aber für uns war das immer lustig, wenn man einen anschmiert.»*
- **Lügen aus Prahlerei, Angeberei** (3 Prozent): *«Wenn man nicht*

schwimmen kann, aber sagt: ‹Na klar, kann ich!›» – «Wenn man in Deutsch 'ne Fünf hat und sagt, man hat 'ne Zwei.»

Die von den Kindern genannten Rechtfertigungsgründe von Lügen wurden in vier Kategorien zusammengefaßt, die die Unterscheidung zwischen mehr oder minder schweren Lügen zum eigenen Vorteil und prosozialen Lügen hervorheben:

a) unklare bzw. fehlende Begründungen,
b) Lügen zum Schutz vor Strafe und Vertuschen eines Vergehens, Behördenlügen mit deutlich antisozialem Charakter,
c) Alltags- und Verlegenheitslügen (Ausreden, Prahlereien, Flunkern). Auch die Schullügen wurden hier eingeordnet.
d) Soziale Lügen (Lügen zur Schonung anderer, Lügen aus Höflichkeit, aber auch aus gerechtfertigter Notwehr).

Die Ergebnisse für die einzelnen Altersstufen sind in Tabelle 3 zusammengefaßt. Geschlechtsunterschiede bestehen nicht, wohl aber hochsignifikante Altersunterschiede.

Tabelle 3: Prozentuale Häufigkeit der Antworten zur Rechtfertigung von Lügen je Altersgruppe

Argumentationen	**Altersgruppen**			
	I	**II**	**III**	**IV**
weiß nicht, unklar	58	22	0	0
unsozialer Selbstschutz	21	33	5	9
Alltags-, Verlegenheitslüge	10	22	45	20
prosoziale Lügen	10	22	50	71
Gesamt	100	100	100	100

Anmerkung: Abweichungen der Spaltensumme von 100 Prozent beruhen auf Rundungsfehlern.

In den Rechtfertigungen von Lügen überwiegen bei den jüngeren Kindern die Lügen zum unsozialen Selbstschutz, bei den Zehnjährigen bilden Alltags- und Verlegenheitslügen sowie prosoziale Lügen die häufigsten Antworten, und den Jugendlichen erscheinen hauptsächlich die prosozialen Lügen als gerechtfertigt.

Auch eine Einteilung der Daten nach Kategorien von Bühler/Haas ergibt einen hochsignifikanten Altersunterschied. Während die unsozialen Lügen abnehmen, werden mit steigendem Alter mehr prosoziale Lügen genannt. Hierbei muß hervorgehoben werden, daß die Lügen, die nach Bühler/Haas in die Kategorie «antisozial» fallen (Verheimlichung von Schäden, Übervorteilung und Verleumdung), in unserer Stichprobe nicht auftauchen.

4) Begriffliche Differenzierung: Zum Konzept der Notlüge

Von den Kindern unserer Stichprobe, die der Meinung sind, man dürfe manchmal lügen, sprechen 29 Kinder (10 Jungen und 19 Mädchen) ausdrücklich von der «Notlüge», wobei sich eine deutliche Altersabhängigkeit abzeichnet. Während keines des sechs- und achtjährigen Kinder den Ausdruck «Notlüge» verwendet, tun dies über ein Drittel der Zehnjährigen und fast zwei Drittel der Jugendlichen. Das jüngste Kind, das die Bezeichnung Notlüge verwendet, ist der neunjährige Niklas. Er argumentiert:

«Wenn man's z. B. eilig hat und irgendwohin will, und die Mutter fragt: ‹Hast du schon Mathe gemacht?›, und man sagt: ‹Ja›, und hat am nächsten Tag kein Mathe, dann könnt' man das schon machen. Na ja, bei einer Notlüge macht man das halt, weil man es wahrscheinlich eilig hat – aber bei einer Lüge ist das nicht so gut, weil man wahrscheinlich Zeit hat.»

Wichtig scheint ihm einerseits zu sein, daß er die Aufgaben auch am nächsten Tag machen könnte, die Pflicht also nicht zwangsläufig ganz vernachlässigt, und daß ein äußerer Grund hinzukommt, der den Selbstschutz vor Mutters Kontrolle rechtfertigt.

Um den Bedeutungsgehalt des kindlichen Konzepts von Notlüge zu erfassen, wollen wir anhand einer qualitativen Analyse der Antworten feststellen, welche semantische Dimensionen der Ausdruck umfaßt, nämlich: Wer befindet sich in der Notlage (Sprecher oder Adressat?). Wie ist diese Situation zustande gekommen? Wovor soll die Notlüge schützen? In dem Beispiel von Niklas befindet beispielsweise er selbst sich in einer mißlichen Lage und möchte sich vor der sofortigen Ausführung einer lästigen Arbeit drücken. Sechs Kinder der Altersgruppe III (Zehnjährige) sprechen von einer Notlüge, wobei zweimal der Sprecher in «Not» ist und abstreitet, etwas gemacht zu haben, *«was nicht so besonders»* war bzw. nicht zugeben will, daß er nicht schwimmen kann; zweimal wird der Adressat in Schutz genommen: Er soll wie in den vorgegebenen Geschichten – durch die Wahrheit nicht gekränkt werden, und bei zwei Antworten ist der Bezug unklar. Von den Jugendlichen wird die Notlüge mehrheitlich auf Situationen bezogen, die dem Adressaten Rücksicht und Schonung angedeihen lassen. Selbst die von ihnen genannten Notlügen, die dem Selbstschutz dienen, sind «edler» motiviert: Es geht um gerechtfertigte Notwehr gegenüber Feinden, um Lügen, die – wie zwei Jugendliche betonen – anderen nicht schaden dürfen, sowie um Ausreden, um die eigene Vergeßlichkeit (Termin verpaßt, Geld vergessen) zu vertuschen.

Von den kleinen Kindern wird der Ausdruck Notlüge nicht verwendet, sie sprechen aber von Situationen, in denen ihrer Meinung nach Lügen gerechtfertigt sind und die sie mit Worten beschreiben wie: *«wenn es ein wichtiger Fall ist», «wenn es was Schlimmes ist, im Gefängnis», «wenn es notfällig ist», «wenn man aufgehängt wird»,»wenn es ein Notfall ist ... daß man mit 'n Ball in eine Fensterscheibe reinschießt und die hat 'ne Alarmanlage.»* Rico (8) vertritt ebenfalls die Überzeugung, *«im Notfall»* dürfe man lügen: *«Beim Mordanschlag, beim Geld- oder Schmuck-Klauen.»*
Wir folgern daraus, daß diese jüngeren Kinder schon erste Ansätze eines Konzepts von Notlügen entwickelt haben. Ihre Beispiele beziehen sich dabei auf den Selbstschutz, um schlimme Vergehen, wie Raub, Mord und sonstige Missetaten, zu vertuschen und Strafe zu vermeiden – also eine Analogie zur Notwehr. Bei den älteren sind es nicht mehr die schweren Vergehen, die durch Lügen vertuscht werden sollen, sondern nur noch geringfügige Normübertretungen (Manuel, 8: *«nur bei kleinen Sachen»*; Holger, 10: *«darf aber nur klitzeklein sein»)*. In schwerwiegenden Fällen überwiegt das Ehrlichkeitsgebot.

Schlußfolgerungen

Betrachtet man die von den Kindern genannten **Lügenbeispiele**, so zeigen sich deutliche Abweichungen zu den Befunden von Bühler/Haas und Reininger. Nannten die Kinder in den frühen Studien fast zur Hälfte Beispiele für Lügen von Erwachsenen, so gilt dies nur für zwei der hier befragten Kinder. Alle anderen Beispiele beziehen sich auf Kinderlügen. Daraus ist sicherlich nicht zu schließen, die Kinder hätten es heute mit ehrlicheren Erwachsenen zu tun. Wir vermuten eher einen Methodeneffekt: Die Befragung fand im Zusammenhang mit Bildergeschichten statt, in denen Kinder die Hauptakteure waren. Dies dürfte sich auch entsprechend in den Beispielen niedergeschlagen haben. Ein Einfluß dieser Geschichten auf die von den Kindern genannten Lügenarten ist vor allem bei den Jüngeren festzustellen: Acht Beispiele für Lügen, die Kinder der Altersgruppen I und II anführen, sind direkt von unseren Geschichten inspiriert, enthalten also ebenfalls Lügen aus Höflichkeit bzw. Gefälligkeit. Allerdings ist auch eine zweite Interpretation denkbar: Vielleicht hat eine geringere Furcht der Kinder, sich bloßzustellen bzw. verdächtig zu machen, dazu beigetragen, offener über eigene Lügen oder die von Altersgenossen zu sprechen. Liberalere Erziehungspraktiken ebenso wie die entspannte Befragungssituation mögen dies unterstützt haben.

Auch die Inhalte und Anlässe der von den Kindern genannten Lügen entsprechen nicht den von Baumgarten berichteten. Schullügen sind weitgehend in den Hintergrund getreten, und Begierdelügen sowie solche zur Verheimlichung von Naschereien, Ungeschicklichkeiten oder mangelnder Erfüllung häuslicher Pflichten finden sich überhaupt nicht mehr unter den genannten Beispielen. Dies läßt zwar keineswegs darauf schließen, daß derartige Lügen nicht mehr zum Repertoire der Kinder gehören. Sie scheinen allerdings nur noch eine Nebenrolle zu spielen. Es liegt nahe, diese unterschiedlichen Inhalte der Lügen vorrangig auf veränderte Erziehungsziele und -praktiken zurückzuführen. Naschhaftigkeit dürfte mit gestiegenem Wohlstand kein Vergehen mehr sein, zumal Süßigkeiten vielfach die Funktion der «Pausenbrote» übernommen haben, und die Beteiligung der Kinder an Haushaltsaufgaben ist mit zunehmender Technisierung des Haushalts deutlich zurückgegangen. Zudem dürfte die Nichterfüllung häuslicher Pflichten und elterlicher Befehle eher Anlaß für ein klärendes Gespräch als für Strafen geworden sein, so daß die Kinder weniger handfeste Gründe haben, sich durch Lügen den unangenehmen Folgen ihrer Unterlassungen zu entziehen. Geblieben sind jedoch die elterlichen Sanktionen bei kleineren Vergehen, etwa wenn der Mutter Geld weggenommen wurde, Steine aus Nachbars Garten geklaut wurden oder Dinge von Fremden beschädigt wurden. Der von den Kindern angesprochene Bereich bezog sich vor allem auf Eigentum.

Daß sich die Reaktionen der Eltern und anderer Autoritäten auf Kinderlügen verändert haben, legen auch die Befunde zu den **Gründen für die Ablehnung von Lügen** nahe. Angst vor Strafe und Entdekkung, die bei Baumgarten und Bühler/Haas eine wichtige Rolle als Argument gegen das Lügen spielte, wird in unserer Stichprobe nur von den jüngeren Kindern in nennenswertem Ausmaß angeführt. Die älteren berücksichtigen stärker die Auswirkungen der Lüge auf den Belogenen – vor allem dessen Gefühle – und auf die Beziehung zu ihm, wobei die Gefährdung von Freundschaft und Vertrauen hervorgehoben wird. Letzteres zeigte sich auch in den Untersuchungen von Peterson et al. und von Reininger, wenngleich Reininger dies am ehesten für Kinder aus gutem Milieu und für Mädchen berichtet. Bei Kindern und Jugendlichen aus sozial ungünstigem Milieu beobachtete Reininger demgegenüber häufiger Angst vor Entdeckung als Grund, sich gegen Lügen auszusprechen. Auch in unserer Studie sind es insbesondere Hauptschüler im frühen Jugendalter, die Lügen aus Angst vor Entdeckung ablehnen.

Frühere Untersuchungen haben auf den Adressaten bezogene Gründe gegen das Lügen nicht als eigene Kategorie ausgewiesen, so daß in dieser Hinsicht kein direkter Vergleich möglich ist. Es ist jedoch plausibel, daß die Kinder bei der Argumentation gegen Lügen zunächst den anderen und dann erst die Beziehung zwischen Lügner und Belogenem betrachten, entspricht dies doch der Entwicklung der Perspektivenübernahme nach Selman (1984), die sich im Sinne einer entwicklungslogischen Abfolge von der einfachen Perspektivenübernahme (Stufe 1) zur gleichzeitigen, koordinierten Perspektivenübernahme (Stufe 2) vollzieht.

Schließlich sei noch erwähnt, daß eine religiös begründete Angst vor Lügen in unserer Stichprobe ebensowenig genannt wurde wie die «heldenhaften, ritterlichen Ideale», die in Reiningers Studie Lügen als Ausdruck von Feigheit, Unmännlichkeit und Charakterlosigkeit erscheinen ließen. Das deutet darauf hin, daß das moralische Urteil stark von kulturellen Faktoren geprägt ist.

Die nächste Frage lautete: **Wie rechtfertigen Kinder Lügen?** Hier zeigt sich in unserer Befragung ein klarer Alterstrend: Während jüngere Kinder Lügen zum Selbstschutz am häufigsten als gerechtfertigt ansehen (die Hälfte der Beispiele bezieht sich allerdings auf Räuber und Verbrecher, nicht auf ihre eigene Person), nennen die älteren vorwiegend Lügen zum Schutze anderer. Auch am Konzept der **Notlüge** wurde deutlich, daß sich im Laufe der kindlichen Entwicklung die Aufmerksamkeit vom Selbst zum anderen verschiebt. Zudem verändert sich die Notlage von einer physischen Not mit greifbaren Konsequenzen (Strafe, Gefängnis, Aufhängen) zu einer seelischen Notlage, in der psychische Verletzungen (Peinlichkeit, Kränkung) vermieden werden sollen. So bezeichnen einige der älteren Kinder die in unseren Geschichten vorgegebenen höflichen Lügen («Ja danke, der Kuchen schmeckt» beim mißlungenen Kuchen bzw. «Dein Pullover ist schön» beim häßlichen Pullover) als Notlügen. Auf den Zusammenhang von Lügen und Höflichkeit werden wir jedoch erst im folgenden Kapitel näher eingehen.

Antisoziale Lügen wie solche zur Verheimlichung von Schäden, zur Verleumdung und Übervorteilung anderer, die immerhin fast ein Viertel der von Bühler/Haas befragten Kinder als gerechtfertigt ansahen, tauchen in den Angaben unserer Kinder allenfalls als Beispiele für nicht zulässige Lügen auf. Wie schon bei den Lügenbeispielen scheinen auch hier die besseren materiellen Verhältnisse, das positivere, unterstützendere Verhältnis zwischen Eltern und Kindern, die geringere Neigung zu Strafen sowie das liberalere Schulklima dazu beizutragen, daß die Kinder seltener in eine Verteidigungshaltung geraten und sich auf Kosten anderer zu profilieren suchen. Trotz vielbeschworenem Leistungsdruck und schulischem Konkurrenzkampf dürften selbst die Schulzensuren nicht mehr in gleicher Weise zum «Giftpilz» werden, wie Baumgarten es noch aufzeigte. Im Vergleich zu den Beschreibungen von Bühler/Haas scheinen sich die Kinder auch stärker des Normwidrigen, Unerlaubten und Schlechten der Lüge bewußt zu sein; zumindest kennen sie «bessere» Gründe, die in Einzelfällen auch für das Lügen sprechen.

Vergleicht man die Argumente der Kinder mit den moralphilosophischen Ausführungen zum Thema, so findet man weitgehende Übereinstimmung. Kinder treffen in etwa die gleichen Unterscheidungen zwischen Lügen zum Selbstschutz, Verleumdungen, Scherzlügen, Lügen zum Nutzen anderer und Falschaussagen gegenüber Feinden, die keinen Anspruch auf die Wahrheit haben, weil sie einem Unrechtregime dienen (z. B. zum Schutz von Juden während des Faschismus). Im Unterschied zu den Moralphilosophen werten aber zumindest die Achtjährigen Selbstschutzlügen ohne Ansehung des Schutzsuchenden als gerechtfertigt: Ihrer Meinung nach müssen Räuber und Mörder lügen, um dem Gefängnis zu entgehen.

Als Fazit bleibt festzuhalten, daß Kinder heute im Vergleich zu früher wohl kaum ehrlicher sind, jedoch «bessere», moralisch akzeptablere Gründe anführen, wenn es darum geht, über das Für und Wider von Lügen zu debattieren. Das Nachdenken über Lügen und Notlügen scheint stark von sozialen, religiösen und kulturellen Faktoren geprägt zu sein, durch die unterschiedliche Rahmenbedingungen für «gute» und «schlechte» Lügen in den Vordergrund treten. So haben auch die älteren Entwicklungspsychologen schädliche soziale, pädagogische und materielle Umwelteinflüsse dafür verantwortlich gemacht, daß Kinder «Lügen als erlaubte Waffe ansehen» gegenüber einer «strengen und mißliebigen Erziehungsinstanz» (Clara und William Stern 1931, S. 238). Folgt man einer optimistischen Deutung unserer Befunde, so sind heute wohl viele der damals wirksamen lügenverursachenden Faktoren nicht mehr in gleichem Maß bedeutsam.

Renate Valtin und Sabine Walper

«Zu Besuch soll man sich anständiger verhalten als zu Hause»

Was Kinder über Lügen aus Höflichkeit denken

Kindermund tut Wahrheit kund – dies ist als Volksweisheit bekannt. Viele Eltern leiden jedoch darunter, wenn Kinder in der Öffentlichkeit völlig unbekümmert und lautstark Kommentare über das Aussehen anderer Leute abgeben (*«Der Mann hat ja einen Busen, gell Mami?»*) oder unbefangen auf fremde dicke Leute zugehen (*«Kommt aus deinem Bauch auch ein Baby rausgekrabbelt?»*). Jüngeren Kindern fehlt noch das Feingefühl und das Gespür dafür, daß ihre Äußerungen für andere verletzend sein können. Auch in der Schule treten häufig Situationen auf, in denen Lehrerinnen ihre Schüler und Schülerinnen darüber belehren müssen, daß es ungehörig ist, hinter dem Rücken des Betroffenen laute Bemerkungen über ihn zu machen wie *«Herr P. hat einen Wabbelpo»*. Alle diese Beispiele sind aus dem Leben gegriffen.

Kinder lernen erst allmählich, ihre Zungen zu zügeln oder gar die Wahrheit zu beschönigen, um anderen Peinlichkeit und Scham zu ersparen. Lügen aus Höflichkeit sind – zumindest unter Erwachsenen – eine bewährte Strategie, die Klippen unangenehmer Wahrheiten zu umschiffen. Wie Kinder Höflichkeitslügen beurteilen, ist jedoch noch wissenschaftliches Neuland. Bislang wurde kaum untersucht, wie Kinder jenes Spannungsverhältnis begreifen, das zwischen der Norm, ehrlich zu sein, und der, höflich zu sein, besteht. Lügen aus Gefälligkeit oder Höflichkeit widersprechen ja einerseits der Norm, die Wahrheit zu sagen, dienen aber andererseits dazu, im Sinne eines positiven Sozialverhaltens die Gefühle des anderen nicht zu verletzen und ihm zu helfen, sein Gesicht zu wahren. Dieser zweite Aspekt könnte mit zunehmendem sozialen Verständnis an Gewicht gewinnen und gleichzeitig dazu führen, daß der Begriff der Lüge relativiert wird.

Fragestellung

In unserer Untersuchung wollten wir herausfinden, ob bzw. von welchem Alter an Kinder mögliche positive Funktionen der Lüge verstehen, wie sie diese bewerten und vor allem: wie sie sich selbst in Situationen verhalten würden, die eine Höflichkeitslüge nahelegen können. Auch interessierte uns, ob und von welchem Alter an Besonderheiten der Situation in den Urteilen der Kinder eine Rolle spielen. Zum einen ging es um Statusunterschiede, wie sie durch das Altersgefälle zwischen Erwachsenen und Kindern gegeben sind, die – stärker als in der Interaktion mit Gleichaltrigen – Höflichkeit seitens der Kinder «gebieten». Zum anderen wurde die Situation als Gast, die ein Höflichkeitsgebot beinhaltet, der wechselseitigen Vertrautheit innerhalb der Familie gegenübergestellt.

Außerdem interessierte uns, wie Kinder das Spannungsverhältnis zwischen den Geboten der Ehrlichkeit und der Höflichkeit sehen.

Methode und Stichprobe

Für die Einzelinterviews wurden zwei Geschichten entwickelt, die mit Hilfe von Fotos illustriert wurden. Die Akteure der Geschichte haben jeweils dasselbe Geschlecht wie die Befragten. Hier eine Geschichte in der Mädchenversion:

Der mißglückte Kuchen: Rosa ist zu Besuch bei ihrer Freundin Katja. Ein Mitglied der Gastgeberfamilie backt einen Kuchen aus diesem Anlaß. In der ersten Version ist es die Schwester, die den beiden mit dem Kuchen einen Gefallen tun möchte. Trotz bester Absicht mißlingt jedoch der Kuchen: Nachdem die Kuchenbäckerin den Raum verlassen hat, müssen die Kinder feststellen, daß der Kuchen reichlich scheußlich schmeckt. Als die ahnungslose Schwester zurückkommt und fragt, ob der Kuchen denn schmecke, antwortet Rosa, der Gast: «Ja danke, gut.»

Die zweite Version entspricht der ersten, außer daß es diesmal die Mutter ist, die für die beiden Kinder den Kuchen backt. Wieder antwortet der Gast mit: «Ja danke, gut.»

Innerhalb jeder Geschichte werden die Kinder zunächst zur Antwort des Gastes befragt. Dann sollten sie sich vorstellen, daß auch das Kind, das zur Gastgeberfamilie gehört, auf die Frage nach dem Kuchen antwortet: «Ja danke, gut.»

In der Geschichte «**Der häßliche Pullover**» geht es darum, daß ein Kind einem anderen, das einen häßlichen Pullover trägt, auf die entsprechende Frage antwortet: «Dein Pullover ist schön.»

Im Anschluß an jede Geschichte wurde zunächst durch eine Reihe von Fragen sichergestellt, daß das Kind den Inhalt verstanden hat. Dann wurde es nach dem möglichen Motiv der Antwort, der Bewertung der Antwort und nach den Gründen für diese Bewertung gefragt. Außerdem sollte es sagen, was es selbst in diesen Situationen geantwortet und warum es so geantwortet hätte. Diese Aussagen, die sich auf das eigene Verhalten gegenüber dem glücklosen Kuchenbäkker in vier hypothetischen Situationen beziehen, sind Gegenstand dieser Auswertung. Es geht also um vier Reaktionen auf die Frage: «Hat es dir geschmeckt?», die sich auf die folgenden vier Situationen beziehen:

– Sprecher: Gastkind	Angesprochene:	Mutter der Gastfamilie
– Sprecher: Kind	Angesprochene:	eigene Mutter
– Sprecher: Gastkind	Angesprochener:	Kind der Gastfamilie
– Sprecher: Kind	Angesprochene/r:	Schwester /Bruder

Ferner handelt dieser Beitrag von den Antworten der Kinder zu einigen allgemeinen Fragen, die im Interview außerdem gestellt wurden, und zwar zu den folgenden: Kam in den Geschichten Höflichkeit vor? Wo? Was ist Höflichkeit? Kannst du ein Beispiel geben?

Insgesamt wurden 73 Berliner Grundschulkinder befragt, die sich annähernd gleich auf die Altersgruppen der Sechs-, Acht- und Zehnjährigen verteilen. Es handelt sich um dieselben Kinder, die im vorigen Kapitel zu Lügen befragt wurden. Allerdings fehlen in Einzelfällen die Angaben dazu, was die Kinder selbst antworten würden, so daß wir im folgenden nur die Antworten von maximal 71 Kindern betrachten können (25 Sechsjährige, 26 Achtjährige und 20 Zehnjährige; 36 Jungen und 35 Mädchen).

Ergebnisse

Fast ausnahmslos haben die Kinder das Motiv der Lüge verstanden. Selbst jene, die zunächst angaben, dies nicht zu wissen, sagten im Verlauf des Interviews, daß die Wahrheit für den Adressaten unangenehm gewesen wäre.

Die Wahrheit sagen oder lügen?
Betrachten wir zunächst nur, ob die von uns befragten Kinder sich ebenso verhalten würden wie die Akteure der Geschichte, die mit «Danke gut» antworten, oder ob sie dem Kuchenbäcker gegenüber die Wahrheit gesagt hätten, daß es ihnen nämlich nicht geschmeckt habe. Dabei zeigt sich eine klare Altersverteilung.

Die Sechsjährigen sind mehrheitlich dafür, die Wahrheit zu sagen, sei es als Gast gegenüber einem Kind (80 Prozent) oder der Mutter (71 Prozent) der Gastgeberfamilie, gegenüber dem eigenen Geschwister (73 Prozent) oder der eigenen Mutter (78 Prozent). Demgegenüber entscheiden sich nur etwa halb so viele Achtjährige für ein offenes Wort; der entsprechende Anteil der Wahrheitsliebenden liegt je nach Situation zwischen 32 Prozent und 58 Prozent. Bei den Zehnjährigen sind es sogar jeweils nur 15 Prozent, die als Gast die Wahrheit sagen würden, während gegenüber der eigenen Mutter 48 Prozent ein offenes Wort bevorzugen würden. Die eigenen Geschwister nehmen mit 25 Prozent eine Mittelstellung ein: Ihnen wird zwar etwas eher die Wahrheit zugemutet als einem Gastgeber, aber so offen wie der Mutter begegnen die Kinder den Geschwistern lieber doch nicht.

Einige Kinder entscheiden sich zwar für die Wahrheit, wählen jedoch als eine Art Kompromiß «nette» Formulierungen, wobei ein reichhaltiges Repertoire sprachlicher Reaktionen und damit ein beträchtliches soziales Geschick, mit dieser Situation umzugehen, sichtbar wird:
- **Abmilderung durch sprachliche Formen**: Er schmeckt <u>ein</u> <u>bißchen</u> eklig. – Den hast du <u>nicht richtig fein</u> gemacht.
- **Diplomatische Äußerung**: Jeder hat seinen eigenen Geschmack.
- **Ablenken**: Darf ich ihn später essen?
- **Ausweichen**: Also, ich bin es nicht so gewöhnt, ich kenne es nicht ganz so.

- **Verklausulierung**: Wie hast du den gebacken? Was hast du da alles gemischt? – Können Sie ein anderes Rezept machen?
- **Aufbauende Kritik**: Mir schmeckt das nicht, aber dafür kannst du andere Sachen ganz gut.
- **Differenzierung der Aussage und Kompensation der Kritik**: Mir schmeckt er nicht so besonders, aber der Katja schmeckt er gut.
- **Indirekte Gegenfrage**: Koste doch mal selbst.
- **Vertröstung**: Er schmeckt mir nicht so gut wie sonstige von dir.

Tabelle 1 verdeutlicht noch einmal die Altersabhängigkeit der Reaktionen der Kinder und gibt den jeweiligen Anteil der Situationen an, in denen die Kinder dem glücklosen Kuchenbäcker die ungeschminkte Wahrheit, die Wahrheit in abgeschwächter Form oder die Höflichkeitslüge gesagt hätten.

Tabelle 1: Prozentsatz der Situationen mit unterschiedlichen Reaktionen auf den mißglückten Kuchen

	6jährige	**8jährige**	**10jährige**
ungeschminkte Wahrheit	76	43	26
abgeschwächte Wahrheit	11	17	20
Höflichkeitslüge	4	40	54

Betrachten wir nun im einzelnen die Begründungsmuster, die für die Wahrheit bzw. die Lüge vorgebracht werden.

Argumente für die Wahrheit: Die Kinder liefern insgesamt vier Begründungen dafür, daß sie dem Kuchenbäcker die unliebsame Wahrheit mitteilen wollen:

1. **Verweis auf wahrheitsfordernde Bedingungen und die Ehrlichkeitsnorm:** *«Weil es stimmt», «Weil ich nicht lügen will», «Weil es besser ist, die Wahrheit zu sagen.»* Einige Kinder argumentieren mehr «realistisch» mit Verweis auf den tatsächlichen Sachverhalt, einige mehr «moralisch», mit Verweis auf die Norm der Ehrlichkeit. Allerdings scheint fraglich, ob dem wirklich unterschiedliche Argumen-

tationen zugrunde liegen. Vielmehr dürften beide Aspekte häufig ineinander übergehen, so daß eine klare Trennung kaum möglich ist.

2. **Pragmatische Erwägungen:** Die Kinder orientieren sich an den äußeren Folgen der Handlung: *«Dann brauche ich den Kuchen nicht zu essen» – «Dann kann er einen besseren backen.»*
3. **Die Vermeidung negativer Reaktionen des Angesprochenen**, wenn die Lüge aufgedeckt wird: «*Wenn ich lüge, würde die Mutter sauer*» oder «*Sie würde enttäuscht sein*» sowie **die Vermeidung von Strafe**: «*Daß ich keinen Ärger krieg, wenn ich lüge.*»
4. Der Verweis darauf, daß die **Vertrautheit** der Familienmitglieder **Offenheit ermöglicht** oder **erfordert**: *«Es ist ja die eigene Familie, da soll man doch nicht so lügen.» – «Der eigene Sohn müßte zur eigenen Mutter ein bißchen mehr Vertrauen haben und ihr die Wahrheit sagen.»*

Der Häufigkeit entsprechender Nennungen pro Altersgruppe ist aus Tabelle 2 ersichtlich. Hierbei wurde darauf verzichtet, die Angaben zu den vier Situationen separat aufzuführen. Statt dessen sind alle (maximal vier) Angaben pro Kind einzeln ausgewiesen.

Tabelle 2: Häufigkeit der verschiedenen Begründungen für die Wahrheit je Altersgruppe (mit Mehrfachnennungen)

Argumente	6jährige	8jährige	10jährige
weiß nicht	11	1	0
wahrheitsfordernde Bedingungen	39	32	15
pragmatische Erwägungen	21	9	4
Vermeidung negativer Reaktionen/Strafe	6	7	2
Vertrautheit als wahrheitserleichternde Bedingung	3	6	23
Gesamt	80	55	44

Argumente für die höfliche Lüge: Die Kinder, die dem glücklosen Kuchenbäcker die unliebsame Wahrheit verschweigen wollen, nennen vier Begründungen:

1. Das Motiv der **Rücksichtnahme** und das **Mitgefühl** mit dem anderen: damit er/sie nicht *«traurig»*, *«enttäuscht»*, *«verärgert»* oder *«beleidigt»* ist.
2. **Angst vor Ärger und Sanktionen**, wenn man den Kuchen nicht hinreichend würdigt.
3. Die **Sorge um den guten Eindruck**, den man durch Aussprechen der unliebsamen Wahrheit beeinträchtigen könnte: *«Die Mutter von der Freundin würde vielleicht einen schlechten Eindruck von mir kriegen.» – «Sonst denken die: ‹Dieses Kind hat keine Manieren.›»*
4. **Verweis auf situative Momente**, wie die Besuchssituation: *«Als Gast muß man höflich sein»* – und die Unterschiede im Altersstatus: *«Weil es ein Erwachsener ist, da muß man sich höflich verhalten, da benimmt man sich eben so.»*

Tabelle 3 gibt an, wie häufig die einzelnen Argumente von den Kindern der drei Altersgruppen genannt wurden.

Tabelle 3: Häufigkeit der verschiedenen Begründungen für höfliche Lügen je Altersgruppe (mit Mehrfachnennungen)

Argumente	6jährige	8jährige	10jährige
weiß nicht	0	3	0
Rücksicht/Schonung	11	33	29
Angst vor Ärger	1	3	0
Sorge um guten Eindruck	0	0	5
situative Momente (Gast, Erwachsener)	0	2	7
Gesamt	12	41	41

Betrachten wir nun die Altersgruppen etwas genauer.

Die wahrheitsliebenden Sechsjährigen

Die Mehrheit der Sechsjährigen meint, sie hätten den glücklosen Kuchenbäcker in allen vier Situationen von seinem Mißgeschick in Kenntnis gesetzt. Zwar erkennen fast alle Befragten, daß die Angesprochenen in der Geschichte *«traurig»*, *«sauer»* und *«beleidigt»* über die offenen Worte sind; dies wird jedoch nicht als hinreichender

Grund gesehen, von der Wahrheit abzuweichen. Allenfalls sind einige Kinder bereit, die unangenehme Tatsache zu beschönigen (*«Du, der Kuchen ist ein bißchen nicht gelungen»*) bzw. wollen sie gar nichts dazu sagen. Die häufigste Begründung der Sechsjährigen, sich für die Wahrheit zu entscheiden, besteht im schlichten Verweis auf die Ehrlichkeitsnorm (*«Weil es besser ist, die Wahrheit zu sagen», «Ich schwindle nicht gern meinen Bruder an, wenn ich einen hätte»*).

Ein weiteres wichtiges Begründungsmuster für die Wahrheit orientiert sich an den pragmatischen Vorteilen der ehrlichen Antwort, ohne auf die Gefühle des Kuchenbäckers einzugehen: *«Wenn ich noch mal (*zu Besuch*) komme, daß sie den Kuchen nicht wieder backt, jedenfalls nicht für mich.»* Angst vor Strafe spielt so gut wie keine Rolle bei den Begründungen der Sechsjährigen. Nur ein Junge befürchtet Ärger von der Mutter, wenn er ihr nicht die Wahrheit sagt und sie anlügt. Er ist der einzige, der die Befolgung moralischer Regeln mit der Angst vor Strafe begründet, und er tut dies in einer sehr situationsspezifischen Art: Dem Bruder würde er sagen, daß der Kuchen gut schmeckt, um sich keinen Ärger mit ihm einzuhandeln. Der Mutter gegenüber würde er jedoch die Wahrheit sagen: *«daß ich keinen Ärger krieg, wenn ich lüge»*. Offensichtlich ist in seinen Augen dem Bruder mehr an einem Kompliment für dessen Backkünste gelegen, während die Mutter mehr Wert auf eine ehrliche Antwort legt.

Während also die überwiegende Mehrheit der Sechsjährigen für Offenheit eintritt, würde nur eine Minderheit wie die Akteure der Geschichte in allen bzw. in einigen Situationen lieber mit *«Ja danke, gut»* antworten, also mit der Wahrheit hinter dem Berg halten. Die Begründung dafür ist, daß der glücklose Kuchenbäcker durch die offenen Worte nicht *«traurig»* gemacht und geschont werden soll. Wer aus Rücksicht auf den anderen die unliebsame Wahrheit eher verschweigen würde, sieht dies auch nicht als direkte Lüge. Ein Mädchen argumentiert hierzu: *«Es ist nur anflunkern so ein bißchen … Es gibt Flunkern, Lügen und Anschmieren. Richtig anlügen ist so: ich habe eine Katze, wenn man keine hat. Anschmieren ist das, wenn man sagt: ich hab 'ne Katze, und dann gleich danach sagt: angeschmiert mit Klopapier.»*

Insgesamt haben die Sechsjährigen jedoch überwiegend ein weniger differenziertes Verständnis von Lügen: Auch eine Gefälligkeitslüge ist eine Lüge und somit verboten.

Die Achtjährigen

Von den Achtjährigen will nur noch knapp die Hälfte die ungeschminkte Wahrheit sagen. Der jeweilige Anteil der Wahrheitsliebenden ist am höchsten, wenn die eigene Mutter die Adressatin ist (58 Prozent), am niedrigsten, wenn die weniger vertraute Mutter der Gastgeberfamilie den mißlungenen Kuchen gebacken hat (32 Prozent). Gegenüber der Mutter der Freundin entscheidet sich zudem fast ein Viertel der Kinder (24 Prozent) für eine Abschwächung (*«Der Kuchen schmeckt nicht so sehr gut»*), eine Verklausulierung (*«Können Sie nicht ein anderes Rezept machen?»*) oder ein Verschweigen der Wahrheit. Auch die eigenen Geschwister werden relativ häufig, nämlich von einem Fünftel der Achtjährigen (20 Prozent), auf ähnlich schonende Weise mit der Wahrheit vertraut gemacht, während das Geschwister des Freundes/der Freundin sowie die eigene Mutter nur in knapp 12 Prozent der Fälle die Wahrheit in abgemilderter Form erfahren sollen. Hierzu zählen mitunter auch tröstende Worte, die über den Mißerfolg hinweghelfen sollen (*«Na ja, er hat mir zwar nicht so gut geschmeckt, aber sei nicht so traurig»*).

Die Begründungen für die Wahrheit beziehen sich mehrheitlich auf das Gebot, die Wahrheit zu sagen bzw. nicht zu lügen. Nur ein kleiner Teil der Kinder würde aus pragmatischen Gründen sagen, daß der Kuchen nicht schmeckt, und zwar, um dem Kuchenbäcker eine Lernmöglichkeit für spätere Backversuche zu eröffnen (*«daß er das nächste Mal ins Rezept gucken kann», «daß er das weiß und das nächste Mal einen besseren Kuchen backen kann»*). Im Vergleich zu den Sechsjährigen, welche die Handlungskonsequenz überwiegend auf sich selbst beziehen (*«Dann brauche ich den Kuchen nicht zu essen»*), steht bei den Achtjährigen also eher der Angesprochene im Blickpunkt.

Die Kinder, die dem glücklosen Kuchenbäcker die unliebsame Wahrheit verschweigen wollen, nennen als Motiv im wesentlichen die Rücksichtnahme und das Mitgefühl mit dem anderen (damit er/sie nicht *«traurig»* oder *«enttäuscht»* ist. *«Sonst denkt sie: ‹Sie mögen mich nicht›»*). Häufiger als die Sechsjährigen berücksichtigen unsere Achtjährigen in ihrer Argumentation die möglichen Gefühlsreaktionen des Angesprochenen. Deshalb sind für sie die hypothetischen Situationen viel konflikthafter. Die meisten würden dem Kuchenbäcker die unangenehme Tatsache, daß der Kuchen mißlungen ist, nicht mitteilen, damit er nicht *«sauer»* und *«enttäuscht»* wird. Solche Gefühlsreaktionen sind aber auch für einige Kinder der Grund, gerade die Wahrheit zu sagen: *«Wenn ich lüge, würde die Mutter sauer»* bzw. *«meine Schwester enttäuscht sein»*. Der Wunsch, die Erwartungen und Gefühlen anderer nicht zu verletzen, kann also in beiden Richtungen zum Tragen kommen, auch um der Ehrlichkeitsnorm stärkeres Gewicht zu verleihen, so als gewänne sie im Vergleich zu den Sechsjährigen eine zusätzliche Dimension.

Betrachten wir nun die unterschiedlichen Situationen, in denen die Reaktion des Kindes auf den mißlungenen Kuchen erwartet wird, so schält sich folgender Trend heraus: Der Mutter des Freundes (der Freundin), bei der der Hauptakteur zu Besuch ist, wollen die Kinder am häufigsten die Wahrheit verschweigen, um sie nicht traurig zu machen. Der eigenen Mutter gegenüber würden sie am häufigsten die Wahrheit sagen. Einen ausdrücklichen Bezug auf die Besuchssituation, die Erwachsene als besonders höflichkeitsgebietend ansehen, stellen zwei Kinder her. So argumentiert ein Junge: *«Er ist ja zu Besuch, und zu Besuch, da muß man sich anständiger verhalten als zu Hause.»* Die folgenden Zitate verdeutlichen, daß die Achtjährigen beginnen, in ihren Argumentationen Faktoren wie die Vertrautheit (unter Familienangehörigen versus gegenüber Außenstehenden) und das Statusgefälle (zwischen Erwachsenen und Kindern versus Statusgleichheit zwischen Gleichaltrigen) zu berücksichtigen: *«Meiner Schwester hätte ich's gesagt, ist doch klar … Wenn meine Freundin den Kuchen gebacken hätte, hätte ich nichts gesagt, weil, sonst ist die gleich eingeschnappt.» – «Eine Mutter anzulügen ist schlimmer als das Kind.»* Allerdings kommen Erwachsene nicht immer in den Genuß größerer Höflichkeit, da sie von einigen Kindern aufgrund ihres Alters auch als psychisch robuster eingeschätzt werden: *«Erwachsene braucht man nicht zu belügen, die haben mehr Verständnis als Kinder.»*

Das Dilemma, daß man eigentlich nicht lügen darf und trotzdem in bestimmten Situationen die Unwahrheit vorzieht, lösen einige Kinder durch einen «Etikettenschwindel». Die beschönigende Antwort wird von einigen Kindern explizit als *«keine direkte», «keine richtige», «keine gemeine»* Lüge bezeichnet, sondern nur als *«ein bißchen schwindeln»*.

Die höflichen Zehnjährigen

Die Entscheidungen der Zehnjährigen sind in deutlich stärkerem Maße als die der jüngeren Kinder situationsspezifisch. Wie schon geschildert, würden sie als Gast kaum noch die ungeschönte Wahrheit sagen, weder gegenüber einem Geschwister des Freundes (der Freundin), noch gegenüber deren Mutter (jeweils nur 15 Prozent). In letzterem Fall wird selbst die abgemilderte Wahrheit nur von 10 Prozent der Kinder gewählt, während sie in den anderen drei Fällen mindestens doppelt so oft bevorzugt wird. Höfliche Lügen werden vor allem gegenüber der fremden Mutter (von 75 Prozent), am seltensten gegenüber der eigenen Mutter (nur von 29 Prozent der Zehnjährigen) vorgebracht. Folglich würde sich nur eine Minderheit der Zehnjährigen in allen vier vorgegebenen Situationen gleichartig verhalten: 3 bevorzugen immer die offenen Worte, 2 stets die höflichen Worte. Die übrigen verhalten sich je nach Situation unterschiedlich.

Daß immerhin 71 Prozent meinen, der eigenen Mutter sollte die Wahrheit gesagt werden, wird durch zwei Argumente begründet: Zum einen wird auf die Art der Beziehung verwiesen, die ehrliche Antworten zuläßt, auch wenn sie unangenehm sind (*«Bei der eigenen Mutter kann man doch offen sein»*), zum anderen auf Rolleneigenschaften der Mutter: Sie hat mehr Verständnis, kennt und akzeptiert die Schwächen des Kindes (*«Meine Mutter weiß, daß ich 'ne kleine Mäkeltante bin»*) – (*«Meine Mutter wäre nicht böse, wenn ein Kuchen mal nicht gelingt»* bzw. ihre eigenen *«Meine Mutter kann auch nicht so gut backen»*).

Der Verweis auf die familiäre Vertrautheit, die Lügen unnötig macht, kommt auch bei den eigenen Geschwistern zum Tragen, denen die Hälfte der Kinder eher die Wahrheit sagen würde. Die andere Hälfte der Zehnjährigen würde die unangenehme Tatsache vorwiegend deshalb verschweigen, damit der Bruder oder die Schwester nicht «enttäuscht» oder «betrübt» wird. Dabei wird einerseits die mangelnde Erfahrung beim Kuchenbacken (*«Vielleicht hat er ja zum ersten Mal einen Kuchen gebacken»*), andererseits der Kindheitsstatus (*«Sie ist ja noch so klein»*) berücksichtigt. Bei den Überlegungen einiger Kinder spielt auch der Gedanke eine Rolle, der Hinweis auf den mißlungenen Kuchen könne zu Streit führen. Deshalb wollen sie mit ihrer Meinung lieber hinter dem Berg halten (*«Sonst könnte meine Schwester giftig reagieren»*) oder sich diplomatisch äußern (*«Ich würde sagen:*

‹Jeder hat seinen eigenen Geschmack›. Das kann keine Beleidigung sein.»). Aber auch in dieser Hinsicht erleichtert manchem die Familienzugehörigkeit, die unangenehme Meinung ehrlich zu äußern und dabei den Streit in Kauf zu nehmen (*«Vielleicht kann man zur Schwester ehrlicher sein* (als zur Freundin), *mit der zankt man sich sowieso öfter»*). Katrin argumentiert: *«Ich hätte gesagt: ‹Nee, der hat mir nicht geschmeckt›, weil, es ist ja meine eigene Schwester, da wäre ich nicht so vorsichtig vorgegangen. Dann hätte sie gesagt: ‹Du alte Kuh!›... Da kann sie ja nicht ewig so beleidigt sein. Ich meine, ich kenn' Geschwister, die werfen sich ganz andere Sachen an den Kopf, und die vertragen sich hinterher auch wieder ganz schnell.»*

Gegenüber dem Geschwister des Freundes bzw. der Freundin würden knapp zwei Drittel der Kinder lieber behaupten, ihnen habe der Kuchen geschmeckt, und zwar vor allem aus Gründen des Mitgefühls: Sie wollen ihn/sie *«nicht verletzen»*, *«nicht kränken»*, *«ihm Peinlichkeit ersparen»* und *«nicht weh tun»*. Zwei Mädchen würden der Schwester der Freundin die Wahrheit schonend beibringen: *«Du hast dir zwar viel Mühe gegeben, aber er schmeckt mir nicht.»* – *«Danke für den Kuchen, aber so doll schmeckt er mir gar nicht, aber danke für deine Mühe.»* Ein anderes Mädchen würde zunächst die Wahrheit verschweigen, aber nach einigen Tagen sagen: *«Du hör mal, der hat überhaupt nicht geschmeckt, ich hab dir das bloß gesagt, um dich nicht in deiner Hausfrauenehre zu beleidigen.»*

Ein Mädchen argumentiert, die Anwesenheit einer dritten Person könne der Offenheit der eigenen Schwester gegenüber hinderlich sein: *«Zu seiner eigenen Schwester könnte man es ja auch ehrlich sagen, da muß man ja nicht vornehm tun, aber wenn man mit jemandem zusammen im Raum ist, dann kann man das vielleicht nicht so, da fühlt man sich gebunden.»* Kinder dieser Altersgruppe entwickeln allmählich ein Gespür dafür, daß in kommunikativen Situationen das Gesicht des anderen zu wahren ist – und gleichzeitig aber auch das eigene Image gepflegt werden muß, vor allem Fremden gegenüber. Bei Fremden – insbesondere der erwachsenen Gastgeberin – würden fast alle Zehnjährigen vornehme Zurückhaltung üben. Dabei spielen drei Arten von Überlegungen eine Rolle.

Erstens sind höfliche Lügen gegenüber der Mutter des befreundeten Kindes zumeist durch die Sorge um den guten Eindruck, den man hinterläßt, motiviert: *«Sonst denken die: ‹Iih, ist der Junge frech›, dann laden wir den nicht mehr ein'.»* – *«Sonst denken die: ‹Deine Freundin ist wirklich kein Umgang für dich.›»* – *«Sonst denken die: ‹Dieses Kind hat keine Manieren.›»*

Zweitens wird der Erwachsenenstatus der fremden Mutter berücksichtigt: *«Der Erwachsene ist ein Erwachsener, und irgendwie hat man vor dem, na ja, auch irgendwie Respekt.»* Und drittens werden auch eigene Hemmungen als Reaktion auf die Besuchssituation genannt: *«Zu Besuch ist man schüchtern.»* – *«Woanders traut man sich nicht.»* – *«Man ist meist zurückhaltend, wenn man bei Fremden ist. Man sagt dann meistens nicht, was man denkt.»*

Die Zehnjährigen zeigen in ihren Äußerungen, daß sie bereits über ein hohes Maß an sozialer Reflexivität verfügen und Kategorien zur Gliederung und Ordnung der sozialen Realität entwickeln.

Lügen und Höflichkeit

Um zu erkunden, inwieweit die Kinder die «höflichen» Lügen überhaupt mit Höflichkeit in Verbindung bringen und was je nach Alter unter Höflichkeit verstanden wird, wurden die Kinder im Anschluß an die Befragung zu den Geschichten «Der mißlungene Kuchen» und «Der häßliche Pullover» gefragt: «Kam in den Bildergeschichten Höflichkeit vor?» Für Erwachsene ist die Antwort sicherlich klar, aber Kinder sehen dies keineswegs einheitlich. Nur 17 Prozent der Sechsjährigen, 42 Prozent der Achtjährigen und immerhin 73 Prozent der Zehnjährigen verweisen auf die schonenden Antworten als Form der Höflichkeit.

Neben «nein»- und «weiß-nicht»-Antworten tauchten zwei weitere interessante Antworttypen auf. Zehn Kinder waren zwar der Meinung, in den Geschichten sei Höflichkeit vorgekommen, bezogen dies aber auf konkrete Verhaltensweisen: Mutter hat Kuchen gebacken bzw. ihn den Gästen angeboten, das Essen in das Zimmer gebracht, und der Besuch hat sich bedankt. So meint Christoph, 8 Jahre: *«Höflichkeit ist da, fand ich, wo die Mutter und der Bruder das Essen ins Zimmer gebracht haben … da, wo sie sich bedankt haben.»*

Erste Auswertungen zur Entwicklung des Höflichkeitsbegriffs bei Kindern haben ergeben, daß Sechs- bis Achtjährige Höflichkeit mit

Nettsein, Hilfsbereitschaft (vor allem gegenüber «Omas»!) und anderen prosozialen Verhaltensweisen gleichsetzen. Erst ältere Kinder erkennen sprachliche Äußerungen wie Bitten, Danken, Grüßen usw. sowie Äußerungen der Rücksichtnahme oder taktvolles Verhalten als Höflichkeit an. Daß auch Lügen diesen Zielen dienen können, wird erst in noch späterem Alter erkannt. In den spontanen Einschätzungen der Beziehung zwischen Höflichkeit und Lügen wird zunächst das Gegensätzliche hervorgehoben. Fünf Kinder (darunter vier Jungen) thematisieren die Beziehung zwischen Lüge und Höflichkeit als widersprüchlich und argumentieren: *«Es wurde gelogen, das ist nicht höflich.»* Florian, 8 Jahre, meint: *«Es ist nur Höflichkeit, wenn es einem tatsächlich schmeckt und man sagt: ‹Danke, es schmeckt gut›. Sonst ist es Lüge.»* – Interviewerin: *«Wenn man lügt, kann man denn überhaupt höflich sein?»* – Florian: *«Nein.»* Ähnlich argumentiert Benjamin, 8 Jahre: *«Höflich ist, daß man gleich die Wahrheit sagt.»* – I.: *«Warum findest du es wichtig, höflich zu sein?»* – B.: *«Damit ich nicht lüge.»* – Auch Petra, 6 Jahre, meint: *«Höflichkeit ist, wenn man die Wahrheit sagt.»*

Die Mehrheit der Zehnjährigen unserer Stichprobe bezeichnet jedoch die schonenden Worte, daß der Kuchen gut schmecke bzw. der Pullover doch gut aussehe, als Höflichkeit, wobei einige ausdrücklich äußern: *«Da, wo sie gelogen haben, das ist höflich.»*

Diese Befunde legen nahe, daß die Kinder mit wachsendem Alter unterschiedliche Bedeutungsdimensionen mit dem Wort Höflichkeit verknüpfen. Die Entwicklung scheint über vier Etappen zu verlaufen: 1) nett und lieb sein, 2) prosoziale Verhaltensweisen (hilfsbereit, vor allem gegenüber älteren Personen), 3) gute Manieren, zu denen konventionelle Verhaltensweisen (ordentlich essen, etwas anbieten) gehören, aber auch sprachliche Floskeln des Bittens, Dankens und Begrüßens, und 4) sprachliche Formulierungen, die Rücksicht auf den anderen erkennen lassen, wozu auch die Lügen aus Höflichkeit zu zählen sind. Mädchen scheinen sich diese Bedeutungsdimensionen eher anzueignen als Jungen, vermutlich weil sie in ihrer Erziehung einem stärkeren Druck auf Angepaßtheit und gutes Benehmen ausgesetzt sind. So bezeichnen nur 7 Jungen, aber 24 Mädchen aus der Gesamtstichprobe der 73 Kinder die rücksichtsvollen Äußerungen als Höflichkeit. Für Jungen hat der Begriff «Höflichkeit» offenbar andere Bedeutungsdimensionen: Sie verknüpfen ihn häufiger mit konkreten

Verhaltensweisen in den vorgegebenen Geschichten (z. B. dem Gast etwas anbieten) und weisen etwas häufiger die schonenden Worte als Lüge zurück, d. h., sie bestehen auf dem Unterschied zwischen Ehrlichkeit und Höflichkeit, während mehr Mädchen betonen: *«Es war zwar eine Lüge, aber das war Höflichkeit.»*

Schlußbemerkungen

In der Forschung zur sozialen und moralischen Entwicklung des Kindes wird die Fähigkeit der sozialen Perspektivenübernahme als grundlegende Kompetenz angesehen, welche das Verständnis und die Beurteilung sozialer Beziehungen maßgeblich bestimmt. Das ergibt sich auch aus unserer Untersuchung. Nach unseren Befunden entwickelt sich im Alter zwischen sechs und zehn Jahren die Fähigkeit, die Gefühle des anderen als Reaktion auf die eigenen Handlungen zu begreifen und zu berücksichtigen. Zusätzlich weisen unsere Ergebnisse darauf hin, daß es mit zunehmendem Alter den Kindern immer besser gelingt, den Einfluß situativer Faktoren zu erkennen.

Zwar sehen auch schon fast alle Sechsjährigen deutlich, daß die ungeschminkte Wahrheit für den anderen verletzend sein kann, dies hat jedoch im Vergleich zur Ehrlichkeitsnorm noch relativ wenig Gewicht. Für die Achtjährigen steht demgegenüber die Kränkung und Verletztheit, die bei den anderen durch die ehrliche Antwort hervorgerufen wird, deutlicher im Mittelpunkt, wobei erste Unterscheidungen zwischen den verschiedenen Situationen getroffen werden. Erst die Zehnjährigen gelangen jedoch zu einer deutlichen situationsspezifischen Relativierung der Ehrlichkeitsnorm, die an den wahrscheinlichen Reaktionen der anderen orientiert ist: Gegenüber fremden Erwachsenen in einer Besuchssituation ist Zurückhaltung und Höflichkeit geboten – gegenüber der eigenen Mutter wird mit Hinweis auf die Vertrautheit der Beziehung Offenheit ermöglicht und gefordert. Eine Höflichkeitslüge wird von den Zehnjährigen also unter bestimmten Umständen als durchaus gerechtfertigt angesehen, während die Sechsjährigen ein eher rigides moralisches Verständnis von Lügen aufweisen: Auch Gefälligkeitslügen sind Lügen und somit verboten. So meint ein sechsjähriger Junge: *«Lügen sind keine Anständigkeit – Lügen gehören vors Gericht!»*

Mit der zunehmenden situationsspezifischen Relativierung der Ehrlichkeitsnorm vollzieht sich gleichzeitig auch ein Wandel des Verständnisses von Höflichkeit. Steht für die Sechsjährigen Höflichkeit noch gleichbedeutend für braves, prosoziales Verhalten, das gängigen Konventionen folgt, so können ältere Kinder auch «normwidriges» Verhalten unter den Begriff der Höflichkeit fassen, nämlich dann, wenn die situativen Umstände eine Einhaltung anderer Normen – in diesem Falle des Ehrlichkeitsgebots – unzumutbar machen. Maßgeblich ist dann, daß durch höfliches Verhalten der Umgang miteinander erleichtert und erfreulicher gestaltet wird. So meint ein zehnjähriges Mädchen: *«Du verträgst dich mit allen besser, und du hast an deinen Mitmenschen Freude. So macht das Leben Spaß! Die anderen haben auch Spaß mit mir, und es ist schön.»* Fast könnte man meinen, es handele sich um eine gelehrige Schülerin des Freiherrn von Knigge, kommt ihre Äußerung doch in kindgemäßen Begriffen dem sehr nahe, was Knigge (1788) mit seinem Klassiker der Höflichkeit «Über den Umgang mit Menschen» – allerdings nur den *«Jünglingen»* – vermitteln wollte: *«Vorschriften, wie der Mensch sich zu verhalten hat, um in dieser Welt und in Gesellschaft mit anderen Menschen glücklich und vergnügt zu leben und seine Nebenmenschen glücklich und froh zu machen.»*

Literaturhinweise

AQUIN, THOMAS VON: Summe der Theologie. Stuttgart 1954

AUGUSTINUS: Enchiridion, Angewandte Schriften, Bd. 8. München 1925

BAUMGARTEN, F.: Die Lüge bei Kindern und Jugendlichen. Beiheft zur Zeitschrift für angewandte Psychologie. Leipzig 1917

BECK, U.: Risikogesellschaft. Auf dem Weg in eine andere Moderne. Frankfurt 1986

BIEN, G.: Lüge, in: Historisches Wörterbuch der Philosophie, Hg. von J. RITTER/K. GRÜNDER, Bd. 5. Darmstadt 1980

BIGELOW, B. J./LA GAIPA J. J.: Children's written descriptions of friendship: A multidimensional analysis. Developmental Psychology, 11, 1975, 857–858

BIGELOW, B. J.: Children's friendship expectations: A cognitive–developmental study. Child Development, 48, 1977, 246–253

BÖHM, L.: The development of indenpendence. In: Child Development, Vol. 28, 1957, 85–92

BOK, S.: Lügen. Vom täglichen Zwang zur Unaufrichtigkeit, Reinbek bei Hamburg 1957, 1980

BÜHLER, CH./HAAS, J.: Gibt es Fälle, in denen man lügen muß? Wiener Arbeiten zur pädagogischen Psychologie. Wien 1924

DÖBERT, R./NUNNER–WINKLER, G.: Jugendliche «schlagen über die Stränge». In: ECKENSBERGER, L. H./SILBEREISEN, R. (Hg.): Entwicklung sozialer Kognitionen. Stuttgart 1980, 267–299

DÖBERT, R.: Männliche Moral – Weibliche Moral? In: GERHARDT, U./ SCHÜTZE, Y. (Hg.): Frauensituation. Frankfurt/M. 1988, 81–133

DROEGE, J.: Die Strafe im Urteil der Schüler. Eine experimentell-pädagogische Untersuchung. Zeitschrift für Pädagogische Psychologie, 27, 1926, 393–407

FATKE, R./VALTIN, R.: Wozu man Freunde braucht. Psychologie heute, 15, 1988, 22–29

FLITNER, E./VALTIN, R. (Hg.): Dritte im Bund: Die Geliebte, Reinbek bei Hamburg 1987

GILLIGAN, C.: Die andere Stimme. München 1984

HÄRING, B.: Frei in Christus. Moraltheologie für die Praxis des christlichen Lebens, Freiburg 1980

HOFER, M./BECKER, U./SCHMID, B./NOACK, P.: Die Altersabhängigkeit von Vorstellungen über Freundschaft bei 6- bis 14jährigen. In: KNOPF, M./SCHNEIDER, W. (Hg.): Entwicklung. Allgemeine Verläufe – Individuelle Unterschiede – Pädagogische Konsequenzen. Göttingen 1990, 65–82

HOFFMAN, M. L.: Moral Development. In: MUSSEN, P. H. (Ed.): Carmichael's Manual of Child Psychology. Vol. 2, New York 1970, 261–359

HOPPE–GRAFF, S./KELLER, M.: Einheitlichkeit und Vielfalt in der Entwicklung des Freundschaftskonzeptes. Zeitschrift für Entwicklungspsychologie und Pädagogische Psychologie, 20, Heft 3/1988, 195–213

HORSTKEMPER, M.: Schule, Geschlecht und Selbstvertrauen. Eine Längsschnittstudie über Mädchensozialisation in der Schule, Weinheim und München 1987

KANT, I.: Die Metaphysik der Sitten, in: Kants gesammelte Schriften, Bd. VI, Berlin 1914

KANT, I.: Über ein vermeintliches Recht aus Menschenliebe zu lügen, in: Kants Werke, Bd. 7, Darmstadt 1956

KOHLBERG, L.: Zur kognitiven Entwicklung des Kindes, Frankfurt 1974.

KON, I. S.: Freundschaft. Geschichte und Sozialpsychologie der Freundschaft als soziale Institution und individuelle Beziehung, Reinbek bei Hamburg 1979

KRAPPMANN, L.: Kinder lernen mit und von Gleichaltrigen – auch in der Schule? Die Grundschulzeitschrift 2, 1987, 42–46

LA GAIPA, J. J.: Children's friendships, in: DUCK, S./GILMOUR, R. (Eds.), Personal Relationships 2: Developing Personal Relationships. London 1981, 161–185

MÖNKEMEYER, K.: Wie Kinder Freunde werden. Reinbek bei Hamburg 1989

NICKEL, H./SCHMIDT–DENTER, U.: Sozialverhalten von Kindern im Vorschulalter, München 1980

OSWALD, H./KRAPPMANN, L. (unter Mitarbeit von Ch. Fricke): Soziale Beziehungen und Interaktionen unter Grundschulkindern. Methoden und ausgewählte Ergebnisse eines qualitativen Forschungsprojektes. Materialien aus der Bildungsforschung, Nr. 33, MPI Berlin 1988

PEISACH, E./HARDEMAN, M.: Moral reasoning in early childhood: lying and stealing, The Journal of Genetic Psychology, 142, 1983, 107–120

PETERSON, C. C../PETERSON, J. L./SEETO, D.: Developmental changes in ideas about lying, Child Development, 54, 1983, 1529–1535

PIAGET, J.: Das moralische Urteil beim Kinde. Frankfurt a. M. 1986

PREUSS-LAUSITZ, U., u. a., (Hg.): Kriegskinder, Konsumkinder, Krisenkinder, Weinheim und Basel 1983

REININGER, K.: Die Lüge beim Kind und beim Jugendlichen als psychologisches und pädagogisches Problem. In: Lipmann, O./Plakt, P. (Hg.): Die Lüge, Leipzig 1927

RUBIN, Z.: Kinderfreundschaften. Stuttgart 1981

SELMAN, R. L.: Die Entwicklung des sozialen Verstehens. Entwicklungspsychologische und klinische Untersuchungen. Frankfurt a. M. 1984

SIMMEL, G.: Soziologische Untersuchungen über die Formen der Vergesellschaftung (ursprünglich 1908), Berlin 1958

SNYDER, C. R./HIGGINS, R. L.: Excuses: Their effective role in the negotiation of reality, Psychological Bulletin, Vol. 104, 1988, 23–35

STERN, C./STERN, W.: Erinnerung, Aussage, Lüge. Leipzig, 4. Aufl. 1931

YOUNISS, J.: Die Entwicklung und Funktion von Freundschaftsbeziehungen, in: EDELSTEIN, W./KELLER, M. (Hg.): Perspektivität und Interpretation. Frankfurt a. M. 1982, 78–109

Mit Kindern leben

Eine Auswahl
Verstehen: den Alltag mit Kindern entkrampfen
RATGEBER

Petra Lange
Hausmittel für Kinder
Naturgemäß vorbeugen und heilen (8384)

Margitta Meinerzhagen/
Nikolaus Eckardt
Der Öko-Berater für Eltern
Orientierungen und Produktempfehlungen (8570)

Karin Mönckemeyer
Wie Kinder Freunde werden (8577)

Rieke Müller-Kaldenberg
Mütter mit Beruf
Balance zwischen Kindern, Partner und Kollegen (8748)

Frank Preuß
Geldberater für Eltern
Kindergeld und Stipendien, Steuertips und Sparmöglichkeiten, Versicherungen und Zuschüsse (8407)

R. Pousset/G. Hoffmann
Die besten Bücher für Ihr Kind
333 Vorschläge für Eltern (8806)

Jan-Uwe Rogge
Kinder können fernsehen
Vom sinnvollen Umgang mit den Medien (8598)

Das rororo-Elternlexikon
Herausgegeben von
Horst Speichert und
Bernhard Schön (7981)

Mit Kindern leben rororo

C 2181/5 f

Mit Kindern leben

Eine Auswahl
Verstehen:
den Alltag mit
Kindern
entkrampfen
RATGEBER

Ewa Rossberg
Einzelkinder (8454)

Barbara Sichtermann
Nein, nein, will nicht!
Was tun wenn Kinder trotzen?
(7694)

Horst Speichert (Hg.)
Mit Kindern leben
Ein Lesebuch (8494)
Richtig üben macht den Meister
Das Erfolgs-Programm gegen Lernfehler, Verlernen und Vergessen (7875)

Eva Spitzer-Nunner
Kinder-Augentraining
Sehfehlern vorbeugen – Fehlsichtigkeit beeinflussen (8464)

The Boston Women's Health Book Collective
Unsere Kinder – Unser Leben
Ein Handbuch von Eltern für Eltern
(rororo sachbuch 7441)

Reinhard Voß/Roswitha Wirtz
Keine Pillen für den Zappelphillipp
Alternative im Umgang mit unruhigen Kindern (8431)

Irmela Wiemann
Pflege- und Adoptivkinder
Familienbeispiele, Informationen, Konfliktlösungen (8851)

Mit Kindern leben
rororo

C 2181/5 g